Journalismus als Eiertanz

W0236239

Jürgen Roth, geboren 1968, lebt als freier Autor in Frankfurt/ Main. Buchveröffentlichungen u. a.: *Ein Schnupfen läuft Amok – Spitzenleistungen aus Sport und Geistesleben* (Frankfurt/ Main 1998). *Kultur? Betrieb! – Essays und Polemiken zu Literatur und Geistesleben* (Münster 1999).

Klaus Bittermann, geboren 1952, lebt in Berlin, verlegt Bücher und ist freier Autor. Buchveröffentlichungen u. a.: *Geisterfahrer der Einheit – Kommentare zur Wiedervereinigungskrise* (Berlin 1995). *Strandgut der Geschichte – Fünfzehn Entführungen* (München 1999).

Edition
TIAMAT
Deutsche Erstveröffentlichung
Herausgeber:
Klaus Bittermann
1. Auflage: Berlin, 1999
© Verlag Klaus Bittermann
Grimmstr. 26 — 10967 Berlin
Druck: Schwarzdruck Berlin
Buchumschlag unter Verwendung eines Gemäldes von
Wolfgang Herrndorf
ISBN: 3-89320-020-7

Jürgen Roth
Klaus Bittermann (Hg.)

Journalismus als Eiertanz

Zweiundfünfzig Meditationen
über die Presse

Critica
Diabolis
82

Edition
TIAMAT

INHALT

Hundert Jahre *Fackel*
Eine Zwischenbilanz

Eckhard Henscheid

Anfang April 1899 erschien in Wien und für 10 Kr. zum erstenmal *Die Fackel*, Herausgeber war von Anfang an Karl Kraus, und in einem ersten, noch etwas ungelenken »So möge denn die *Fackel*«-Artikel tauchte auch schon das Stichwort des »Mene Tekel« auf, welches das spätere Ein-Mann-Journal siebenunddreißig Jahre lang, bis Februar 1936, begleiten sollte. Was hat sich seit der *Fackel* im deutschen Sprach- und Journalraum getan, was ist letztlich ziemlich gleich geblieben?

Nun, daß noch vor der Welterschaffung »die Zeitung war«, dies frühe und vor allem im Couplet fixierte Karl Kraussche Axiom bewahrheitete sich vielfach und nochmals mit steigender Tendenz in den letzten Dezennien und erst neulich wieder sehr schön und einleuchtend, als das späte Prachtorgan *Focus* am 26. Oktober 1998 »Katerstimmung in der Regierung ausmachte«, einen Tag bevor diese neue Regierung sich als diese überhaupt erst mal konstituierte. Die derart laut Karl Kraus »entfesselte Schufterei« des Preßwesens als »taumeliger Schwachsinn« und als »tägliches Wachstum der Frechheit« war auch sonst gerade auf das vermeintlich bald bevorstehende Ende des Jahrhunderts hin vielfach studierenswert zu beobachten bei der nimmermüd den Ereignissen zuvorkommenden Hetze, in deren Kainszeichen die unterschiedlichsten Meinungs- bzw. Tatsachenbildner vom *Spiegel* und *stern* bis zum ARD-Fernsehen eben diesen Jahrhundertausklang bereits knapp drei Jahre vorab mit ihrem grottendumm eiligen Sektgläsergeklirre akkompagnierten – als ganz spezielle und spezialtörichte spätkarlkrausische »Preßschande«; welche der *Fackel*-Herausgeber, diesen mehrfach zitierend, aber auch schon aus dem scheint's heimelig-abseitigen Dänen Kierkegaard herauslas, der da nämlich eine derartige »Tyrannei der Zeitungsliteratur« schon 1846 als »die erbärmlichste, die niedrigste Tyrannei«, als den »verderblichsten Sophismus« und als neue »Form des Bösen« gar durchschaut hatte; als eine sich selbst absegnende »Inflation des geschriebenen Worts«, von der 1890 der gewesene Journalist Fontane dann auch schon sprach; dem seinerseits Karl Kraus' »große Zeit« des Ersten Weltkriegs so vorausschwante: »Große Zeit ist immer nur, wenn's beinahe schiefgeht.«

Bei Kraus ging's 1914/18 dann aber echt und gründlich schief.

Und die Presse war, so Kraus' siebenunddreißig Jahre lange Beschwörung, integral schuldig auch an Krieg und Weltkrieg – denn, schrieb er in der *Fackel* von 1926, »die Preßfreiheit [ist] der Würgengel der Freiheit«, die Preßwelt eine »Rotzbüberei« und er, Kraus, nur eine »Inselwelt« in einem »Ozean der Ehrlosigkeit« (1925) – und auch daran hat sich im Kern nichts geändert, wenn wir z. B. des gutinformierten Grafen Lambsdorff Gegenwartsbefund eines »Kloakenjournalismus« oder gar O. Lafontaines messerscharfe Analyse eines »Schweinejournalismus« ins Kalkül ziehen; von L. Erhards noch älteren »Pinschern« und F. J. Straußens bestechend klar gesehenen »Ratten und Schmeißfliegen« für Journalisten sowie auch moderne Schriftsteller hier beinahe doch schon mal fast zu schweigen.

Der Kraussche »Auswurf der Menschheit« als die Wiener Presseszene von 1925 hat sich also nur metaphernkoloristisch weiter aufgefächert und seine Netze noch weiter ausgeworfen – wie aber steht es um die Aktualität und/oder Zeitlosigkeit der Kardinalprotagonisten?

Also, Kraus' »Preßmaffia« insgesamt wird heute wohl immer noch von Reich-Ranicki am energischsten und schamlosesten bewerkstelligt; während der großfaselnde Prototypus Kerr/Harden gegenwärtig doch vielleicht in dem von nichts irgendwas verstehenden, gleichwohl über allesaberauchalles mitquakenden Peter Glotz seine Verlängerung, ja werweiß seine Erfüllung gefunden hat. Kraus' ungarischer Lieblingsfeind, das »Ungeheuer« (*Fackel* 732, 49) Imre Bekessy als der Vertreter der reinen aktiven sowohl als passiven Korruptivität, hat weniger in Axel Caesar (»Seid nett zueinander«) Springer als in der allgemeinen Amoralität des neumodisch wildgewordenen Medientycoons nach Modell Markwort seinen legitimen und momentan offenbar sogar legalen Nachfahren abgekriegt – Augstein? Nein, dessen offensichtlich meist hochprozentige Schwerstauswürfe der letzten Jahre lappen gleichfalls mehr ins Straffreie eines eben auch im weitesten Sinne investigativen Journalismus, für dessen heutigen Hauptvertreter Wallraff es zu *Fackel*-Zeiten werweiß aber noch kein Pendant gab. Dafür jedoch hatte jener von Kraus gehätschelte Top-Zeitungsdepp namens Siegmund Münz, der weniger levantinische Herrscher interviewte als sich dabei selber, später diverse Wiedergänger – den schönsten vielleicht in jenem mittleren Theo Sommer der siebziger Jahre, wie er für nichtendende *ZEIT*-Riemen im Duo mit Helmut Schmidt im Schlafwagen die NATO als massive response usw. durchspielte; wobei Sommer in Personalidentität allerdings auch wieder z. T. für die Kerr-Metempsychose metaphernwindschiefst geradesteht: als Gremlizas über zwanzig Jahre lang innigst geliebter Katachresen-Theo.

Hundert Jahre *Fackel*: Die von ihr weit mehr als hundertfach extrapolierte Presse-»Prostitution« hat heutzutage im Willfährigkeitsjournalismus des Fernsehens ihre ehernste Erfüllung gelandet. Die Krausschen »Giftgase« erzeugen jetzt wohl am nachhaltigsten *Bild* mit einer Art Pop-art-Journalistik, wie sie es allerdings vor achtzig oder hundert Jahren schwerlich schon gab; sowie z. B. unlängst ein an der Mittelmeerküste spazierengehendes und aber hochglanzgedruckt nachlesbar aufgezeichnetes Greisengeschmarre zwischen Augstein und M. Walser, welches in mancherlei Weise selbst den »Revolverjournalismus« irgendwelcher dreißiger oder fünfziger Jahre irgendwie zur Harmlosigkeit verurteilt.

Der von Kraus zuzeiten erspähte »stefansturmhohe Schmutz der Zeit«, den die Presse aufzeichnet oder den sie wahlweise selber vorstellt, der wurde dann spätestens in den achtziger Jahren mit dem von Bernd Eilert in *Titanic* sogenannten »Nanga Parbat« und endlich »Mount Everest an Peinlichkeit« ewig weit überklettert. Nicht verwechselt werden darf Krausens seinerzeitige »Feschität« mit der vorher schon von Oscar Straus im *Walzertraum* sogenannten Wiener »Feschigkeit« – beides überholt wurde im November letzten Jahres durch *Gala*, welches Buntblatt in noch bunterer Gesinnung anläßlich des Bundespresseballs ausgerechnet unserem neuen Außenminister Jockel Fischer ausgerechnetst »neuen Bonner Lifestyle« attestierte. Nämlich schätzungsweise im Zeichen jener spätkapitalistisch-supranationalen und nicht allein im Casus Di-Dodi sinnlich erfahrbar gewordenen Revolutionsgesinnung »The shit is the message« (Roth/Sokolowsky 1998), so da volensvollends K. Kraus' fünfundsiebzig Jahre alte »Welthirnjauche« namens Presse definitiv verifiziert; und die aber schon Mitte der achtziger Jahre ihre bisher rauschhafteste Er- und Abfüllung erklommen hat in der von Kraus als »entfesselte Kanaille« weit voraus erahnten Avantgardeleitfigur des Franz Josef Wagner (*BUNTE*), dessen weitestgehend selbsterfundenen free-style-journalism als innovatorisch neologistischen far and furchtlos instant-anything-goes-Schmadder noch jenseits von Pop- and Pig-Press der alte Weaner Griesgram vor one Century eben halt doch noch nicht erwittern konnte mit seinem verwichsten fucking Fackelge –

Kurzum: The Scheiß goes on.

Der *Spiegel* als Mythos und Groteske
Erinnerungen an eine alte Tunte

Georg Seeßlen

Es gab eine Zeit, ich muß um die sechzehn Jahre alt gewesen sein, lange vor 1968, da war der *Spiegel* so wichtig, daß ich nicht weiß, wie ich hätte überleben können ohne ihn – nicht bloß als denkendes, langsam Positionen in einer muffigen rheinischen Mittelstadt entwickelndes menschliches Wesen, sondern auch als Ich, das eine Welt suchte, die ein Gegenüber darstellte.

Der *Spiegel* war das Versprechen, einer Welt voller Tabus mit Verve zu begegnen, schwarzweiß, gestaltet in einer Art Thumbnail-Ästhetik. Der Daumen machte Fettflecken auf dem Papier; heute wissen wir, daß der *Spiegel* krebserregend ist. Die Welt war definitiv nicht Bild, sie war Text. Mehr noch: Der *Spiegel* versprach, der Welt eine Textlichkeit entgegenzusetzen, die das Lesebuch hinter sich ließ: genaue Sätze gegen die Lügen- und Nebelwelt. Doch das Bild war nicht vollkommen verschwunden, es war selber diskursiv, ein Beweisstück.

Vertretungsstunde. Eine junge australische Austauschlehrerin – sie lebte wohl schon ein paar Monate im Lande und hatte die Schnauze von Germany sichtlich voll – war freundlich lustlos genug, uns, statt den Unterrichtsstoff weiterzuverfolgen, einfach machen zu lassen, was wir wollten, wenn wir bloß nicht zu laut wurden. Ich zog ein Exemplar des *Spiegel* aus meinem Schulranzen. Es war ja sowieso alles egal. Jedenfalls hatte ich kaum die Leserbriefe geschafft, da hörte ich einen Freudenschrei: »Ein Häretiker! Versteht ihr? Ihr habt einen Ketzer unter euch!« Und dann umarmte mich diese junge, Charlie-Brown-köpfige Lehrerin, als hätte ich ihr gerade den letzten Rest von Glauben an die Menschlichkeit nach Kopernikus gerettet. Ich wollte ihr schon sagen, daß ich heimlich noch ganz andere Sachen las, aber in dem verdammten Backsteinbau reichte der *Spiegel*. Für einen der ersten und schönsten Küsse meines Lebens.

Sie waren alle dagegen: die Lehrer und, damit wir das nicht vergessen, auch die Lehrerinnen, die Eltern, die Nachbarn. Höchstens protestantische Nachwuchskräfte zeigten irgendwie Verständnis. Der *Spiegel* hieß damals: Man muß nicht immer recht haben, doch wir wollen die Welt nicht als Mythos und Ideologie begreifen, sondern als Herausforderung zum Diskurs. Beispielsweise auf Arno Schmidt wurde ich durch ihn aufmerksam.

Dieser Diskurs hatte freilich schon damals die Form eines endlosen Systems von Stories, und seiner Präsenz wegen merkten wir nicht, daß wir den *Spiegel* nicht »lasen«; wir lebten mit ihm bereits in einer Pulp Fiction des Politischen. Die tückische und notwendige Legende des *Spiegel* war, er wisse mehr als die gewöhnliche Zeitung. Das Nachrichtenmagazin unterbreitete die Nachricht mit Bewußtsein, lieferte Informationen, die nicht allein sich selbst zum Inhalt hatten, sondern auch ihre Reflexion. Wir erfuhren von der Macht dieser einzigartigen demokratischen Institution: vom tollen Archiv, von den großzügigen Besetzungen und Gehältern, später vom Beteiligungsmodell der Angestellten. Der Gott, der im Hintergrund des *Spiegel* alle Exaltationen ordnete, war der letzte Engel der Aufklärung. Und damals wäre ich nicht auf die Idee gekommen, daß er von seinen eigenen Blähungen rückwärts durch die Geschichte getrieben wurde.

Stets erklärte sich der *Spiegel* aus seinen Gegnern. Wir verstanden noch nicht, daß dies eine Grundregel der Mythenproduktion ist. Wollten nicht die Alten immerzu zurück in den Mythos? Wir wollten hinaus und nach vorn in die Textlichkeit. Die Ketzerei des *Spiegel* lag weder in seinen Welterklärungsangeboten (schon damals meistens Stuß) noch darin, wie er permanent die Ruhe der Macht störte. Heute wissen wir: Der Inhalt des *Spiegel* war die Form.

Wenngleich ich mit dankbarer Zärtlichkeit an meine Affäre mit dem *Spiegel* zurückdenke, kann ich heute nur sagen: Gäbe es den *Spiegel* ab morgen nicht mehr, es wäre mir so wurst wie irgendwas. Wenn sich eine Zeitschrift »Spiegel« nennt, dann ist sie vielleicht sogar einer, ein Medium, in dem man ausschließlich über Bilder kommuniziert, in die man hineinguckt und in denen man sich zunächst selber sieht. Zurück schauen die Dämonen der Kindheit, die Zeichen der Leere. Der *Spiegel* ist nicht mal von einem rebellischen Freund zu einer nervigen alten Tante geworden (wie die *Frankfurter Rundschau* oder die *ZEIT*); er ist bloß noch eins der üblichen Arschlöcher, denen die Korruption aus jedem Satzzeichen pfeift.

Im *Spiegel* konnte man immer nur lernen, wie man sich die Welt gefügig macht, aber nicht, wie man sie liebt. Während die alten Medien der Aufklärung mehr oder minder würdevoll gealtert sind, schlanker werden, nervöse Flirts mit den Nomaden der Neunziger unternehmen, tut die alte Tunte *Spiegel* so, als könnte sie sich zugleich auf ihre gewachsene Autorität verlassen und ihr Alter verschleiern. Haben Sie schon mal einen geschminkten Spiegel gesehen? Außer in Horrorfilmen oder in der *Muppets-Show*?

Doch einst definierte der *Spiegel* eine neue Idee der Aufklärung. Es gab unter Adenauer niemanden, der von sich behauptete, eine *Spiegel*-Story nicht verstanden zu haben. Und in dieser Situation konnte gar nichts Besseres geschehen als die »Spiegel-Affäre«. Wir besaßen plötzlich einen frühen Märtyrer, das Modell des investigativen Widerstands. Und eine Person dazu: Rudolf Augstein.

Augstein, so schien es, bekleidete diese Rolle ungern. Seine Verhaftung hatte, im Mythos, etwas von dem an sich, was Lawrence von Arabien bei den Türken widerfahren war. Vielleicht wollte der *Spiegel*-Chef einfach nicht diesen Widerstandsheroen verkörpern, weil er an die Normalität der Demokratie in Deutschland glaubte. Es gab wohl nie ein Geschehen, das so wenig für eine *Spiegel*-Story taugte wie die »*Spiegel*-Affäre«. Der *Spiegel* mochte ja auch zu keiner Zeit außerhalb der Gesellschaft das Bessere verkörpern; er wollte mittendrin stehen. Das Verhältnis zwischen dem *Spiegel* und der 68er-Revolte gestaltete sich deshalb ausgesprochen zwiespältig. Die *Spiegel*-Sprache kannte, völlig konträr zu jener der »Frankfurter Schule«, keine Transzendenz. Sie gab vor, fast genau das zu meinen, was sie sagte. Der *Spiegel*-Duktus vermochte das Scheitern der Aufklärung niemals zur Geltung zu bringen und verriet deshalb beständig die Aufklärung.

In den sechziger und frühen siebziger Jahren war das *Spiegel*-Heft unterm Arm so etwas wie der Ausweis, einer politisch und intellektuell definierten Klasse anzugehören. Man wußte Bescheid, trug Anzug oder ein schwarzes Kostüm, war skeptisch und konnte erfolgreich sein. Aber nachdem in den ersten beiden Dekaden der Nachkriegszeit die Welt im *Spiegel* als Story aufgetreten war, wollte sie sich nun ins Bild verwandeln. Also peilte das Magazin eine gewisse ästhetische Diffusion an. Die Pointe wurde wichtiger als die Dramaturgie.

Die Konventionalisierung der Diskurse, die im *Spiegel* verhandelt wurden, machte sich eher schleichend bemerkbar. Das »Gespräch« war davon bestimmt, was man wöchentlich geboten bekam. Wenn Anfang der siebziger Jahre während einer Unterhaltung ringsherum Verständnislosigkeit oder Unwillen aufkam, mußten wir Leser wissen: Davon stand nichts im *Spiegel*. Das neue akademische Kleinbürgertum verwechselte seine Interessen mit seiner Lektüre, und ich fürchte, auch Wissenschaft und Lehre waren präzis mit der wöchentlichen Textproduktion synchronisiert.

Das Blatt klärte nun – während der achtziger Jahre – über Trends und Zeitgeisterscheinungen auf. Der Hang zur modernen Schnittechnik wurde deutlich. Ursprünglich hatten Köpfe in den *Spiegel* geguckt, jetzt sahen metaphorische Collagen zurück. Der Text lief gleichsam spätaufklärerisch den sich remythisierenden gesellschaftlichen Phänomenen hinterher, getreu der Devise, selbst das Sonderbarste müsse eindeutig zu erklären sein, und zwar in einer Sprache, die auf einem gleichbleibenden, demokratischen, aber durchaus zynischen Niveau mehr oder weniger identisch blieb, egal, ob es um Regierungserklärungen, Quantenphysik oder Rockmusik ging. Der *Spiegel*-Stil sicherte die Abbildbarkeit der Welt in *einem* Maßstab.

Den *Spiegel* zu lesen hieß, einem automatisch erzeugten Text dabei zuzusehen, wie er die Welt in das verwandelte, was der *Spiegel* ist. So produzierte das Magazin die Sehnsucht nach etwas, das dem *Spiegel* gleichwertig gegenüberstehen konnte, denn er war von der Kritik der Instanzen zur Instanz geworden.

Weil die Übersetzung eines unendlich suggestiven Popkosmos in einen fortlaufenden Text damals schon nicht mehr gelingen konnte, sollte doch immerhin die Übersetzung einer farbig-sexuellen Welt ins ordentliche Schwarzweiß funktionieren. Seine Literatur-, Theater- und Filmkritiken sprachen entweder der präsumptiven Klientel hanebüchen aus dem Mund oder sagten auf leicht hysterische Weise einfach nichts. Kulturkritische Texte in der *Frankfurter Rundschau*, der *Süddeutschen Zeitung* oder der *ZEIT* sind später, auch im Widersprüchlichen, auch im Tantenhaften, Teil der Geschichte der Kulturkritik der Bundesrepublik geworden; kulturkritische Texte im *Spiegel* haben eigentlich immer nur etwas über den *Spiegel* selbst ausgesagt und damit über den Mainstream einer Kultur, die sich selber nicht versteht, aber stets ein verständiges Grinsen aufsetzt.

Die Ästhetisierung der Aufklärung: Der *Spiegel*-Text sprach unvermindert vom allwissenden Autor, und weil der gewöhnlich weder einen Namen noch eine vom Kollektivstil abweichende Sprache aufwies, war der Leser eingebunden in den virtuellen *Spiegel*-Autor, der die Welt durchschaut hatte. Der *Spiegel* bot sich an als serieller, wohlgeordneter Text, der nebenbei Parodien auf die Ordnung des Enzyklopädischen (»Register«) und auf die satirischen Elemente der Aufklärung lieferte (die garantiert humorfreie Rubrik »Hohlspiegel«, an die sich offenbar bestimmte Leserstämme rituell banden).

Die *Spiegel*-Textmaschine produziert durch jede Rubrik die immer gleichen Schmunzeldistanzen und formiert derart die eigentliche Glaubensgemeinschaft der *Spiegel*-Leser. Sie erhebt diesen scheinbar laizistischen, aufklärerischen Diskurs zur Liturgie. Bis weit in die siebziger Jahre hinein freute sich ein Haufen Leute auf den *Spiegel* wie auf den Gottesdienst. Am Sonntag ruhten Gott und das Bewußtsein und die Enzyklopädie, es gab Schweinebraten und Skispringen, aber am Montag begann nicht nur die Woche, die Arbeit, sondern auch die Geschichte – der liturgische Text, der zu allem etwas zu sagen weiß und nichts kennt, worüber er zu schweigen hätte. Was stand eigentlich im *Spiegel*, wenn es nicht alles und nichts war?

Es war schließlich die Monopolstellung des *Spiegel*, die auch durch so etwas Seltsames wie *DIE ZEITUNG* oder das – viel bessere – *DEUTSCHE PANORAMA* nicht ernsthaft gefährdet werden konnte und es erlaubte, den Mangel zur Tugend zu machen. Der *Spiegel* produzierte die Trends gleich selbst. Er definierte sozusagen das Feld, auf dem Diskussionen stattfanden. Nur die Leidenschaft des vorigen Jahrzehnts hatte sich gelegt. Das Fernsehen reagierte schneller, und dem *Spiegel* blieb nunmehr, einen Diskurs aus zweiter Hand zu produzieren. Es hatte an Bedeutung verloren, was das Magazin über dies oder das verkündete. Der *Spiegel* durfte die Debatte zwar eröffnen, es war jedoch kein Sakrileg mehr, sich klüger als er zu wähnen.

Das Problem des *Spiegel* bestand fortan darin, daß er sich selbst stets zu skandalisieren wußte (nichts schien so interessant wie Interna aus Hamburg), als Institution jedoch vollkommen unfähig war, ein Projekt der Selbstaufklärung zu initiieren. Als ebenso schrecklich erwies sich die semiotische Erschöpfung des Blattes. In den siebziger Jahren beölten wir uns noch über die Frage:

»Wer motzt den *Spiegel* auf?« (Sie wurde, wenn ich mich recht erinnere, in *pardon* gestellt.) Denn die *Spiegel*-Sprache war längst eine manierierte Mischung aus Bildungstümelei, Gemoser und modischem Neusprech. Es schien, als messe sich der Erfolg der semiotischen Institution daran, ob Spiegelogeme in die Alltagssprache eingingen (etwa der inflationäre Gebrauch des norddeutschen Verbs »dümpeln«). Zugleich wechselte der *Spiegel* die Erzählperspektive. Zwar gehorchten die Stories nach wie vor dem Prinzip der Personalisierung, aber es herrschte nicht mehr der biographische Historismus vor, sondern die tendenziöse Allegorie. Das Subjekt der maschinellen Erzählung besaß als Gegenüber nicht länger ein Er oder eine Sie, sondern ein dubioses, textproduktives Es. Die Nachricht zeigte, wie sehr sie Ware ist. Die interessantesten Artikel am Ende der siebziger Jahre schilderten Werbekampagnen und beschrieben Marktanteile von Zigarettenmarken und Autos. Der *Spiegel* kämpfte damit, nicht mehr »modern« zu sein, ohne sich vorstellen zu können, warum das so sei. Er hatte jene Transformation vollzogen, die seinerzeit die politische Öffentlichkeit prägte: Dem Terror des Intimen der neunziger Jahren schickte das Blatt einen Terror der ironischen Aufklärung voraus, sich nämlich an der Trivialisierung der öffentlichen Diskurse zugleich zu beteiligen und darüber erhaben zu fühlen.

Während der Achtziger trat der *Spiegel* in seine dritte Periode ein, die Epoche der Virtualität und Medienmultiplikation: der *Spiegel* auf Video, CD-Rom, als Talkshow usw. Die Corporate identity, endlos verästelt, produziert heute eine entmythisierte, bewohnbare Textwelt, die dem Konsum keinen Widerstand bietet.

Aus der liturgischen Sprache erwuchs die liturgische Zeichenwanderung; man begegnet dauernd Dingen, auf denen *Der Spiegel* steht, ganz gleich, was drin ist. Das diskursive Grundrauschen generiert statt »Kontroversen« Inszenierungen. Verlangen wir nicht zu viel: Der Versuch einer Selbstaufklärung des *Spiegel* müßte ein Spiel mit dem Selbstmord sein.

Daß er eine verflossene Liebe war – und leider eine fade –, hätte man ihm verziehen. Irgendwann hingen einem ja auch die Beatles zum Halse raus. Ende der achtziger Jahre hatten schnellere Medien die Definitionsmacht an sich gerissen. Der *Spiegel* besitzt mittlerweile eine völlig neue Aufgabe: Er muß Diskurse beruhigen, muß, was man über das Fernsehen, durchs Internet und die Rauchzeichen der Postmoderne aufnimmt, zu Brei rühren. Er bewegt nicht mehr, er konserviert. Er nimmt am Projekt politischer Aufklärung nicht mehr teil, weil er die eigene Sprache, das eigene Denken zu deutlich verkauft und verraten hat, und zwar nicht nur an den Markt, sondern auch an die eigenen Neurosen. Ihm verbleibt die Aufgabe, ein Gefühl der Informiertheit, mehr noch: eine kulturelle Dominanz des Lesers gegenüber dem Gelesenen und der sauber abgebildeten Wirklichkeit, gegenüber ihren gesellschaftlichen Ikonographien und ästhetischen Produktionen zu stimulieren. Weder erwartet man von ihm ernsthaft das große Opfer, das Martyrium der Demokratie, noch eine Form der Aufklärung, die sich durch den Widerstand adelt.

Früher konnte man einen eifrigen *Spiegel*-Leser als gebildeten Menschen ansehen. Heute erkennt man in jemandem, der seine Bildung am *Spiegel* ausrichtet, vor allem einen Langweiler. Daher mußte der alten Tucke, die sich immer ein wenig zu sehr aufputzte, Konkurrenz erwachsen – in Form von *Focus*, der anstelle der Aufklärungsmythen ein neues Angebot unterbreitete: »Fakten-Fakten-Fakten«-Wissen als Ausdruck der Fähigkeit, dumm zu bleiben und trotzdem erfolgreich zu sein. Jene Konkurrenz löste beim *Spiegel* einerseits einen populistischen Schub aus (lustiger, bunter, spannender, halt tuntenhafter statt tantenhafter), andererseits entstand ein neuer Legitimationsreflex: Ich lese den *Spiegel*, damit ich nicht *Focus* lesen muß. Natürlich sieht der *Spiegel* neben Markworts Schleimblatt wie ein Monument der Aufklärung aus und darf sich zwanglos auch noch von den Resten seiner Diskursivität verabschieden.

Es lohnt nicht mehr, den *Spiegel* zu verteidigen gegen die ICE- und Business-class-people, die, ohne sich zu genieren, dem *Focus* den Vorzug geben. Das neue Buch von Hans Magnus Enzensberger, der die Bewegung von der Position zur Deposition simultan vollzog, lobt der Hanser Verlag mit einem Zitat aus dem *Focus*. Der Autor, heißt es da, »präsentiert Geschichte als Abenteuergeschichte, lehrreich und packend erzählt«.

Die große *Spiegel*-Kunst war es, Geschichte in Stories zu übersetzen, eine Übersetzungsarbeit, die längst nicht mehr nötig ist. Die Welt inszeniert sich selbst als Story-Book. Deshalb garniert der *Spiegel* der neunziger Jahre seine mythische Informationsunterhaltung mit vergeblichen Versuchen, den Stories erneut Geschichte abzuringen. Und er rekonstruiert sogar den »Autor«, als hätte er verstanden, daß das Nachrichtenmagazin nicht mehr jene demokratische Institution sein kann, die es immer hat werden wollen und sich doch nicht zugetraut hat.

Daß andere Medien heute besser nichts sagen können als er, darin besteht die tragische Groteske des *Spiegel*. Er hat sich zu Tode gesiegt. Aber bloß keine Trauer.

Im Dunstkreis des Mopses
Focus, das »Nachrichtenblatt ohne Nachrichten«

Klaus Bittermann

Jeden Montag signalisiert das *Focus*-Titelbild am Kiosk: Mit mir kannst du 4,50 Mark auch gleich in den Gully werfen, denn ich verspreche dir Themen, die so prikkelnd sind wie die Rentenreform, Skandale, die kein Schwein interessieren, eine Prise reaktionäre Weltanschauung, sinnlose Graphiken und viele bunte Bildchen aus Politik und Werbung, die man so oder ein bißchen anders schon tausendmal gesehen hat. Der unbestreitbare Vorteil von *Focus* besteht darin, daß man das Heft trotz chronischer Dickleibigkeit in wenigen Minuten durchblättern kann, und sollte jemand zufällig in einen der Häppchenartikel für den Hunger zwischendurch hineingelesen haben, bürgt der kleine Dicke mit seinem schlechten Namen persönlich dafür, daß das Ganze schnell wieder vergessen wird.

Was sollte man sich auch merken, wenn nichts da ist, das des Erinnerns wert wäre? Aber dennoch und für lumpige 4,50 Mark darf man sich nach dieser kleinen Übung der »Info-Elite« zurechnen, der Vereinigung der Wichtelmänner im Lande, die sich vorwiegend in Flughafenhallen mit ihrem Handy herumdrücken, in das sie verschwörerisch hineinflüstern, wann sie zum Essen zu Hause sind. »Das erste Nachrichtenblatt ohne Nachrichten« nannte Hans-Herrman Tiedje das Produkt aus München, und er muß es wissen, denn auf diesem Gebiet ist Tiedje Fachmann.

Es fällt schwer, den *Focus* ernst zu nehmen, denn er ist ein lächerliches und überflüssiges Blatt, ein Blatt, das einen Chefredakteur hat, der zwar nicht so gut aussieht wie ein Mops, dafür aber dessen Intelligenzquotienten besitzt, ein Blatt ohne gesellschaftliche Funktion und Bedeutung. Es hat nichts mitzuteilen, und meinungsbildend ist es auch nicht, das Verschwinden von *Focus* würde kaum jemand bemerken, er würde keine Lücke hinterlassen, keine Erinnerung auslösen, nur eine verschwommene Ahnung, daß da mal was war, das montags erschien, eine Weltkugel im »O« hatte und am Kiosk neben dem *Spiegel* lag.

Obwohl *Focus* viele Falschmeldungen verbreitet hat, hat ihm das nie geschadet, denn eine Reputation kann nicht beschädigt werden, wenn sie nicht vorhanden ist. Vielmehr haben die Fakenachrichten dazu beigetragen, daß *Focus* überhaupt registriert wurde, denn erst eine Nachricht, die nicht stimmt oder erfunden wurde, ist eine Nachricht, die im öffentlichen Bewußtsein wahrgenommen wird. In dieser Hinsicht kann *Focus* zwar durchaus einige Verdienste vorweisen, aber wiederum auch nichts so Spektakuläres, daß lange darüber diskutiert worden wäre. Selbst auf diesem Gebiet also hat das Blatt nicht die Größe beispielsweise des *stern* erreicht, dessen unmittelbarer Marktkonkurrent es ist. Roger Willemsen hat dankenswerterweise einige dieser peinlichen Momente im Leben einer Zeitschrift gesammelt und veröffentlicht, zu denen u. a. ein verfälschtes Interview mit Mitterand gehörte, das dem *L'Express* entnommen war, oder ein sog. »Exklusiv-Interview« mit Ernst Jünger, das zwei Jahre zuvor schon in *BUNTE* gestanden hatte. Dies ist zwar nicht spezifisch für *Focus*, läßt sich jedoch nur schlecht mit dem Anspruch vereinbaren, seriös zu sein. Als clever kann man diese Methode nicht bezeichnen, denn Archivware ein bißchen aufzupeppen und als Hit der Woche zu verkaufen, ist einfach zu plump, um nicht aufzufliegen.

Abgesehen von solchen Versuchen, die Zeitung vollzumachen, setzt sich *Focus* auch für die Rechte der Verlierer und Nichtprivilegierten ein, vornehmlich dann, wenn außer *Focus* noch niemand von der Existenz solcher Randgruppen etwas gehört hat. Tapfer und mit großem Engagement jedenfalls sprang *Focus* den »Opfern der Talk-Tortur« bei, die nach der »Psycho-Folter« im TV angeblich die Hilfe von Therapeuten in Anspruch nehmen mußten, ohne daß – Skandal! Skandal! – die Sender Schadensersatzforderungen akzeptiert oder gar die Kosten für die Behandlung übernommen hätten. Dabei muß man keine wissenschaftliche Studie zu Rate ziehen (wie etwa die Untersuchung der Psychologin Bettina Fromm über die Motive der Studiogäste), um zu wissen, daß jene Leute ganz versessen darauf sind, in den »die Menschenwürde« verletzenden Talkshows die Rolle ihres Lebens zu spielen, wobei sie keineswegs von den Sendern mühsam und unter Vorspiegelung falscher Tatsachen überredet werden müssen, um unabhängig von ihrem peinlichen Auftritt sich der Illusion hingeben zu können, einmal quasi Thomas Gottschalk gewesen zu sein.

An der Front für reaktionäre Weltanschauung kämpft *Focus* verbissen und unnachsichtig. Lange mußte *Focus* suchen, aber er wurde fündig: Hannes Heer, der Leiter der Wehrmachtsausstellung, hat selber Dreck am Stekken. »Der Mann ist empfindlich: Zwar durchleuchtet er die Vergangenheit anderer schonungslos, die eigene Vita aber belegt der Historiker Hannes Heer mit Tabus.« Anfang der siebziger Jahre wurde Heer wegen »Widerstands gegen Vollstreckungsbeamte und Landfriedensbruch« verurteilt, und zwar nicht nur einmal, sondern insgesamt sechsmal, wie *Focus* herausfand, so daß der gute Mann quasi fünfmal mehr auf dem Kerbholz hat als die deutsche Wehrmacht, deren Verbrechen bekanntlich bloß einmalig sind.

Wenn *Focus* Rat sucht, holt er ihn sich bei Leuten wie Horst Mahler, Ernst Nolte oder Guido Knopp. Horst Mahler, der in seiner Freizeit »Flugschriften an die Deutschen, die es noch sein wollen, über die Lage ihres Volkes« verfaßt, hat im Unterschied zu Hannes Heer die richtige Gesinnung, weshalb seine Vergangenheit nicht durchleuchtet wird. In seriösen Zeitungen bringt Mahler nur dann etwas unter, wenn der zuständige Redakteur vor dem kruden Riemen kapituliert, so daß das Zeug ungelesen ins Blatt wandert. *Focus* hingegen veröffentlicht Mahler aus Überzeugung. Er bietet ihm ein Forum für seine »Sammlungsbewegung«, deren vordringlichstes Ziel es ist, die Staatsbürgerschaftsnovelle zu verhindern, und für seine Aversionen gegen Ignatz Bubis im Rahmen der »Holocaust-Diskussion«. Mahler diktiert *Focus* dabei ins Heft, was sonst nur die *Junge Freiheit* veröffentlichen würde:»Wer derart [wie Bubis und andere] auf den blankliegenden Nerven der Deutschen herumtrampelt, macht sie böse.« Und da »der Holocaust [...] weder unbegreiflich noch einmalig« sei, unkt der Mann, der das Schlimmste wie immer bloß verhindern will, könnte es passieren ... – ja, was wohl? Daß die Deutschen den Judenstern wieder einführen, wenn Bubis weiterhin behauptet, »30 Prozent aller Deutschen seien latente Antisemiten«? Und was will uns Horst Mahler mit seinem Bekenntnis sagen, daß er noch »keinen Juden umgebracht« habe? Daß er auch anders kann? Aber verbergen diese großspurigen Sprüche nicht gerade, daß *Focus*, Mahler und »das deutsche Volk«, mit dem Mahler gerne herumfuchtelt, so rein gar nichts zu bieten haben, die Drohgebärde bloß lächerlich ist, so lächerlich eben wie *Focus* selbst, der meint, vor dem zahnlosen Gekläff eines Pudels warnen zu müssen?

Focus hat jedoch auch noch andere Kabarettisten im Angebot. Einer heißt Guido Knopp und wird von *Focus* gerne zu großen historischen Ereignissen befragt. Man könnte ihn auch für eine Textverarbeitungsmaschine halten, wüßte man nicht, daß Knopp – wie früher Alexandre Dumas – eine ganze Armee von lohnabhängigen Skribenten in einem Verlies alle paar Monate mehrere Drehbücher und einen dicken Wälzer für sich schreiben läßt, zuletzt *Unser Jahr 100 – Deutsche Schicksalstage*. Exklusiv für *Focus* hat der ZDF-Historiker auf die Schnelle eine »Jahrhundert-Bilanz« erstellt, mit der Guido Knopp quasi als Willy Millowitsch unter den Historikern zum Jahresende in die Bütt stieg:»Rein historisch sind wir heute, 1998, also schon im 21. Jahrhundert. Was für ein Jahrhundert wird das werden? Sicher eine Zeit, die uns mehr abverlangt als die Jahrzehnte davor.« Könnte sein. Könnte aber auch anders sein. Niemand weiß das besser als Guido Knopp: »Einen schicksalhaft vorherbestimmten Todespfad von Potsdam über Langemarck nach Auschwitz gibt es nicht. Obwohl es immer eher möglich war, daß es so kommen konnte, hat es nicht so kommen müssen.« Und was ist die »Botschaft unseres Jahrhunderts«? Na? »Wir, die Europäer, sitzen allesamt in einem Boot.« Ist das nicht das Boot, das schon längst voll ist? Und wenn es so ist und es um die Frage geht, wen man zur Fischfütterung über Bord hieven sollte, müßte da Guido Knopp nicht mit gutem Beispiel vorangehen?

Die derart mit Platitüden vollgestopfte Heftstrecke, auf der sich Heino-Prosa und Beißzwang-Rhetorik abwechseln, überwindet man nur, wenn man vorher die nötige Energie aus den funkelnden und glitzernden Editorials von Helmut Markwort getankt hat. In einem »Tagebuch«, das vernünftige Leute unter Verschluß halten würden, dokumentiert der kleine Mops en détail und Woche für Woche, welch ungeheure Mengen kleinkarierten Gemurkses sich auf zwei Spalten unterbringen lassen. Als Kummerkastentante ermahnt er die Deutschen, die Winterreifen nicht zu vergessen, Roman Herzog erteilt er den väterlichen Rat, eine Schriftstellerkarriere einzuschlagen, fassungslos notiert er, daß Jürgen Trittin die Nationalhymne nicht singen will, erfreut hingegen nimmt er zur Kenntnis, daß die Richtlinien über »das Reiten im Wald und das Aufstellen von Bienenhäusern« im Sinne des »überregulierten Bürgers« ersatzlos verschwinden, denn dem waren diese Dinge bekanntlich schon immer ein Dorn im Auge bzw. ein Furunkel am Hintern. Und wenn Markwort mal so richtig über sich selbst losprusten will, zitiert er einen windigen Londoner Psychologen, demzufolge Weihnachtseinkäufe der Gesundheit von Männern abträglich seien. Markwort verifizierte den Blödsinn im – Schmunzel! Schmunzel! – »Eigenversuch« und diagnostizierte an

sich überhöhten Blutdruck, Panikgefühle und Schweiß-
ausbrüche. Da kugelt sich der Mops vor Lachen auf dem
Boden, dabei sind das genau die Symptome, an denen
Möpse ohnehin leiden, wenn sie sich mal ein bißchen
mehr bewegen müssen, als bloß in eine Kamera hinein-
zuschwuchteln.

An den gleichen Symptomen würde allerdings auch
jeder normale Mensch leiden, zwänge man ihn, *Focus*
durchzulesen, und sei es nur eine einzige Ausgabe.

Reinfall mit Ansagen
Wie und warum die »Hitler-Tagebücher« in den
stern gerieten

Kay Sokolowsky

Das publizistische Amt

»Wir stehen der Tatsache gegenüber, daß mit einer noch
nie, seit es Lügner und Lumpen gibt, erlebten Schamlosigkeit der Selbstbehauptung aller Nihilität Dinge in die
Welt gesetzt werden, die vordem nur das Zimmer verunreinigt hätten«, konstatiert Karl Kraus, der alles
vorausgewußt hat, 1925 in seiner Polemik »Shakespeare
hat alles vorausgewußt«. Er kannte die Hamburger
Illustrierte *stern* nämlich schon, als der dereinst promi-
nenteste Autor des Blattes noch nicht einmal Kraus
bekannt war; aber auch später fiel dem Dichter, wie der
Schmock zu wissen glaubt, »bekanntlich« zu Hitler
nichts ein. Melancholisch stimmt mitunter nicht allein
die Spekulation, was aus der Welt hätte werden können,
wenn sie nur einmal auf die Instanz KK gehört hätte,
sondern bisweilen auch die Phantasie von einer *Fackel*,
der das Mißvergnügen zuteil geworden wäre, einem
stern zu zeigen, was Brillanz ist, auf daß dieser, wenn
schon nicht aus Scham über seine »Entdeckung«, so doch
aus lauter Wut über seine Erbärmlichkeit kollabiert
wäre.

Doch er hat seine dunkelste Stunde überlebt und wird,
solange Wälder zu Papier zermahlen werden, das weiß
man seit dem Kujau-GAU von 1983, nicht untergehen –
und, kein Zweifel, zum allfälligen Kometeneinschlag
zirka Sylvester 2000 die »exklusiven« Bilder liefern, auf
die die Welt gerade noch gewartet hat, mit etwas Glück
photographiert von Helmut Newton oder wenigstens

Sebastian Knauer, dem wir auch die herrlichen Aufnahmen des entschlafenen Barschel zu verdanken haben. Dem *stern* ist nie mehr beizukommen – nicht obwohl, sondern weil er sich 1983 unsterblich blamiert hat. Die »Rotzbüberei« war ja bereits im Jahre 1925 »ein publizistisches Amt geworden«, und als neu am Fall der Gröfaz-TaBus hätte KK allenfalls die Großzügigkeit gelten lassen, mit der ein Verlag, der sonst durchaus aufs Geld zu achten weiß, die Abermillionen hinauswarf, als sei es beim Gegenstand des Geschäfts nicht einfach um Nazi-Scheiße gegangen, sondern zugleich ums Rezept, daraus Gold zu machen. Gar nicht gestaunt hätte der Dichter, der eine Zeitung durchschauen konnte, ohne sie anzurühren, über den Herausgeber und seine Kompagnons in der Führungsetage des *stern*, die noch viel, viel mehr Geld verschwendet hätten, um an den Schatz zu gelangen, für welchen sie das, was das Zimmer verunreinigt, natur- und evtl. auch ihrer ideologischen Prägung gemäß halten mußten.

Die angeblich sattsam berühmte Geschichte der »Hitler-Tagebücher« kennt in Wirklichkeit kaum einer noch. In den sechzehn Jahren seit dieser allerpeinlichsten Selbstentlarvung des bürgerlichen Preßwesens hat das deutsche Publikum, das dem *stern* seine erwiesene Unfähigkeit zu Recherche, Verifikation und professioneller Skepsis durchgehen und ihn als meistverkaufte Illustrierte der Republik weiterleben ließ, kräftig mitgeholfen bei der Etablierung eines Journalismus, in dem Nichtskönnen, Dummsabbeln, Schamlosigkeit und Frechheit, kurz: Rotzbüberei überhaupt erst den Journalisten auszeichnen. Daß Günther Jauch und *stern TV* die Fake-Videos von Nikolas Born, daß *Focus* Helmut Markworts Fakten und die *taz* Erich Rathfelders Aasnase nicht nur ohne Folgen für die eigene Arbeitsweise, sondern auch ohne Reue überstanden, verdanken sie alle zumal der Pionierarbeit, die seinerzeit Adolf Hitler, Gerd Heidemann und Henri Nannen leisteten. Was den *stern* hätte umbringen müssen, machte ihn nur stärker. Als 1992 der ziemlich überschätzte Regisseur Helmut

Dietl seinen ziemlich überschätzten Film *Schtonk*, eine Semisatire auf das Führerkladdenfiasko, herausbrachte, gehörte es zum schlechten Ton in der *stern*-Redaktion, das Stück nicht zu mögen. »Alles ist möglich«, prophezeite einst KK. Er hat, wie gesagt, alles vorausgewußt.

Eeextraausgabee!

»Das Weltverbrechen«, schreibt Kraus, »bestand und besteht darin, daß die von jederlei Technik ersetzte Persönlichkeit und die von der Anonymität bezogene Autorität es Köpfen und Charakteren zweifelhaften Wertes ermöglicht hatte, vor solchen, unter deren Durchschnitt sie geschaffen sind, den Schein von Wissen und Würde zu arrogieren.« Wenige Journalisten profitierten von dem horrenden Mißverhältnis zwischen Intelligenz und Ehrgeiz, das einem im Metier alle Türen öffnet, so sehr wie der langjährige Chef des *stern* Henri Nannen. Schlicht gestrickt, ohne irgendein Gefühl für diffizilen Ausdruck, ein Quatschkopf von brachialer Jovialität, ungebildet und unbelesen, stets bereit, für eine halbe Wahrheit zwei ganze zu opfern, da ihm Relativsätze nicht so lagen, spreizte Nannen sich jahrzehntelang als bester Kumpel und aber auch Obervordenker der Klientel im »Editorial« seines Magazins der Nichtigkeiten. Das »Urgestein«, zu dem ihn posthum die gerammelte Kollegenschaft ernannte, war vor allem eines: steindumm.

Freilich hatte er, was unter tausend Journalisten kaum drei besitzen, nämlich eine präzise Witterung für die Bedürfnisse der avisierten Leserschaft. Kam ein Autor ihm mit einer verquasten Reportage, wies Nannen sie mit der Begründung zurück, die würde der »einfache Tankwart« nicht verstehen. Protestierte der Schreiber, stopfte »King Henri« ihn kurzerhand in die Cheflimousine, fuhr mit ihm zur nächsten Esso-Station und gab dem diensthabenden Zapfer das Manuskript zu lesen. »Haben Sie das verstanden?« fragte Nannen dann – und der Tankwart schüttelte den Kopf. Mit dieser Legende werden Gruner + Jahr-Volontäre bis heute erschreckt.

Nannens Meriten waren die eines guten Staubsauger-
vertreters: Er gab seinen Kunden stets das Gefühl, auf
ihrer Seite zu sein, und tat doch nie etwas gegen den
Willen der Aufsichtsräte. So gern er sentimental wurde
über die hülfreiche Wirkung der Presse wider die Übel,
die das Menschengeschlecht plagen, so eisenhart zeigte
er sich, wenn das Anzeigengeschäft ob einer etwas zu
nah an die Wahrheit geratenen *stern*-Geschichte stag-
nierte. Er hatte ein Produkt zu verkaufen und ließ dafür
z. B. gegen Ende der Siebziger jeden über die Klippe
springen, den er vormals, Anfang der Siebziger, prote-
giert hatte, um dem *stern* ein »progressives« Image zu
verschaffen. Chefredakteur Manfred Bissinger, der
gehofft hatte, aus der Tit-and-That-Zeitschrift eine Art
Spiegel für Realschulabsolventen zu machen, wurde
1978 hinausgekegelt, weil er denn doch zu weit ging und
etwas zu viel Verständnis für die marxistische Lehre
bzw. immerhin ihre Apostel bewiesen und einen Artikel
betr. Kapitalflucht ins Blatt gelassen hatte, der der
vaterländischen Gesinnung des Bertelsmann-Konzerns
– zu dem Gruner + Jahr gehört – ein eher schlechtes
Attest ausstellte. (Der anschließende Versuch Bissin-
gers, *konkret* zu einem alternativen *stern* umzudekorie-
ren, ging, aus anderen Gründen, ebenfalls schief. Mit
der *WOCHE* hat der wackre Mann heute freilich ein
Spielzeug, das ihm keiner mehr wegnehmen mag.)
    Erich Kuby, gleichfalls ein wackrer Mann, in den »lin-
ken« Jahren des *stern* Starkolumnist und -beiträger des
Blattes, notierte später, das Schweigen der Redaktion
vor Nannens diktatorischem Beschluß, Bissinger zu
feuern, habe ihr »das Kreuz gebrochen«. »Damals«, sagt
Kuby, »hat jener die politische und journalistische Substanz des *stern* ausfräsende Prozeß begonnen, der von
Jahr zu Jahr von Nannen im Einvernehmen mit den
Verlagsherren radikaler betrieben worden ist.« Kuby, es
sei ihm als Betroffenem zugute gehalten, unterstellt
dem *stern* der siebziger Jahre Qualitäten, die er nicht
hatte. Das Blatt war doof geboren worden, da halfen
keine Pillen.

Aus dem Bissinger-Zwischenfall hatte die Chefetage immerhin den schönen Schluß ziehen können, daß man mit einer Redaktion, die sich in dubio lieber für die Verlagsrente als für eine solid recherchierte Reportage entschied, noch ganz andere Sachen veranstalten konnte. So begann die große Zeit des Gerd Heidemann. Der Reporter, der nicht zum Schreiben, aber zum Recherchieren Talent besaß und als »Spürnase« jenen Edelfedern des *stern* zuarbeitete, die zwar auch kaum schreiben, aber erst recht nicht recherchieren konnten, frönte einem Steckenpferd, das bei der »linken« Illustrierten offenbar niemandem unangenehm auffiel: Er sammelte NS-Reliquien. 1973 veräußerte »die Plus-minus-null-Type« (Kuby) ihr Eigenheim, um für 160.000 Ocken Hermann Görings Privatyacht »Carin II« zu erwerben. In Kreisen brauner Nostalgiker avancierte Heidemann dank des Reichsmarschalls Hinterlassenschaft zu einigem Ruhm. Bald gaben sich altgediente Massenmörder wie Karl Wolff, der Chefadjutant Himmlers, und Wilhelm Mohnke, der »Kampfkommandant« des Führerbunkers, bei Heidemann die Kajütenklinke in die Hand. Die »Spürnase« witterte die Story des Jahrhunderts, ach was: des Jahrtausends, als auf einem der Kameradschaftsabende die Altnazis von »geheimen Akten Adolf Hitlers« raunten, die kurz vor Kriegsende aus Berlin ausgeflogen worden und danach spurlos verschwunden seien.

1980 alarmiert Heidemann die Direktion des *stern*: Er habe Kontakt mit einem Mann namens Fischer aufgenommen, der ihm »aus der DDR« die Tagebücher des »Führers« beschaffen könne, insgesamt 27 Kladden, die Geschichte des Tausendjährigen Reiches aus erster Hand! Die oberste Etage ist begeistert und erklärt den Fund des Jahrtausends, ach was: Jahrmillions, zur Geheimsache. Eingeweiht in den »Scoop« werden allein Nannen, die Chefredakteure Felix Schmidt und Peter Koch, Ressortleiter Thomas Walde sowie der G + J-Vorstandsvorsitzende Manfred Fischer (später auch dessen Nachfolger Gerd Schulte-Hillen) und selbstverständlich der König von Bertelsmann, Reinhard Mohn. Die Redaktion bleibt ahnungslos bis zuletzt. Am 27. Januar 1981 macht sich Heidemann auf den Weg zu »Fischer«, im Tascherl 200 »Kilo« (Horst Tomayer) zum Erwerb der ersten drei Bände. Die nächste Lieferung kostet bereits 480.000 Taler – Heidemann behauptet, zurück in Hamburg, er habe das Paket auf der Transitstrecke zwischen Lauenburg und Berlin unter abenteuerlichsten Umständen erhalten. Die zuständigen Herren knien nieder vor dem Todesmut ihrer »Spürnase« und lassen ihn am 25. März und am 1. Juni weitere 595.000 Steine im Niemandsland verschleudern.

Tatsächlich liegt der Ort der Übergabe stets bei Stuttgart, im Hause des Herrn »Fischer«, der bürgerlich Konrad Kujau heißt und sein zweifelhaftes Leben mit der Anfertigung und dem Vertrieb durchfallbrauner Devotionalien fristet. Heidemann, dem das Lügen allmählich zu anstrengend wird, berichtet den Mitverschwörern, er habe Fischer überreden können, fortan die »Lieferungen« wieder selbst zu übernehmen. Man glaubt ihm jedes Wort, verlangt natürlich keinen Beleg, nicht mal eine Benzinquittung, und giert nach mehr, mehr, immer mehr der güldnen Worte Hitlers. Kujau und Heidemann werden, von so viel Einfalt überwältigt, nun richtig dreist: Die Zahl der Journale steigt über Nacht von 27 auf 63 – doch statt sich zu wundern, warum die »Spürnase« dies nicht früher wußte, haut der Vorstand die Moppen raus, als gäb's kein Morgen. Insgesamt 9.340.000 DM befördert Heidemann bis April 1983 zum Kompagnon Kujau: Verlagssonderkonto 0960, das die Zahlungen penibel verzeichnet, ist in der gesamten Affäre das einzige nicht gefälschte Dokument.

»Fischer« schrieb sich fürs Geschäft seines Lebens die Finger wund. Gerhard L. Weinberg, einer der wenigen Experten, die zur Begutachtung des Materials gebeten wurden, deduzierte aus den schieren Massen von Papier dessen Echtheit: »Es ist so gut wie ausgeschlossen, daß ein einzelner Mensch eine so ungeheure Menge fälschen kann.« Die physische Leistung Kujaus ist in der Tat beeindruckend – um so weniger die Qualität seiner Arbeit. Der weltberühmte Titel des *stern* 18/1983 zeigt einen Stoß der Journale, dessen oberstes mit dem Monogramm »FH«, in Fraktur, verziert ist. F – H? F-ührer H-itler? F-iffi H-itler? F-ast (von) H-itler? Ach, scheiß die Wand an!

Auf einer pompösen Pressekonferenz drei Tage vor Veröffentlichung des Heftes präsentiert die Vorstandsclique plus »Spürnase« die schäbigen Falsifikate als wie die Originalfassung der Zehn Gebote. Peter Koch, dem die langen Jahre der Geheimhaltung besonders schwergefallen sein müssen, platzt im Editorial der Nr. 18 vor Stolz über den »Fund«: »Schon der Umfang [...] rechtfertigte die Schlußfolgerung: Die Geschichte des Dritten Reiches muß teilweise umgeschrieben werden. Der Inhalt erst recht [...].« Gewiß, man habe damals, 1981, »Kollege Gerd Heidemann« seine Mär nicht gleich abkaufen wollen, schließlich hätten ja »Tausende von Agenten der vier Besatzungsmächte [...] die Aktenkeller der Nazi-Dienststellen nach Dokumenten durchsucht«, und »nie war auch nur ein Hinweis auf Tagebücher aufgetaucht«. Aber was sind schon mehrere Regimenter von Ami- und Rußkispitzeln gegen *einen* deutschen Reporter! Was die schiere Unwahrscheinlichkeit gegen das erregende Gefühl, Bücher, die der Führer höchstselbst vollmalte, in der Hand zu halten! »Unsere anfängliche Skepsis wandelte sich rasch in kopfschüttelndes Staunen. Sie werden das vielleicht nachvollziehen, wenn Sie sehen und lesen, was Heidemann zusammengetragen hat.« Und wirklich, die Welt schüttelte den Kopf.

»Es ist schlicht unglaublich«, jubelte Koch, dem einfach nicht aufging, wie recht im Unrecht er hatte. Kujau, dessen Sympathie für F. Hitler keine kleine war, erfand frei Schnauze: Rudolf Heß z. B. sei 1940 gen Engelland geflogen, um Churchill eine Friedensbotschaft des »Führers« zu übermitteln, Himmler nicht Gehilfe, sondern Feind des Diktators gewesen, und die »Reichskristallnacht« habe Hitlers äußersten Unwillen, ja Abscheu geweckt. Der Mann, dessen Amtszeit Peter

Koch in seinem unglaublichen Editorial kurzerhand mit der des seinerzeit waltenden Kanzlers Schmidt verglich, erscheint bei Kujau zuletzt als oberstes Opfer des Nationalsozialismus, ein Mensch wie du und ich hoffentlich nicht, und es dürfte den Tagebuch-Verschwörern genau dies als bester Beweis für die Echtheit der Kladden gegolten haben: So haben wir uns den alten Adi doch immer vorgestellt! Resp., in Kochs hysterisch verwirrten Worten: »Hitlers abgekapselte persönliche Welt wird erkennbar«.

Nie paßte der Spitzname fürs damalige Verlagsgebäude des *stern* besser als in jenen hektischen Tagen: »Affenfelsen«. Den kommentierten Nachdruck der 63 Kujau-»Fischer«-Hitler-Schwarten in drei »Serienblökken«, verteilt über die nächsten achtzehn Monate, drohte Koch dem Publico an; »allein dieser Plan«, hat Erich Kuby (*konkret* 6/1983) bemerkt, »zeugt von einem journalistischen Dilettantismus, dessen sich ein Provinzredakteur in Oberkotzau schämen müßte«. Aber »die Geschichte des Dritten Reiches« sollte ja nicht nur »teilweise« (Koch), sondern, wie der Vorspann zur ersten der angepeilten hundertfünfzig Folgen ausposaunte, »in großen Teilen neu geschrieben werden«. Die klammheimliche Freude über den Vorgang, der dann doch nicht stattfand, die »Normalisierung« des NS-Staates via Banalisierung seines ersten Mannes nämlich, verwandelte sich beim prominentesten Neonazi jener Tage, Michael Kühnen, in offene Verzückung: »Uns kann es egal sein, ob die Tagebücher echt sind oder nicht. Auf jeden Fall wird nun über den Führer diskutiert. Es nützt uns immer, wenn über den Führer diskutiert wird.«

Was der *stern*-Vorstand zwei Jahre lang nicht wahrhaben wollte, klärte eine Woche später der Autographenhändler Kenneth Rendell in wenigen Stunden: Die »FH«-Kladden waren gefälscht – und nicht einmal besonders gut. Am 6. Mai 1983 gab es im ganzen Universum nichts Lächerlicheres als das Blatt, dessen Chef Koch in seinem aktuellen Editorial-Gequake (*stern* Nr.

19, »Der Fall Heß«, war bereits ausgeliefert, als Rendells Expertise erschien) allen Ernstes forderte, Rudolf Heß, dem »Gefangenen in Spandau«, die »Rede-Erlaubnis« zu erteilen, die allein es bräuchte, auf daß der »ganze Echtheitsstreit [...] beendet« wäre. Der Kerl, der i. A. Nannens und Schulte-Hillens die Revision der Nazi-Geschichte angekündigt hatte, reagierte auf die Fälschungsvorwürfe, die Heft 18 in aller Welt geerntet hatte, so, wie es einem deutschen Revisionisten geziemt, als »verfolgende Unschuld« (KK): »Vielleicht mag es der national gesinnte *Figaro* nicht, daß noch einmal die Erinnerung wach wird an jene Jahre, als Frankreichs Politiker durch ihre Schwäche das Emporkommen Hitlers mit ermöglichten.« Welch ein Schweinsgerede; abgesegnet vom Herausgeber genauso wie die folgende »unglaubliche« (Koch) Rotzbüberei: »Für die Fälscher der Geschichtsschreibung ist Angriff auf den *stern* die beste Verteidigung.« Denn der Franzmann lügt, wenn er den Mund aufmacht, während eine Blattleitung, die das Maul erst auftut, wenn sie eine ganze Redaktion konspirativ hintergangen und zum Komplizen wider Wissen und »teilweise« (Koch) auch Willen erniedrigt hat, eh schon weiß, welche Art Kritiker sie jetzt attackiert: die »Internationale der Fälscher und Neider«. Das famose Gegeifer lag gerade mal zwei Tage am Kiosk, als Kochs Kopf rollte (und auch der von Felix Schmidt). Der Undank gegen zwei so verdiente – und verschwiegene – leitende Angestellte war evident; aber Bauernopfer gehören dazu, wenn Dorftrottel Scheiße bauen.

In Nr. 20 – mittlerweile hatten die geleimten Angestellten des *stern* zu meutern begonnen – meldete sich endlich auch Henri Nannen zu Wort, zwecks Schadensbegrenzung; aber es wurde doch nur ein beleidigtes, reueloses und halbgares Gemöhre: »Die Schadenfreude und der Hohn [...], mit denen Besserwisser, Neider und Gegner den *stern* überschütten, treffen mich nicht.« Denn dazu klebte er viel zu fest an seinem Sessel. Er und seine »irregeführten« Kameraden hatten gefehlt, aber aus hehren Motiven – »Neonazis hätten an« dem

Tagebuch-Hitler »keine Freude gehabt« (weil der sich als Anti-Antisemit outete?) –, nicht etwa aus schnöder Gewinnsucht: »[...] es möge uns doch niemand für so dumm halten, daß der *stern* eine vorübergehende Auflagensteigerung angestrebt [...] hätte.« Folgt eine Schlußsentenz, deren magische Bigotterie den ganzen Nannen in nuce enthält: »Wer glaubt, es lohne sich, seine Leser für dumm zu verkaufen, der versteht nichts vom journalistischen Geschäft.« Das, nämlich Geschäftsuntüchtigkeit, hätten dem Herausgeber seine ärgsten Feinde nicht nachsagen können. Mangelnden Verstand schon eher; doch, nolens volens, räumte er ihn selber ein.

»Wie nun aber« – um nach so viel Wortqualm endlich wieder den Dichter zu zitieren, der alles und auch den *stern* vorausgewußt hat –, »wenn das Wunder der Druckerschwärze sich selbständig macht, ganz losgebunden von aller Verantwortung, die kulturellen Vorwände nicht mehr braucht und, nur noch den Antrieben einer niedrigen Menschennatur gehorchend, sich an eben diese wendet? Wenn die Minderwertigkeit als solche, ehedem im verborgenen ihre Pläne schmiedend, ›erscheint‹?«

Vierzehn Tage, die den stern *dann doch*
nicht erschütterten
»Zeitungsmachen«, schreibt KK, sei »nichts als der Ausdruck der Rache«. In jenen Frühlingswochen des Jahres 1983 war eine Zeitung ihren Redakteuren weggenommen worden, um einen »Coup« zu landen, der sich retrospektiv wie die Rache der Geschäftsführung an den »linken« Nervensägen im Blatt ausnimmt. Denn auf die Blamage folgte eine Generalrenovierung, welche nichts übrigließ vom ohnedies geringen Selbstbewußtsein der Redaktion. Während die Angestellten aufbegehrten gegen ihre Demütigung, hatten sie schon alles verloren, was ihnen in liberaleren Jahren mal zugestanden worden war. In der Ausgabe 22/1983 (»Betrifft: *stern*«) protokollierte ein anonymes Autorenkollektiv das jämmerliche Scheitern eines Aufstands, der anders als in der

Selbstzerstörung des Blattes nicht hätte enden dürfen. Doch eben jene wollten die Meuterer verhindern. Sie wagten sich darum nicht mal an die Figur heran, die für Hitlers fiktive Intimitäten den großen Geldtopf weit geöffnet hatte: Am 8. Mai, anläßlich einer Vollversammlung der Redaktion, stellte »Reporter Emanuel Eckardt« einen Antrag, »in dem der Rücktritt des Vorstandsvorsitzenden Schulte-Hillen gefordert wird«. Die Mehrheit lehnte ab, »weil Nannen sich für den Vorstandsvorsitzenden einsetzt und die Redaktion bereit ist, zusammen mit dem Erfinder ihres Blattes ›den Karren aus dem Dreck zu ziehen‹.«

So viel Lahmheit imponiert Schulte-Hillen. Am 12. Mai beruft er den Vorstand ein und entscheidet, wie gewohnt ohne Rücksprache mit der Redaktion, über die Besetzung der Posten von Koch und Schmidt. Tags darauf geben er und Nannen den Lakaien bekannt, daß fortan die gelernten Reaktionäre Johannes Gross und Peter Scholl-Latour über sie herrschen werden. Die düpierten Redakteure weisen den Herausgeber und den Verlagschef »aus dem Raum« und erklären unisono, sich »außerstande« zu sehen, mit Gross und Scholl-Latour »die bisherige fortschrittliche Linie des *stern* fortzusetzen«. Als wenn die beiden was an Tittenbildern auszusetzen hätten! Arnim v. Manikowsky, »besonnener Chef vom Dienst«, ergreift das Mikrophon und offenbart, dieweil er sich gegen Nannen ereifert, daß er (und wohl auch die Kollegen, die's beklatschen und später nachdrucken) gar nicht gemerkt hätte, welch ein Dreck die »Tagebücher« sind, wenn der Nachweis ihrer Fälschung mißlungen wäre: »[Das], was wir hier erleben, ist ein Stück Zeitgeschichte, so etwas wie die Machtergreifung 1933 – und das sogar ohne Ermächtigungsgesetz.« Anmaßung ist, KK hat alles vorausgewußt, Journalistenwesen.

In der Nacht zum 14. Mai beginnt eine fünftägige »Besetzung« der Redaktionsräume. Am Sonntag, dem 15., ringt die Vollversammlung sich endlich, aber viel zu spät dazu durch, den Rausschmiß von Nannen und Gerd

Schulte-Hillen zu fordern. »Noch während der Sitzung kommt die Nachricht, daß Konzernchef Reinhard Mohn am Montag« aus Gütersloh herbeieilen werde, um »mit einer Abordnung« zu sprechen. Dies geschieht; es wird jedoch nicht gesprochen, sondern diktiert – Mohn »rückt nicht von der Personal-Entscheidung ab«. Während man heftigst auf die neuen Chefredakteure schimpft, geraten Nannen und Schulte-Hillen, die alten TaBu-Verschwörer, immer mehr aus der Schußlinie. Am 18. Mai, nach einer Betriebsversammlung, deren Lautstärke ihre Effizienz weit übertrifft, bieten die Zahlmeister den Lohnabhängigen einen »Kompromiß« an, der so faul ist, daß prompt die »Besetzung« beendet wird. Gross und Scholl-Latour werden zu Mitgliedern des G + J-Vorstands ernannt; Nannen und Schulte-Hillen dürfen bleiben. Das »Grundgesetz der BRD«, kommentiert Erich Kuby in *konkret*, »wonach Kapital immer über politische Moral siegt, ist wieder einmal erfüllt«.

»Der Schuljunge, der's getan hatte und es hinterdrein nicht gewesen sein wollte, jetzt schreibt er's an die Tafel der Zeitung«, so der Dichter, der das Riesengewese der *stern*-Redakteure um ihre Inkonsequenz und Existenzangst natürlich auch vorausgewußt hat. Sie bekamen ihren Zwergenaufstand auf den Titel und mögen sich, wenn es ihnen denn einfiele, jetzt schämen für das kämpferische Getue, mit dem sie einst ihr Einknicken camouflierten. Und weil man seither, seit Kujau und der Kujonierung, den *stern* nicht für zwei Groschen mehr ernst zu nehmen braucht und die Instanz KK gegen einen toten Gaul nicht länger bemühen sollte, ist, was folgt, ein Märchen, wenngleich wahr.

Die Nacht, die kein Ende nahm

Es war einmal, mein Kind, und zwar am 17. September 1998, da begaben sich alle, die im Lande was zu sagen zu haben glauben, und einige, die in der Tat das Sagen haben, doch leider welche brauchen, die aufschreiben, was zu sagen jenen schwerer fällt als ihnen, dieses aufzuschreiben, und natürlich auch alle, die nichts wären,

wären sie nicht dann und wann im *stern*, in die Gasstraße zu Hamburg-Bahrenfeld, sintemalen dort das
Magazin, das einst den gewaltigsten Rohrkrepierer der
neudeutschen Zeitungsgeschichte geborgen hatte, feierte
und frohlockte, weil es überlebt hatte bis in das fünfzig-
ste Jahr, überlebt sogar jenen Fall, der die Malaise und
Misere des bürgerlichen Journalismus, seine Geilheit
auf einen »Bombentitel« gleichwie seine vom Scheckbuch
geregelte »Ethik«, zu einem Beispiel verdichtet hatte,
gegeben für alle Zeit, aber, schau an, auf der Gästeliste
fehlten die beiden, die das platte Blatt einst so trefflich
reingelegt und gedemütigt hatten, der Konrad und der
Gerd, obschon der andere Gerd, der Fürst, der den beiden trompetendummen Hitlerverehrern ehedem die
Blankowechsel nachgerad' nachgeworfen hatte, Schulte-
Hillen, baumkuchengerade dastand im *G 1*, neben noch
einem Gerd, der gleichfalls viel vergessen hat und an
noch viel mehr nicht erinnert werden möchte und heute
Kanzler spielen darf unter dem zweiten Gerd, der, wie
gesagt, dastand, lächelnd und mopplig und bis ans Ende
der Welt Vorstandsvorsitzender von Gruner + Jahr, Seit'
an Seit' mit jenen Domestiken, die ihn damals, im Mai
1983, wegputschen wollten, ehe aus der Feste Gütersloh
der König Mohn herangewitterte und die Instrumente
offenbarte, und seither herrscht Friede beim *stern*, Hof-
ruhe.

Was, mein Kind, du glaubst mir nicht? Dann wirst du
wohl auch zweifeln, wenn ich dir sage, wer auf der Gala
seine Reißzähne zeigte, auf daß sie in die *Hamburger
Morgenpost* gelangten, nämlich der Lagerfeld und die
Simonis und der Aust und di Lorenzo, und Peter Hintze,
den du leider nie mehr sehen wirst, ward er doch mittlerweile zu Altpapier verarbeitet, freute sich, daß Peter
Kraus immer noch nicht singen kann, 's war halt ein
Fest »vom anderen Stern«, wie gerührt der verlagseigne
Hamburger Tagesbefehl hernach titelte, und überhaupt
glitt und schmierte die Creme de la creme übers Parkett,
toute le monde oder mindestens demi-monde schäumte
seimig durch die Hallen, der Naumann rieb mit dem

Joschka sich die Hände, der neue König von Gütersloh, Wössner I., beaufsichtigte seine Narren, und zwar die Goehler, den Immendorff, den Runde, die Christiansen, die Perlinger, den Leisler-Kiep, jaja, den gibt's auch noch, und herrliche Paare strahlten zurück, vom Blitze beleuchtet, Jazzy Tic und Lee Tac-Two, Fehlstarter Hingsen und Pimpernuckel Howland, ein ganz besonderes Pärchen freilich kennen wir Alten schon viel länger als du, mein Kind, ach, die Turteltäublein Udo Jürgens und Alice Schwarzer, aber du willst mir ja nicht glauben, nicht wahrhaben, daß der alte Galopper Scheel sich mit dem alten Otto Versand und dem alternden Otto Waalkes und der alterslosen Otto, stop: Uschi Obermaier rasend amüsierte, prall und drall das Gebiß in die Kameras stopfend, doch die wunderbarste, erlesenste, bezauberndste Paarung des Abends, das war, nein: nicht Volker Rühe und Ignatz Bubis, nein, nein, den Beweis, daß Ende des Jahrtausends einfach alles kack- und knackwurst ist, den lieferte, ich schwör's dir, Peggy Parnass, die durchaus den Mund hielt und tapfer grienelte, als an ihr vorbeiklapperte »des Führers« (*stern*) Tagebu-, äh: Lieblingsregisseuse Leni Riefenstahl.

»So spannend ist unser Land!« schwärmte die Jubiläumsausgabe und übertraf sich selbst an Dickheit mit 404 oder, weiß nicht mehr, 404.000 Seiten und zahllosen »Klappern« und an Doofheit schier mit Lorelei Claudia Schiffer auf dem Titel und der Zeile dazu: »Denk ich an Deutschland«, die zwar aus einem ganz anderen Gedichte, aber gleichfalls von Heine stammt, doch was willst du eigentlich, die Schiffer kann ja auch nicht singen, Ironie, meine Güte!, so spannend sind das Land und seine größte Illustrierte, so kreuzbescheuert und bar jeder Scham, und die Masken, die des Abends in der Gasstraße auf Charakter machen sollten, die hatten bereits des Tages dem Blatt per Leserbrief gratuliert zu seiner Nichtigkeit (»Toi-toi-toi« – Katja Riemann), Langweiligkeit (»Er macht es einem nicht immer einfach« – Guido Westerwelle), Apfelmusigkeit (»faires politisch-kritisch-analytisches Blatt« – Otto Schily), Schlafmützigkeit (»die politische Kultur dieses Landes intensiv mitgestaltet« – Jürgen Flimm), Überflüssigkeit (»Werkzeug der Aufklärung« – Rolf Hochhuth), ach, schön war es, so tausendschön, so abertausendschön, und nirgendwo im brikettfetten Hefte ein einzger Satz zu den vermaledeiten Tagebüchern, vergessen, versunken, verschwunden, auf all den 404 Millionen Seiten nicht eine Silbe zum umgeschriebenen Reich, außer, außer, außer im Telegramm vom Parzival Fischer, der die »FH«-Journale unter das Rubrum »grandiose Fehlgriffe« stellte und also gar nicht übel fand, denn in »dieser Hinsicht ist er«, der *stern*, »ein bißchen wie wir«, die Grünen, und so viel grandiose Wahrheit zwischen all dem verlognem Fuzzi- und Potenzpillenvertretergebaren tut fast ein bißchen weh. Ja. Fast. Doch nun, mein Kind, gut' Nacht!

Wie irgendein Jack-Palance-Seeräuberschinken In bed with *stern*

Fritz Eckenga

Kennt eigentlich irgend jemand jemanden, der einen kennt, der den *stern* liest? Ja, ich. Dieser Bekannte sagte mir letztens, sein Bekannter lese ihn, weil im *stern* absolut nichts drinstehe, man ihn aber »klasse« lesen könne. Das ist ein nur augenscheinlich blödes Motiv. Jeder weiß doch um diese Zustände, in denen man nach nervender Tagesmüh ausgelaugt, abgespannt und entsprechend unwillig ist, in den sowieso schon ganz rammdösigen Kopf noch irgend etwas Reizendes hineinzutun. Gut bekommt meinem dann z. B. die Ablage auf dem Sofakissen, eine sedierende Flasche Bier und ein drittes Fernsehprogramm, in dem der eingeölte Jack Palance schmutzige Piraten abmurkst. Spätestens, wenn Jack ein Dutzend der Halunken ins nasse Grab geklatscht hat, verabschiedet sich das Zerebrale in die Dämmerung und gibt der Seele Ruh'.

Was aber tun, wenn das geschlauchte Gemüt fern des trauten Sofakissens und ohne die Möglichkeit des P-Movie-Zugriffs nach Dämpfung bzw. Dumpfung verlangt? Etwa dann, wenn man mürrisch, müde und aufgekratzt zugleich nach hektischer Erfüllung des Tagesplansolls in einem abstoßenden Bahnhofsgebäude auf den letzten Zug in die Heimat wartet? Ganz recht, Alkohol ist immer eine Lösung, und notfalls löst sogar ein handwarmes Kölsch aus der Dose die schlimmsten Hirnverspannungen. Schöne Resultate erzielt man darüber hinaus mit der gleichzeitigen Gabe einer Thüringer Rostbratwurst »Metzgerqualität«, wie sie z. B. auf den Bahnsteigen einer rheinischen Karnevalshochburg angeboten wird. Bereits nach wenigen Augenblicken entfaltet dieses Kombinationspräparat seine entkrampfende Wirkung, und schon beim Betreten des Zugabteils ist der ramenternde Geist einigermaßen gedämmt von der Wucht des kölsch-thüringischen Blockers.

Selbstverständlich muß man jetzt noch rauchen. Die effektivste Zigarette ist immer noch die nach einer Bahnhofswurst mit Bier. Wer weiß, vielleicht hat die einem innewohnende Seele ja Augen. Und den Anblick des soeben Eingeführten muß man ihr unbedingt ersparen. Also muß man nach innen nebeln, sonst regt sie sich gleich wieder auf, und alles war umsonst.

Jetzt, wo alles schön angedämpft und eingenebelt ist, legt sich wattige Brummigkeit über den dösigen Haufen Mensch. Draußen rauscht die dunkle Landschaft an ihm vorbei, ab und zu vernimmt er ein glucksendes Geräusch von innen her, und einmal macht er einen leisen Pups. Was jetzt noch? Schlafen vielleicht? Eine kleine Gutenachtgeschichte wäre grad das Richtige. Irgendeine belanglose Lektüre, die man gar nicht merkt. Auf keinen Fall also das mitgenommene gute Buch. In diesem wurstigen Schwebezustand wäre das respektlos gegenüber dem Autor. Am besten also irgendeine Illustrierte. Aber keine, über die man sich ärgern könnte. *Focus* z. B. wäre ganz falsch. Da ist vorne immer ein Photo von Markwort drin. Und im *Spiegel* bestimmt ein Artikel von Mohr oder von Broder. Das alles ist schon unverdaulich genug. Ganz fatal aber, wenn man es nach der Thüringer nimmt.

Nein, das alles wäre jetzt kontraproduktiv. Zu diesem Zweck hat der weitsichtige Abgeschlaffte immer eine Ausgabe des *stern* im Gepäck. Es muß keine aktuelle sein. Irgendeine eben. Irgendein *stern* ist wie irgendein Jack-Palance-Seeräuberschinken im dritten Programm nachts um zwei. Na gut, er ist ein bißchen bunter. Das macht aber nichts. Spätestens nach zehn Minuten hat man ihn hinter sich und schläft. Und wenn man aufwacht, muß man sich an nichts erinnern.

Ich lese:
DIE WOCHE

Hans Zippert

– weil ich sie abonniert habe. Einen besseren Grund, die
WOCHE zu lesen, gibt es nämlich nicht – und einen
anderen schon mal überhaupt nicht. Eigentlich braucht
man doch nur zwei Zeitungen: eine für allgemeine und
eine für spezielle Informationen. Eine sinnvolle und
vernünftige Kombination im Deutschland von 1999 wäre
täglich die *FAZ* und einmal pro Monat das Fachblatt
MEGAMÖPSE. Wertkonservative Liebhaber großdeut-
scher Brüste können hier ihren Informationsbedarf
stillen. Genauso legitim: die *Süddeutsche Zeitung* und
Pfarrer und PC. Da freut sich der liberale Geistliche, der
zwischen Tabernakel und Entertaste irrlichtert. Es geht
aber auch *Frankfurter Rundschau* und *Splatting Image*,
denn Gewerkschaftler lieben Horrorszenarios. Verfas-
sungsrechtliche Bedenken gegen *Bild* plus *Spektrum
DER WISSENSCHAFT* werden keine gehegt – wer das
Weltgeschehen bloß überfliegt, hat um so mehr Zeit für
komplizierte naturwissenschaftliche Prozesse. *Neue
Westfälische* und *spex* ist gleichfalls ein recht wün-
schenswertes Arrangement; der Bewohner der rätselhaften Stadt Bielefeld wird eine mysteriöse Musikgazette
wohl zu schätzen wissen. Weniger empfehlenswert: *DIE
WELT* und *essen & trinken*, denn wie soll jemand, der so
wenig Geschmack bei der Auswahl seiner Tageszeitung
aufbringt, die raffiniertesten Speisen goutieren können?
Dann schon eher *DIE WELT* und *DIE ZEIT*, ein ideales
Gespann für Menschen, die das Unnötige mit dem Über-
flüssigen zu verbinden trachten. Womit kombiniert man
aber die *WOCHE*? Mit der *taz*? Die eine liest man aus

Solidarität nicht durch, die andere aus Überzeugung nicht.

Ist die *WOCHE* also die Vierfarbbeilage der *taz*? Ist das ihr Daseinszweck? Nein, die *WOCHE* wurde von besorgten Wissenschaftlern entwickelt, die irgendwann feststellten, daß kein Mensch die *ZEIT* lesen kann. Hunderttausende haben sie abonniert und führen sie nach Ablauf der siebentägigen Lagerfrist ungelesen der Altpapiersammlung zu. Manch einer streicht sich vorher sogar ein paar Artikel an, die er unbedingt studieren möchte, aber gelesen wird höchstens das Kreuzworträtsel im *magazin*, und zwar von Sekretärinnen und Pressesprecherinnen.

Der Erwerb der *ZEIT* ist eine hochmoralische Angelegenheit und verursacht permanent ein schlechtes Gewissen, weil man ein derart voluminöses, mit praller Erkenntnis vollgestopftes Blättchen nicht von der ersten bis zur letzten Seite in Augenschein nimmt. Irgendwer hat das ja alles unter fürchterlichen Qualen eingegeben und layouten müssen – das kann man doch nicht einfach so wegwerfen.

Hier setzt die *WOCHE* an. Ihre Erfinder taten so, als hätten sie die *ZEIT* für den eiligen Leser erfunden – *McZEIT* sozusagen: verschnarchte Ansichten zu uninteressanten Themen, Experten, Dossiers, Expertisen, Umfragen, Wichtigtuereien im Schnelldurchgang. Und Manfred Bissinger sagt zum Mitschreiben, wie es ist. Und wie ist es?

Bestechend übersichtlich: 40% Text und 60% Photos, Graphiken, Kästen, Zitate, Überschriften. Inzwischen wurde die *WOCHE* mehrfach geklont, selbst die *ZEIT* sähe gerne so aus, aber der Zug ist abgefahren. 1997 verleibte man sich die *Wochenpost* ein, wovon noch einige rührend gemütvoll-ostdeutsche Einlassungen zeugen. Schätzungsweise 2002 wird die *ZEIT* geschluckt. Warum soll sich unsereins auch damit aufhalten, die *ZEIT* nicht zu lesen, wenn man die *WOCHE* in einem Zehntel der Zeit durchblättern und nicht lesen kann?

Ich mache keine Ausnahme, ich bin diesem teuflischen

Zauber verfallen. Ja, jetzt muß es raus: »Ich lese die
WOCHE, weil ich sie nicht lesen muß.« Ein prickelndes
Glücksgefühl erfüllt mich jeden Donnerstag, halte ich
sie endlich in den Händen. Ein kurzes Zögern bloß, ob
ich sie von hinten oder von vorne nehmen soll – und
dann geht es los: Aha, Bissinger-Leitartikel, anschließend Walser-Porträt, Photos und Statistiken, schon bin
ich bei Wissenschaft und Forschung, schau' an, das
ganze Geklone ist doch nicht so harmlos, wer hätte das
gedacht, ein Bild von Hussein, ein riesiges von Kate
Moss, ach, das ist eine Anzeige, so, schnell noch Gesellschaft, Bücher, Filme, und ich hab' die letzte Seite erreicht. »Wem möchten Sie auf keinen Fall in der Sauna
begegnen?« Haha, einem WOCHE-Leser natürlich, rasch
die Überschriften der hochnotpeinlichen Briefe an die
Leser – und Feierabend! Das war's. Geschafft. – Eine
Wochenzeitung in fünf Minuten durchgearbeitet (plus-
minus zwei, je nachdem, über welche Form Willemsen
verfügt), das verschafft tiefe innere Befriedigung. Ich
fühle mich frisch und topinformiert. Die ZEIT hätte ich
jetzt gerade mal aufgefaltet.

Es bleibt freilich jedem unbenommen, die WOCHE zu
lesen; ihre Lektüre zeitigt jedoch längst keine ähnlich
tollen Wirkungen, sondern macht irgendwie matt und
verursacht schlechte Laune. Ja ja, Atom ist gefährlich,
Gott gibt es doch, aber was ist schon Gott gegen Glotz,
Schröder muß handeln, die Grünen müssen dazulernen,
Kirch plant wieder eine Schweinerei, Schröder muß bald
handeln, schreib' das auf, Glotz! Berti Vogts redet Un-
sinn, Schröder hätte längst handeln müssen, das Mahnmal sei eine ziemlich sensible Sache, Schröder, Gentech-
nik, Glotz – aufhören!

Die WOCHE ist viel zu schade zum Lesen. Die Text-
blöcke sind ohnehin nur als gestalterisches Element ins
preisgekrönte Layout eingebaut. Es ist wie bei Goethes
Gesammelten Werken: ein beruhigendes Gefühl, sie im
Schrank zu haben, obwohl man niemals einen Band zur
Hand nimmt. Allerdings wird die WOCHE entschieden
besser gestaltet, und sie enthält erheblich mehr Farb-

photos als Goethe. Außerdem erscheint sie jede Woche neu.

Ich bin süchtig. Ich fordere ein Methadonprogramm für ausstiegswillige *WOCHE*-Konsumenten! Die Betty-Bissinger-Klinik muß helfen. Ich kann meine Sucht legal kaum noch finanzieren. Eines Tages wird es losgehen mit der Beschaffungskriminalität. Ich werde für die *WOCHE* schreiben müssen, um mir die *WOCHE* leisten zu können. Kann ein Mensch tiefer sinken?

Muffige und geriatrische Prosa
Ein Nachruf auf die *ZEIT*

Klaus Bittermann

Obwohl die alte Dame des liberalen Zeitschriftenwesens
erst vor kurzem geliftet wurde, die Hängebacken sind
geblieben, und auch die Tränensäcke erinnern doch sehr
an Jürgen Kuczynski. Aber sie hat für jeden etwas zu
bieten. Na gut, vielleicht nicht für jeden, aber für jeden,
der es liebt, sich durch zähe und faslige Artikel hin-
durchzubeißen und dabei nicht den vergeblichen Kampf
mit riesigen Papierlappen scheut, die – quasi symbolisch
für die Haltung des Blattes – an allen Ecken einknicken.
Die Lektüre der *ZEIT* ist eine echte Herausforderung,
an der jedoch immer mehr Menschen scheitern, Menschen wie du und ich, der sich die *ZEIT* kaufte, bis er
nach Jahren merkte, daß er höchstens noch auf der
Suche nach Harry Rowohlts »Pooh's Corner« und dem
wöchentlichen Bernd Pfarr hineinguckt und nicht mal
mehr die Energie aufbringt, die aus Gründen der Erbau-
ung und Bildung oder für spätere fiese Zwecke heraus-
gerissenen Artikel der größten Dödels zu lesen, weshalb
auch diese Beweise bzw. Belege des aufrechten Journalismus unter einem ständig wachsenden Berg von Zei-
tungspapier zuletzt begraben werden.
   Die *ZEIT* hat seit Menschengedenken den Ruf, das
liberale Flaggschiff, quasi der Aufklärungsdampfer der
Bundesrepublik zu sein, aber als Bucerius »den wahrscheinlich bedeutendsten Politiker der Welt« (Bucerius)
1983 zum Herausgeber der *ZEIT* bestellte, war es nur
eine Frage der Zeit, bis der gestrauchelte Ex-Bundes-
kanzler den vom ehemaligen Redakteur Cordt Schnibben beschriebenen paradiesischen Zuständen der »Nar-

renfreiheit« im Feuilleton ein Ende bereitete. Schmidt
beäugte das Treiben mit großem Mißtrauen, »das Blatt
sei zu links und zu wenig staatstragend geworden. Ganze Ressorts seien in der Hand von 68ern. Einige Redakteure stünden nicht auf dem Boden des Grundgesetzes.
[...] Die ganze Truppe sei zu weinerlich. Der Laden werde zu lax geführt, habe zu wenig Hierarchie«, erinnert
sich Schnibben – kein Wunder, denn ein Blick in die
Personalakten klärte Schmidt darüber auf, daß kein
Kulturredakteur den Wehrdienst abgeleistet hatte. Im
nachhinein hat sich die Sorge als unbegründet erwiesen,
denn gerade die 68er wurden staatstragender als der
Chef selbst, und auf dem Boden des Grundgesetzes ist
das Gedränge groß. Aber schon damals, da Schmidt sich
über die Wehrtauglichkeit seiner Truppe den Kopf zer-
brach, in Zeiten großer nationaler Gefühlswallungen, als
die *ZEIT* einmal hätte dagegenhalten und beweisen können, daß sie nicht völlig überflüssig ist, da knickte sie
ein.

1983, in den Hochzeiten der Friedensbewegung, ver-
öffentlichte das Feuilleton eine »vaterländische Jammer-
tirade« von Rolf Hochhuth mit dem Titel »Wann brennen
wir?«, »denn groß waren die Angst vor der atomaren
Einäscherung oder die Sehnsucht nach ihr« (Wolfgang
Pohrt). Als dann die Wiedervereinigung über die Deutschen kam, hielt die *ZEIT* im Überschwang der Gefühle
eine Ansprache, bei der man den Eindruck gewann,
Goebbels sei wieder auferstanden, doch es war nur Ro-
land Phleps: »Hier und jetzt aber sollten wir, die wir uns
Deutsche nennen, darüber nachdenken, was uns berechtigt, uns als Deutsche zu bezeichnen und wozu uns dieses Deutschsein verpflichtet.« Und auch Jürgen Haber-
mas wurde ganz patriotisch zumute, als er 1990 die
Frage »Was wird aus der Identität der Deutschen?«
stellte und den »fehlenden Nationalstolz« der Deutschen
mit »Verfassungspatriotismus« kurieren wollte, auf daß
sich der »Bundesbürger dem westlichen Normaltypus
nationaler Identität« annähere. Davon bekam Klaus
Hartung glatt eine »Vision«. Die hieß zufälligerweise

auch »nationale Identität«, und Hartung war ganz vernarrt in dieses Spielzeug, das man ihm gerne überlassen hätte, wäre man von weiterem verschont geblieben. »Die Nation gehört nicht den Rechten«, behauptete Hartung statt dessen keck und mit dem Hinweis, er würde sich auch dieser Nation zurechnen, wahrscheinlich um sie mit seinem Speckgürtel vor dem Absaufen zu bewahren. In den gefühlsschwangeren Erweckungszeiten trugen die Verteidiger von Nation und Vaterland selber allerhand dazu bei, daß von der Nummer mit dem wiedervereinigten Dtschl. bald niemand mehr hören wollte.

Und tatsächlich nimmt das Interesse an der *ZEIT* seitdem kontinuierlich ab. Dagegen half auch keine Renovierung – die *ZEIT* ist das Blatt mit dem längsten Fusselbart. Das Personenkarussell wurde kräftig gedreht, die Schrift und der Zeilendurchschuß wurden vergrößert, mit dem Ergebnis, daß jetzt weniger Buchstaben auf einer Seite stehen, aber der schwerfällige und hüftlahme Schwurbel der gleiche geblieben ist. Irgendwie muß es an der Zeit oder am Klima am Speersort liegen, daß die Schwadroneure dort so gut gedeihen und schon in jungen Jahren eine muffige und geriatrische Prosa schreiben, die sich vor allem in der Kolumne »Planet Speersort« manifestiert. Dort mährt Jörg Lau altklug über Gott und die Welt, über »Die Sache mit Hitler« und über die »Langeweile als Errungenschaft«, eitles und gespreiztes Feuilleton, in dem der Redakteur den Nachweis erbringt, daß er dem als »stockkonservativen Klugscheißer« (Schnibben) bekannten *ZEIT*-Leser jederzeit das Wasser reichen kann.

Als Folge mußte vor kurzem das Ableben des *ZEITmagazins* bekanntgegeben werden. Immer weniger Anzeigenkunden wollten ihr Geld in ein Blatt stecken, das die Ausstrahlung der *Bäckerblume* besitzt und in dem Maxim Biller einmal pro Monat zu selbsttherapeutischen Zwecken darüber schreibt, daß ihm nichts mehr einfällt und wie sich aus diesem Problem dennoch eine Kolumne basteln läßt. Aber auch die *ZEIT* selbst wird wohl in absehbarer Zeit das Zeitliche segnen. Dafür sorgt Helmut

Schmidt höchstpersönlich, der sein Leib- und Magen-
blatt in einen Ort zur Archivierung der eigenen überaus
wichtigen Meinungen und Gespräche verwandelte, die
er mit wichtigen Politikern und wichtigen Männern der
Zeitgeschichte führt, weshalb man leicht den Eindruck
gewinnen kann, daß die *ZEIT* zu einem Helmut-
Schmidt-Gedächtnisblatt geworden ist. »Miteinander
gesprochen haben sie in den fünfzehn Jahren nicht, seit
der eine den anderen im Bonner Kanzleramt ablöste [...].
Ein paar Flachsereien am Anfang, die Schlipse werden
noch einmal zurechtgerückt, dann laufen die Kameras.
Noch bleiben beide in ihrer jeweiligen Ecke, Helmut
Kohl verbirgt sich hinter aufgesetzt guter Laune, Helmut Schmidt hinter Tabaksqualm. Aber dann, unmerk-
lich zunächst, passiert es: Die Gegenüber werden zu Ge-
sprächspartnern, und beide diskutieren – nein, nicht
über die großen Kontroversen deutscher Politik, sondern
über das Amt des Kanzlers. Am Ende, so scheint es,
mögen sie sich fast.« (Christoph Bertram)

Als Helmut Schmidt 1982 abgewählt wurde und noch
niemand wußte, daß sich die *ZEIT* des Ex-Kanzlers er-
barmen würde, rief Theo Sommer dem Scheidenden hinterher: »Der Kanzler warf kaum noch einen geistigen
Schatten.« So was durfte sich Theo Sommer, der ein
ganzes Treibhaus mit raren Stilblüten sein eigen nennt,
nie wieder erlauben. Sechzehn Jahre später mußte er
anläßlich des achtzigsten Geburtstages von Schmidt in
einer ebenso peinlichen wie schmierigen Hommage Ab-
bitte leisten: »Es lohnt sich, ihm zuzuhören«, log Sommer, daß sich die morschen Knochen von Frau Dönhoff
bogen. »Wie es auch immer ein Vergnügen ist, mit ihm
zu diskutieren. Oft sitzt er stumm in der Runde, pafft
unverdrossen seine Mentholzigaretten oder schnupft
seinen Schmalzler Marke Gletscherprise, schnaubt und
schneuzt sich. Aber dann bringt er die Diskussion ganz
plötzlich auf den Kern, formuliert kenntnisreich, präzise
und entschieden seine Ansicht.«

So sieht bei der *ZEIT* spannender, investigativer Journalismus aus. In einem anderen Selbstgespräch Helmut

Schmidts über den deutschen Herbst 1977 und die Folgen erfuhr man, daß Breloers *Todesspiel* »übrigens meine Frau noch viel mehr aufgeregt [hat] als mich«. Das war fast so gut wie seine Leistung als Historiker, die Cordt Schnibben der Nachwelt überliefert hat: »Wenn wir, meine Frau und ich, heutzutage Arbeiten von Historikern über die Nazizeit lesen, so sagen wir uns bisweilen: ›Mein Gott, der Mann hat ja keine Ahnung – allerdings, woher soll er sie auch haben? Er war ja nicht dabei.‹« Als Leitartikler wiederum erweist sich Schmidt immer wieder als Meister des schlichten Gedankens, der – egal, wie dünn und fadenscheinig er ist – von Schmidt noch in »erstens« bis »viertens« unterteilt wird und beispielsweise darauf hinausläuft, daß alles gut wird, sobald man dem Wahlvolk die Wahrheit sagt, »auch wenn die Wahrheit zunächst unbequem und bitter ist«. Helmut Schmidts Praktikantenprosa besteht aus einer endlosen Folge von Allgemeinplätzen, mit denen er nicht nur seine Wohnung tapeziert, sondern auch noch Bücher füllt, die sich immer um das Eine drehen: um Helmut Schmidt – oder wie Fritz Tietz einmal schrieb: »Ob Aristoteles oder Zuckmayer, Beethoven oder Deng Xiaoping, wer auch immer sich tendenziell in der Nähe eines politisch oder kulturell einigermaßen bedeutenden Ereignisses herumgetrieben hat, muß damit rechnen, von Schmidt zu einem seiner Weggefährten degradiert und auf des Ex-Kanzlers Niveau hinabgezerrt zu werden.«

Beim Untergang des Flaggschiffs assistiert dem greisen und staatlich geprüften Phrasenschüttler das ostpreußische Schrapnell Marion Gräfin Dönhoff, die in ihren Artikeln demonstriert, was eine kleine Altersmeise so alles anrichten kann. Bewundernswert war z. B. die forsche Ahnungslosigkeit, mit der sich Frau Dönhoff an einen wahrscheinlich runden Tisch mit Punkern setzte, um ihnen zu erzählen, daß sie wegen ihres Aussehens nicht mal einen Job bei der *ZEIT* bekämen und das eigentlich ganz schön schlimm sei. Sachkenntnis verriet sie auch, als sie gegenüber Goldhagens Buch »die Befürchtung« äußerte, es könne »den mehr oder weniger verstummten Antisemitismus wieder neu beleben«, ein Argument mit besonders ranziger Duftnote, das in der Weimarer Zeit Konjunktur hatte, als es darum ging, den Juden beizubiegen, die Klappe zu halten und sich in ihr Schicksal zu fügen. Und einmal jährlich um dieselbe Zeit verkündet Frau Dönhoff in einem meist nur unwesentlich variierten Artikel den »Aufstand des Gewissens« der Offiziere vom 20. Juli, der keinesfalls mit einer »sozialen Revolution« verwechselt werden dürfe. Hätte Frau Dönhoff nicht darauf aufmerksam gemacht, keiner wäre auf die absurde Idee gekommen, ebensowenig wie darauf, Churchill das ganze Malheur in die Schuhe zu schieben, dem »es offenbar darum [ging], die Deutschen zu brechen und nicht zuzugeben, daß sie selber versucht haben, sich zu befreien.«

Solche Ansichten bizarr zu nennen, wäre eine unzulässige Untertreibung, sie sind nicht nur historisch dämlich, sondern auch politisch reaktionär, und sie nehmen sich auf den ersten Blick reichlich merkwürdig aus in einem Blatt, in dem lang und breit über den Nationalsozialismus gegrübelt wird. In der Chefetage leistet man sich das Steckenpferd als Zugeständnis an den mit dem Zeitungspfund ehrwürdig ergrauten Leser, der, mit einer fetten Studienrats-, Aufsichtsrats- oder Staatssekretärspension ausgestattet, an den alten Zeiten hängt. Wenn jenem allerdings ein Artikel unter die Augen kommt, in dem der »deutsche Widerstand« einmal nicht belobhudelt wird, dann waltet das oberste Gericht in Gestalt von Frau Dönhoff. Redakteure nehmen am Telephon Haltung an und hängen ihre liberale Gesinnung in den Wind. Verdiente freie Mitarbeiter wie Otto Köhler werden abserviert (vgl. *konkret* 11/1998) mit einer Begründung, die gar nicht mehr bestreitet, daß sie quasi vom Lesermob diktiert wurde: »Wieder mal sind Sie angeeckt. Das ist an und für sich nichts Schlimmes, vielmehr für einen kritischen Journalisten durchaus ehrenwert. Gerade in dieser Position darf man sich aber, nach meiner Überzeugung, Vorhaltungen dieser Art nicht machen lassen müssen.« So muß der Redakteur von heute gestrickt sein: mit einer »Überzeugung«, die nicht danach fragt, ob ein Artikel sachlich richtig ist, und dem es nur darum geht, ob der Beitrag auch vom Leser, der letzten Instanz für dahinsiechende Blätter, unbeanstandet bleibt.

Auf einer drittelseitigen Anzeige warb die Deutsche Verlagsanstalt unlängst mit dem Konterfei des Chefredakteurs und seinen Worten zum Sonntag: »Wir brauchen Mut zur öffentlichen Moral.« Wozu eigentlich, wenn nichts Vernünftigeres herauskommt als die *ZEIT*?

Nichts ist spannender als die Ignoranz
Geiler Kapitalismus im Zentralorgan der deutschen Geldanleger, der *Wirtschaftswoche*

Robert Kurz

Lang, lang ist's her, daß es gravitätisch und vollbärtig gewissenschaftelt hat, als das Blatt noch *Der Volkswirt* hieß. In der *Wirtschaftswoche* dagegen ist in dieser Hinsicht Schluß mit lustig. Postmoderner Schnellschußjournalismus kennt immer schon die Spezialignoranz der jeweiligen Kundschaft und das Reiz-Reaktions-Schema der daraus resultierenden Bedürfnisse. Verschieden ist nur die Art und Weise, wie der Denkstillstand bedient werden muß. Der deutsche Fleischer mit einer frei verfügbaren Liquidität von 100.000 Deutschmark aufwärts, die dreißigjährige deutsche Portfolio-Managerin mit USA-Aufbaustudiengang und einem Traineeprogramm der Deutschen Bank, der mit Genuß rausschmeißerhaft häßliche deutsche Personalchef oder der mit gesunder Schumpeterscher Zerstörungswut begabte deutsche Unternehmensberater brauchen eins jedenfalls nicht: theoretisches Räsonnement über den Gegenstand ihres Tuns und Treibens. Kapitalismus hat schließlich keinerlei Rechtfertigung mehr nötig, nur noch masochistisches Menschenmaterial mit Selbstverwurstungsappeal. Aus dieser Sicht ist sozialökonomische Reflexion etwas für gescheiterte Existenzen, wenn sie überhaupt etwas ist.

Wer den Geisteszustand der betriebswirtschaftlichen Funktionseliten hierzulande kennenlernen will, kommt an der *Bäckerblume* des BRD-Kapitalismus einfach nicht vorbei. Die Mischung aus Kampfblatt und Regenbogengazette bietet den Besserverdienenden zwischen Kiel und Rosenheim, Kaiserslautern und Frankfurt an der Oder alles, was man außer Schweinskopfsülze mit Remouladensoße im ICE aufnehmen kann: rüde liberale Hardcore-Ideologie, wirtschaftsastrologische Ratschläge für den fingersaugenden Kleinanleger, Nähkästchenplauderei aus den Chefetagen und natürlich den Stoff, aus dem die Träume aller Erfolgsdarsteller und Nachwuchssternchen der Gründerfieberzeit sind. Da lacht das Wagniskapital, wenn »Entrepreneurship« aufkommt und Pioniere »sich nicht bremsen lassen von den Debatten um Krankenhausnotopfer und Zahnersatz«, sondern für eine Vision streiten – z. B. die Organisation von Edelhochzeiten zeitknapper Supereffizienzler mit ein wenig Kleingeld, jenseits von Sozialstandards und Arbeitsrecht, versteht sich.

Das Weltbild, das sich dabei zeigt, ist ungefähr so schlicht wie das einer Katze vor dem Mauseloch. Der kapitalistische Vollmensch auf der endlich freien Wildbahn braucht ja auch in erster Linie Instinkt. Was er will, ist Information: markworthaft schnellgefickte Fakten oder ein saurasantes Finanz-Power-Training. Immer der erste sein an der Futterstelle und die Schnauze, Verzeihung: die Nase vorn haben, selbst wenn es vielleicht gar nichts zu schnappen gibt: »Jetzt wird es Zeit. Kaufen Sie die ersten Bundesliga-Aktien« (www.wiwo.de). Der Instinkt ist ein recht schlichter Geselle, auch die zweite Natur langt gern in die Scheiße. Zum Trost werden dann mit Lagerfeuerbegeisterung Wahrsprüche wie von weisen alten Indianern entgegengenommen: »Erfolg ist die Umsetzung von Wissen in Entscheidung.« Kapiert?

Nichts ist halt so erfolgreich wie der Erfolg, und der bedarf einer scharfen Repräsentation im Internet, erhältlich etwa bei der Schlund + Partner AG (www.schlund.de/wiwo). Tausend Prozent Gewinn machen! Und sonst gar nichts. Probleme? »Kein Problem, ich gehe einfach auf www.deutsche-bank.de.« Die fetteste Beute im Netz, Millionen mit Optionen. Darum geht es. Mindestens. »Wer zu Jahresbeginn 30.000 Mark in die EM.TV-Aktie investierte, hatte am 30. Dezember mehr als eine Million auf dem Konto.« Da kann er anschließend ruhigen Hochleistungsgewissens zur Rubrik »Reisen und Genießen« umblättern. Nachdem das Tagwerk auf dem Schlachtfeld der Turbo-Total-Konkurrenz getan ist, dürfen sich unsre Erfolgsbolzen ruhig die neuesten sprechenden Denkmöbel leisten. Und eine Designererlebnisküche fürs Cocooning. Und japanische Dessous. Und die Crosscountry-Tour in den Rocky Mountains (»Ein lautes ›Hike‹, und die Huskys spuren los, ein knappes ›Wow‹, und sie halten an«). Sage niemand, es könne derart seltene Idioten doch fast nicht geben. Schlaue Kerlchen braucht das Land. Und schlaue Powermädels sowieso.

Sonst noch was? Ach, die arbeitenden Armen, dieses seit zweihundert Jahren notorisch stinkfaule Gesindel, das den Hals nicht vollkriegen kann und nicht mal für fünf Deutschmark in der Stunde anständig buckeln will, obwohl heute jedes BWL-Erstsemester weiß, daß eine happige Lohnspreizung her muß in Old Germany wg. Globalisierung. Ist doch wahr. Keine Dankbarkeit mehr fürs Beschäftigtwerden vom Investör, nichts als Neidkomplexe. Während ein Lothar Späth als Standorteinzelkämpfer (www.jenoptik.de) Chipfabriken zwischen Texas und Taiwan hochzieht, um das wunderbare Geldkapital global-digital schuften zu lassen, flacken arbeitsscheue Umverteilungsgewinnler in der staatlichen Hängematte und grinsen sich eins, wenn ihnen schon wieder die Kleiderhilfe vom Sozialamt gewährt wird – statt irgendwelchen jungen Business-Schnöseln die Schuhe zu putzen.

Im Pflichtblatt der Börsen von Frankfurt und Düsseldorf ist man ziemlich unter sich, es darf schon mal Fraktur geredet werden. Volkes Stimme gehört hier zur Not dem Leistungsträger mit gotischer Madonna im Flur der Münchner Altbaudrittwohnung für die gleichfalls leistungsstarke Zweitdomina. Und diese ausgebeutete produktive Leistungselite hat selbstverständlich auch genug davon, irgendeine geisteswissenschaftliche Palaverintelligenz von Historikern, Soziologen und sonstigen nutzlosen Poeten mit den schwer verdienten Millionen zu alimentieren.

Ist doch klar, daß es in diesem Land mit der Verantwortung bergab geht, wenn das erzsozialistische Recht auf Bildung für alle weiter gilt – bloß nicht für Hochbegabte, die schon vom Kindergarten aus übers Handy ihre erste Hongkongfirma dirigieren möchten. Aber solch tüchtige Kinderchen mit einem IQ ab 140, was auf eine weit überdurchschnittliche Kapitalismusfähigkeit hinweist, die läßt man einfach nicht ran: »Deutschlands größte Talente können sich nicht entfalten, das Humankapital bleibt unter seinem möglichen Leistungsniveau.« Statt dessen Gleichmacherei allenthalben, ausgerechnet die Lernschwachen werden gefördert von anarchistischen 68er-Pädagogen. Und Chefredakteur Baron (kein nom de guerre, er heißt wirklich so) weiß, woran das alles liegt: Deutschland wird von den Bolschewiken beherrscht.

Sechzehn Jahre lang hat der Herz-Jesu-Bolschewik Nobby Blüm jede vernünftige Modernisierung abgeblockt. Und jetzt ist sogar der politische worst case eingetreten: Oskar Lafontaine, ein überzeugter Bolschewik – seine Kontakte zum Rotlichtmilieu beweisen es –, bereitet eine bolschewistische Diktatur gegen das freie Unternehmertum vor. Zur Tarnung hat er seine Marionette Schröder als Bundeskanzler installiert.

Soweit also die messerscharfe politische Grundanalyse für das geschäftsreisende Frontschwein im Weltkrieg der Märkte, das sich zum Dank auch noch den Dolchstoß aus der verräterischen Heimat verpassen lassen muß. O-Ton Baron: »Deutschland war einmal eine Armee mit angeschlossenem Exerzierplatz, heute ist es eine Sozialstation mit angeschlossenem Kurpark.« Und bekanntlich beschleichen im Kurpark finstere, dolchbewehrte Sozialfälle arglose Manager auf Heimaturlaub. Aber Herr Baron! Kein Wunder, daß es immer häufiger zu Gewalttätigkeiten an Bord von Flugzeugen kommt, so daß ausflippende Passagiere gefesselt und geknebelt werden müssen, wie die Rubrik »Reisen und Genießen«

meldet. Wenn Besserverdienende zu sehr *Wirtschafts-woche* lesen ...

Der deutsche Leistungsträger lebt gefährlich. Unvergeßlich der Bericht über den tragischen Tod eines Berliner Nachwuchsmanagers, der beim Selbsterfahrungstraining in einem zusammengerollten Teppich erstickte. Nein, diesmal nicht unter »Reisen und Genießen«. Auch von den aus völlig unverständlichen Gründen zunehmend feindseligen Mitarbeitern weiß das feinsinnige Kampfblatt nichts Gutes zu berichten. Da war die zweiunddreißigjährige Sekretärin, die Feuer im Büro legte. Oder der angestellte Programmierer, der 50.000 Mark vom Firmenkonto abbuchte. Noch dazu heimlich! Oder der Vorarbeiter in Berlin, der auf einer Baustelle seinen Chef mit fünf Schüssen niederstrecken zu müssen glaubte. Irgendwie haben Schule und Elternhaus bei der Einübung des Umgangs mit der Leistungselite versagt: »Jeder dritte Chef kennt offene Rebellion, und jeder vierte bekam Rache an seiner Person zu spüren.«

Doch was uns nicht umbringt, das macht uns nur härter. Deshalb Augen zu und durch, auch wenn der Dax abstürzt, die Weltwirtschaft äußerst verwundbar und Asien ruiniert ist. Mut machen nicht nur die vorbildlich besonnenen Kleinanleger, die auf ihren Schrottpapieren vom Neuen Markt ausharren wie der Stalingrad-Kämpfer in seinem Erdloch. Dito die voll investiert in die Krise der Emerging Markets gerauschte clevere Powerfrau trägt die Pulverisierung ihres Gewinnpolsters wie ein Mann. Immer schön positiv denken! Denn merke: »Panik bringt Profit.« Jedenfalls den Schlauen im Lande, die wissen, wo der Bär lauert. Und sollten sich leise Zweifel melden, sind selbst jene bereits unternehmerisch besetzt von visionären Humanitätsverwertern. Die Deutsche Herzstiftung e. V. z. B. wirbt an passender Stelle um Spenden für ihren Kampf gegen den Herzinfarkt, der auf vielbesuchten Herzseminaren in aller Wissenschaftlichkeit geführt wird: »Hab' ein Auge auf dein Herz.« Da kann das deutsche Leistungsschwein einfach nicht nein sagen.

Auf dem Weg in die
demokratische Volksgemeinschaft
NEWS aus den neunziger Jahren

Gerhard Scheit

In gewisser Weise ist die Zeitschrift für »Politik – Geld – Szene – Leute«, die 1992 zum ersten Mal erschien und auf Anhieb unter den Wochenmagazinen Auflagenrekorde erzielte, ein spätes, allerletztes Produkt des Josephinismus. Erfunden wurde sie nämlich von den Kindern jener Ära Kreisky, die ein sozialdemokratisch-keynesianisches Revival des habsburgischen Reformabsolutismus Josephs II. darstellte. Einer der Chefredakteure war nicht zufällig Chefredakteur der *Arbeiter-Zeitung* gewesen, die ein Jahr vor der Gründung von *NEWS* das Zeitliche (immerhin 102 Jahre) segnete. *NEWS* ist die Fortsetzung der *Arbeiter-Zeitung* in Zeiten, da Jörg Haiders FPÖ sich zur Arbeiter-Partei formiert.

Dabei bleibt die Zeitschrift dem alten Antifaschismus durchaus treu. Auf den ersten Blick erscheint sie als die beste Waffe gegen Haider, die in Österreich zu haben ist. Immer wieder wird der FPÖ-Chef attackiert, wie im Kreuzverhör interviewt, durch Schnappschüsse boshaft zur Schau gestellt, jede Krise der »Buberlpartei« zum Anlaß genommen, ihre Schwächen offenzulegen. Schließlich trugen *NEWS* und ihr *Arbeiter-Zeitungs*-Redakteur nicht wenig dazu bei, daß sich die ehemalige Präsidentschaftskandidatin Haiders, Heide Schmidt, mit einigen liberaler gesinnten Parteigenossen von der FPÖ trennte und eine eigene, betont liberale Partei, das Liberale Forum, gründete.

Freilich ist *NEWS* voll und ganz modernisiert. Die Zeitschrift der neunziger Jahre muß Mimikry ans Kabel- und Satellitenfernsehen betreiben, um im allseitigen Konkurrenzkampf der Medien zu bestehen. Sie versucht das Zappen zu imitieren und bietet sich weniger zum Durchlesen als zum Durchblättern an: dürftige Texte, aufwendiges Layout, viele bunte Bilder. *NEWS* hat dabei nicht eigentlich die Privatsender zum Vorbild, sondern das Staatsfernsehen ORF – im Zeitalter der Privatsender. Um aber mithalten zu können, muß man sich stärker denn je auf regionale und nationale Belange spezialisieren. Das Resultat der Globalisierung ist also ein verschärfter Provinzialismus.

Provinz meint ursprünglich etwas Besiegtes, Unterworfenes. Hat jedoch das »automatische Subjekt« des Kapitals die Medien ganz erfaßt, so betreiben alle, die erfolgreich sein wollen, Selbstunterwerfung unter dieses Subjekt, und es entsteht die automatische Provinz: jeder sein eigener Knecht, zu dem das Kapital ihn macht. Österreich nun ist das klassische Land der automatischen Provinz, seine Bevölkerung hat sich immer wieder besonders genüßlich mit den Mächten identifiziert. Darum vermutlich erscheint *NEWS* wie die Vollendung der automatischen Provinz: Hier erfüllt sich der geheime Sinn, der im Terminus »globales Dorf« steckt.

Im Zentrum dieses universellen Kaffs steht eine barocke Kirche. Der Streit zwischen einem fetten St. Pöltener Bischof, der noch weiß, was Kirche ist, und den katholischen Schäfchen, die demokratisch blöken, bildet seit Jahr und Tag eines der großen Themen, das die globalisierte Dorfbevölkerung nicht ruhen läßt. *NEWS* nimmt natürlich die Seite der josephinisch gesinnten Reformkatholiken ein. Kaum jemals befand sich jedenfalls die Kirche derart im Mittelpunkt der öffentlichen Diskussionen. Waren ihre Äußerungen früher segensreich beschränkt aufs *Wort zum Sonntagabend*, so beherrscht sie nunmehr die Schlagzeilen. Überall in der Medienlandschaft stehen die neuen »Marterln« herum (Kreuze oder Heiligendarstellungen): Umrahmt von Models, Hollywood- und Sportstars, wird in *NEWS* Bischof Krenn an den perfekt gestylten Pranger gestellt, und in den Nachrichtensendungen des ORF sitzen die Sprecher vor der blau strahlenden Weltkugel und berichten doch immer nur über St. Pölten.

NEWS ist nicht bloß ein eifriger Kirchengeher, die Zeitschrift pflanzt sich – in der Provinz üblich – auch per Inzucht fort. Nach dem ersten Ableger namens *tv-media*, mit dem das Fernsehprogramm ausgelagert wurde, ging nun ein zweiter namens *FORMAT* ins Rennen, der so ist, wie *profil* immer schon werden wollte, um mit *NEWS* konkurrieren zu können. (Von jeder der ersten vier Ausgaben verkaufte man gleich ein Drittel – 30.000 Hefte – mehr als von *profil*.) Tatsächlich bildet *NEWS* einschließlich seiner Satelliten lediglich die Vorhut: Selbst auf dem der *Financial Times* nachempfundenen blaßrosa Papier des 1988 gegründeten *Standard*, wo man im Stil des Neoliberalismus freien Kapitalverkehr und Sterbehilfe eher als diversifizierte Arbeitsmarktpolitik propagiert, selbst hier, wo das Nicht-Provinzielle geradezu Programm ist, bleibt die Kirche im globalen Dorf. Die Computer- und Internetspalte »Hyperlinks« gibt zur Vorweihnachtszeit einschlägige Informationen über virtuelle Adventskalender mit Gewinnchancen und Spendentips.

NEWS beweist Führungsqualitäten aber vor allem in der Entwicklung einer neuen Form von Untertanengeist, eines flexibilisierten Patriotismus. Die Zeitschrift ist nicht staatstreu wie die *Neue Kronen Zeitung* oder *täglich alles*, die es auf eine indirekte, perfide und mitunter antisemitische Weise sind: dumpf und starr. Während jene ständig »die Politiker« und manchmal auch Global players als vaterlandslose Gesellen attackieren, um den »kleinen Mann« und seinen Staat zu affirmieren, inszeniert *NEWS* nach dem Vorbild des ORF mit einigem Gespür für die aktuellen Erfordernisse von Staat und Kapital die augenblickliche Linie der sozialdemokratisch dominierten großkoalitionären Politik, bittet die staatstragenden und kapitalkräftigen Damen und Herren ins Photostudio und fabriziert so etwas wie positive Karikaturen. Eine Synthese des marktwirtschaftlichen Patriotismus bieten die Titelblätter, die, wenn sie keine österreichischen Politiker oder Fernsehstars zeigen, nackte Frauen oder Paare präsentieren mit rot-weiß-roten Tüchern, die ihre Schamteile verdecken. Es sind dies Allegorien des österreichischen Volks. Sie verweisen auf jene Umfragen und Reportagen über Sexualleben, Scheidungsraten und Orgasmusfrequenzen im Heftinneren, die mittlerweile zur nationalen Identität beitragen.

Was den staatlich geprüften Antifaschismus betrifft, so zeigt *NEWS* – mehr denn jedes andere Medium – die politische Schubumkehr heutiger Demokratie. Als Waffe gegen Haider konzipiert und gehandhabt, entpuppt sich das Magazin schließlich als eine der stärksten Waffen Haiders. Kaum eine zweite Zeitschrift hat ihn so oft aufs Cover gebannt und ihm die Titelgeschichte gewidmet, kaum eine hat Haider ein so attraktives Meinungsforum geboten. Haider weiß *NEWS* zu nutzen, und er hat von ihr (und von den Vorgängermagazinen *Basta* und *Wiener*) auch gelernt, sich darzustellen. Cum grano salis gilt gleiches für die Kirche: Ohne *NEWS* und ORF erreichte sie schwerlich die aktuelle Popularität.

Haider und *NEWS* stehen geradezu paradigmatisch für eine neue Form von Demokratie; darin sind sie Silvio Berlusconi und seinem Medienimperium ähnlich. Daß das Medium *NEWS* dem »Führer« nicht nur nicht gehört, sondern gar gegen ihn agitiert, ist da so gut wie belanglos. Die postfaschistischen Politiker und Führerfiguren der demokratischen Volksgemeinschaft brauchen die Medien weniger zu propagandistischen Zwecken denn aus strukturellen Gründen: um sich als Gegenpol zu den traditionellen Parteiapparaten zu positionieren und ein unmittelbares Verhältnis zum »Volk«, zu den »Bürgern« beanspruchen zu können, so daß die Herrschaft des »Volkes« jederzeit gegen die Mechanismen der formalen Demokratie mobilisierbar ist.

Durch die Warenform, die jede politische Information annimmt, wird sukzessive jene Distanz zurückgenommen, die Parlament, Ausschüsse, Parteiapparate und andere zwischen Bevölkerung und Exekutive geschaltete Institutionen geschaffen haben – eine Distanz, die es auch immer wieder erlaubte, gewisse Möglichkeiten der Erziehungsdiktatur zu realisieren (etwa wenn Kreisky die Frage der Todesstrafe explizit von einer Volksabstimmung ausschloß). Solche Möglichkeiten setzten allerdings eine relative Unabhängigkeit der Institutionen voraus, die eben durch die Medialisierung schrittweise liquidiert wird. Nicht die Ausschüsse und die dort getroffenen Abmachungen zwischen Kapital und Lohnarbeit (Sozialpartnerschaft) entmachten also das Parlament, sondern Parlament und Ausschüsse werden mehr und mehr durch die Macht, die vom »Volke« aus- und durch die Medien hindurchgeht, gleichsam unter Kuratel gestellt. Dieses Volk ist allerdings eine nach den Schlachtplänen des Staats formatierte Bevölkerung: um so mehr Volk, je mehr es den Souverän verinnerlicht, Staat und Kapital in sich bereits versöhnt hat. Einzig in dieser Form geht, wofern Staat und Kapital existieren, von den Massen die Macht aus. Ein Satz Haiders bringt es auf den Punkt: »Keine Verstaatlichung des Menschen, sondern eine Vermenschlichung des Staates« – und *NEWS* bietet für diese Vermenschlichung das nötige Fleisch und die Stimmung.

NEWS ist *Musikantenstadl* ohne Musik. (Weihnachten 1998 war allerdings bereits eine Gratis-CD mit entsprechendem Sound beigeheftet.) Statt Dirndln und Lederhosen trägt man gleich rot-weiß-rote Fahnen am Körper. Der jeweilige Bundeskanzler markiert den Moik, der pausenlos lacht und sich als Herz des Stadls fühlt; der Haider ist der Hias, der zwar weggeschickt wird, aber in den Herzen des Publikums fortlebt, bis er eines Tages vielleicht doch wiederkehrt und den Stadl übernimmt. Müßten sie das Heft nicht festhalten, die Leser würden immerzu im Takt des Staates mitklatschen: Servus, P'füat God und Auf Wiedersehen.

Wahrheit statt Wirklichkeit
Affirmation mit *profil*

Franz Schandl

profil ist das, was unkritisch ist, aber kritisch erscheint. Grundlage des Wochenmagazins ist das unbedingte Bekenntnis zu den bürgerlichen Leitvorstellungen, deren Verletzung man pflichtbewußt einklagt. Diesen Habitus ergänzt der Modus des gierigen Investigierens, ohne daß dem Blatt fad dabei wird.

Gegründet wurde *profil* im September 1970 vom heutigen *Standard*-Herausgeber Oscar Bronner. Er nannte sein Kind »eine neue und neuartige Zeitschrift«. Einerseits ist das nicht falsch, nimmt man den dazumal üblichen Parteimief als Maßstab der Publikationspraxis; andererseits war der Prototyp des unabhängigen Journals auch nichts anderes denn der gesamtideelle Ausdruck bürgerlicher Werte. Das hergebrachte Segment wurde ersetzt durch ein auf Objektivität und Unabhängigkeit getrimmtes Fragment, das sich, unabhängiger Beobachter, der es sein wollte (und will), zu *dem* demokratischen Zentralorgan stilisierte – nach dem Vorbild des *Spiegel* bzw. eines US-Magazins wie *Newsweek*.

Woche für Woche inszeniert man das aus dem Zusammenhang gerissene Stück. Ein bereitwilliges Publikum läßt sich abfüttern, wohl in dem Glauben, hier werde anderes präsentiert als der boulevardeske Schmarren. *profil* ist jene Zeitschrift, auf die hereinzufallen sich nicht einmal die selbsternannte Intelligenz verbietet. Das mögliche Verschwinden von *profil* gilt gar als Einschnitt in die Medienvielfalt, nicht als gewöhnlicher Abgang eines ersetzbaren Produkts. Der Nimbus wirkt noch immer, obzwar seine Strahlkraft schwindet. Nach wie vor soll etwas Besonderes sein, was in *profil* erscheint. Die Aura des Seriösen, des Kompetenten, des Gehobenen, des Geschliffenen ist freilich eine präpotente Fiktion der dort Bediensteten und gleichermaßen der von dort aus Bedienten.

Man muß das Zeug nicht lesen, um zu wissen, was ist, aber sehr wohl, um zu wissen, worüber die anderen reden. Die Selbstbespiegelung des Systems manifestiert sich in obligater Pseudokritik, die unentwegt die Normalität an der Norm mißt und anschließend »Skandal!« schreit. *profil* erhob die Affäre zum Leitprinzip des Journalismus. Seither ist in Österreich Aufdecken angesagt, die Kopfgeldjägerei Ausweis redaktioneller Tüchtigkeit geworden. Zum Vorbild hat eine ganze Skribentengeneration nicht etwa Karl Kraus (was Anfang der siebziger Jahre hie und da tatsächlich üblich war), sondern Alfred Worm, den unterdessen von *profil* zu *NEWS* gewechselten Spürhund der Nation.

Der stromlinienförmige Journalist ist der Kojote der Kulturindustrie. Was ein Heuler, findet seine Fans. Alles Streben gilt der öffentlichen Erregung. Im Kujonieren irgendwelcher Funktionäre und Bürokraten hat sich die Journaille eingerichtet. Die kulturindustriellen Akkordarbeiter gieren nach Opfern, sie sensationieren das Gewöhnliche, vergehen sich an jedem Vergehen, vergreifen sich an jedem Begriff. Sie machen verständlich, was sie nicht verstehen. Wie tollwütige Hunde streunen sie durch die Gegend. Jeder kann angefallen werden.

Der Journalist spürt hündisch seine nationale Pflicht. Ihn zeichnet eine zur Schau getragene degenerative Arroganz aus, also die Fähigkeit, pausenlos verkürzte Erkenntnisse zu erzeugen. Nicht zufällig haben sich führende *profil*-Mitarbeiter, etwa die ehemaligen Chefredakteure Lingens und Leitgeb, inzwischen als offen reaktionär entpuppt.

Daß sie der trägen Allgemeinheit liberal dünken, ist so falsch nicht, dechiffriert man den Liberalismus nicht als Toleranz und Weltoffenheit, sondern als Prinzip totaler

Konkurrenz und allseitiger Exklusion, als blanke Ideologie des Verwertungsprinzips. – Aber die sind doch zumindest gegen die Freiheitlichen, immer haben sie gegen Haider geschrieben, oder? Sowieso. Nur, haben sie? Die *profil*-Leute waren so eindeutig gegen Haider, daß sie über ein Jahrzehnt und länger dessen Hauptthemen, Bekämpfung der Korruption und Antisozialismus, hervorragend bedienten.

Die Synergie mag unbeabsichtigt sein, aber der Synkretismus, in dem sie gipfelt, ist offensichtlich. *profil* hat seit 1986 mehr zur Haiderei beigetragen, als alle Blödheiten von SPÖ und ÖVP zusammen dies vermochten. Was Haider einst über das selige Zeitgeistmagazin *Basta* sagte, trifft ebenso auf *profil* zu: »Was wären wir ohne *profil*, was wäre *profil* ohne uns?« Wenn dann ein Plattkopf wie der vorletzte Herausgeber des Magazins, Hubertus Czernin, in einem der unzähligen Abrechnungsbücher Vranitzky als den eigentlichen »Haider-Macher« bezeichnet, kann man nur staunen. Ist das Unverfrorenheit oder Dummheit oder beides?

profil geht es nicht um Aufklärung oder Kritik, es geht ums Einklagen, eine Prozedur der »unproduktive[n] Empörung« (Karl Kraus) zur Steigerung der Quote. »Journalismus. Das heißt: aufdecken, enthüllen«, dekretierte der letzte Herausgeber, Josef Votzi, in *tv-media* 5/1997. Der Maßstab dieser Sorte profilierten Journalismus lautet: »Schreibe, was ist« (*profil* 28/1996). »Schreibe, was warum ist« wäre die Maxime gesellschaftskritischer Analyse, die bei den Tatsachen nicht stehenbleiben kann. Will man Wirklichkeit erfassen und begreifbar machen, muß die Betrachtung jene überschreiten, sie muß – dem Wortsinn nach – unsachlich sein, sie darf nicht erstarren vor der scheinbaren Unbeweglichkeit der Dinge. Die Journaille hingegen tümpelt im Gatsch der sinnlichen Gewißheit.

Die Krux des bürgerlichen Journalismus besteht darin, daß er der Wahrheit und nicht der Wirklichkeit verpflichtet ist. Wer nichts als Wahrheit verbreitet, richtet die Wirklichkeit zu und her – präsentiert sie durch der

Sache unangemessene Happen, so wahr sie auch sein mögen. Inmitten der Realitätssucht geht der Wirklichkeitssinn verloren. Die Gier nach dem Besonderen, Pretiosen zerstört den Blick aufs Ganze; bestimmte Details werden bis zur Unkenntlichkeit ausgeleuchtet.

profil ist in die Jahre gekommen, ohne besser geworden zu sein. Das Mitte 1998 veränderte Layout kupferte man – welch Zufall – vorauseilend bei *FORMAT* ab. Nach den herrschenden Moden klimpert die Redaktion mal mehr hier und mal mehr da mit. Wie in jedem Geschäft geht es vornehmlich um Annoncenakquisition, schließlich gehört *profil* zur den österreichischen Medienmarkt beherrschenden Mediaprint. Seinen journalistischen Nachwuchs läßt das Blatt beim Stadtmagazin *Falter*, einer Art Kinder-*profil*, großziehen. Der Anteil ehemaliger Linksradikaler in der Redaktion ist erschreckend hoch. Wer lesen mag, wie Exkommunisten Grüne zur NATO peitschen und diese nach Serbien, greife freudig zu.

Der aktuelle Werbeslogan »Wieviel *profil* hat Ihre Meinung« kann nur als Drohung aufgefaßt werden. Häufiges Lesen, so die revolutionäre Gedankenpolizei unmißverständlich, zerstört Ihr Großhirn.

**Mehr Fragen zur Zeit, als die *ZEIT* erlaubt oder:
Wann stoppt Gott die Maschinen?
Der *Rheinische Merkur***

Jürgen Roth

Der *Rheinische Merkur* ist eine Wochenzeitung, die keiner liest, der liest. Läse er sie, er ließe mit Sicherheit bereits auf Seite eins ab.

Drei Texte finden sich da: eine Glosse, die »Glosse« heißt, ein Riemen zum Wochenthema der Zeit, ethisch durchwalkt vom verwehten Geist Nell-Breunings, und ein politischer Kommentar, katholisch bedeppert oder zentrumspolitisch verkalkt oder sonstwie jenseitig reaktionär, nämlich »tendenziös« und dezidiert meinungsbildend.

Mutmaßlich eine Debatte angelegentlich des sog. »Walser-Streits« soll der *Bild-* und Bundeswehrhistoriker Michael Wolffsohn am 4. Dezember 1998 »anregen« und »-stoßen«, ein Mann, der so recht ins Bild des Christen von heute paßt, denn er plädiert als Jude für jenen linksrheinisch-katholischen, der Adenauer-Enkel-CDU wie dem Spektrum CSU/NPD/SPD immanenten Wahn, den die deutschen Mehrheitsrübenköpfe unterm Rubrum der »selbstbewußten« oder »normalen Nation« zum Programm erheben; ein Mann mithin, der wiederholt, was alle denken, aber erst seit Walsers Paulskirchen-Büttenrede auch ungeniert öffentlich im Munde führen: Ignatz Bubis sei »ein Mensch, der sich seinerseits an falschen Bildern orientiert: an den Bildern der deutschen Vergangenheit.« Warum tut er das? »Er verwechselt sie mit der deutschen Gegenwart« und ist offenbar ein Depp.

So aber würde im *Rheinischen Merkur* niemand reden.

Die Frechheit kommt auf Stelzen daher. Die Sonntags-
metaphern wanken, bis sie sich die Haxn brechen: »Ignatz Bubis hat sich jahrelang als Brückenbauer betätigt.
Über den Abgrund der Geschichte schlug er Brücken der
Verständigung zwischen Juden und Nichtjuden, Deutschen und Nichtdeutschen«; dann wird der Gegenstand
in einer Melange aus Neid, Anpinkelei, Bildungshuberei
und grotesker Infamie monumentalisiert: »Die Schar der
Verehrer zählt Legionen. Manche scheinen Bubis, nach
Leonardo da Vinci, für eine Art Universalgenie zu halten [...]. Bubis hier, Bubis dort, Bubis allerorten; wie in
Rossinis *Barbier von Sevilla*: ›Figaro hier, Figaro dort ...‹
[...]; nicht einmal über Goethe ließe sich so etwas sagen.«
Und schließlich schlägt man die Kothurne ab – demon-
tiert das offenbar stalinistische (»Personenkult«) Stand-
bild: »Wer Martin Walser, den andersdenkenden Denker, und Klaus von Dohnanyi, den Patrizier, als latente
Antisemiten [...] beschimpft, orientiert sich am schreck-
lichen Gestern, nicht am besseren Heute. Als Denkmal
hat Bubis den Boden unter den Füßen verloren. Die mit-
errichteten Brücken reißt er ein. [...] Auch wenn er weiter amtiert: Die ›Ära‹ Bubis ist beendet.« Jetzt hängt das
Trumm in der Luft. Was bleibt, ist der Mensch: »Auch
Ignatz Bubis ist, wie alle Juden und Nichtjuden, ein
Mensch ›wie du und ich‹.«
    Die Abschaffung der Politik zugunsten verquallter
Ideologie war stets des Christen erste Gottespflicht. Er
mahnt: »Die Unternehmen dürfen ihre soziale Rolle
nicht vergessen« – und klagt – wie weiland Dohnanyi,
Sproß eines alten Patriziergeschlechts – »nationale Bo-
denhaftung« des Kapitals ein. Ausbeutung ja, aber bitte
mit Anstand und vaterländischer Gesinnung. »Unternehmen als Konsensgaranten«, ranzt der zum Leitartikel in Reportageformat ausgeweitete Besinnungsaufsatz
von Seite eins, »entwickeln kein kollektives Gewissen«
mehr und fragen nicht »nach den kulturellen Identitäten
ihrer Mitarbeiter«.
    »In diesem Blatt, das wissen unsere Leser, werden wir
immer antreten, die soziale Marktwirtschaft zu verteidi-

gen«. Zumal die »Arbeitgeber«, fährt Papa Abraham fort, »haben durch ihre Erfolge beigetragen, die Marktwirtschaft zum Weltmodell zu machen, und mit diesen Erfolgen viele Menschen aus Armut und Knechtschaft kommunistischer Regime befreit.« So sehen also Fakten aus.

In die Pflicht genommen, endet die sanftmütige Philippika des *Rheinischen Merkur* an altbekanntem Ort: »Das andere [des freien Wirtschaftslebens] ist das existentielle Bedürfnis, sich sein Lebensglück in intakten und dauerhaften sozialen Einbindungen in Familie und Freundschaften suchen zu dürfen«. Hat Olaf Henkel je anderes behauptet und gefordert? Als dem bösen Buben Gesellschaft mit dem Rohrstock den Beelzebub auszutreiben?

Den *Rheinischen Merkur* geben u. a. Christa Meves und der sehr gescheiterte Bundespräsidentschaftskandidat Steffen Heitmann heraus. »Das sei doch nicht normal, daß sich rundherum ausgewachsene und geschlechtsreife Frauen 1991 noch von den duttgrauen und krückstockreaktionären Kinderkircheküchesprüchen irgendeiner hergelaufenen Uelzener Psychagogin am Vollzug des Wunders der Erfüllung des Eins- und Ganzwerdens mit jungen Männern hindern ließen«, gab Gerhard Henschel zu bedenken; sieben Jahre später wendet sich trotz aller Aufklärung Meves' Amtskollege und Geistesbruder, Axel Freiherr von Campenhausen, zu Wort. Die Rubrik »Herausgeber zu Fragen der Zeit« veredelt die Leserbriefseite. Wo die Schäfchen disputieren und die Leseresel lamentieren dürfen, nimmt sie der Oberhirte an die Hand und lenkt ihr schwermütiges Sinnen in den Hafen der Besinnungslosigkeit. »Bedenklich ist die Erosion des Bodens, auf dem sich in Deutschland ein in Europa beispielhaft gutes Verhältnis von Staat und Kirche entwickelt hat«, stünde nicht die Rechtsprechung des BVGs zur Abtreibung und schulischen Präsentation des »Lattengustls« (Michael Rudolf) dawider. Widerspruch wird großgeschrieben gegen die teuflischen Tendenzen der Zeit, Fragen stellen sich dringlich: Was ist erlaubt? Wer darf Christi Lehre wie

verbreiten? Jürgen Fliege? Im begnadeten Ressort
»Christ und Welt«?

»Es ist schon bemerkenswert, wenn ein Autor [Jürgen
Fliege] im Ressort ›Christ und Welt‹ unter der Dachzeile
›Reformationstag 1998‹ einen 200-Zeilen-Artikel verfaßt,
ohne darin auch nur einmal die Worte ›Gott‹, ›Christus‹,
›Luther‹ und ›Bibel‹ zu verwenden«, stößt Leser Michael
Salzmann ins Horn von Jericho. Tintenfässer fliegen,
der Deubel, die Schrift, Abfall von der Offenbarung
durch Gottes gesprochenes Wort, und erst recht die
Zeitung, Luzifers niederträchtigstes Werk, gehören aus
dem Feld geschrien. Man wappnet sich, zieht die Woll-
unterhose an und vom dämonisch-säuischen Schweins-
krachleder, denn jeder hat ein Recht auf Kanzelanspra-
chen. »Was ist denn an unserem Produkt unverbesser-
lich gut?« fragt Gemeindevorsteher Heimann und antwortet potzdonnerblitzartig: »An erster Stelle müssen
wir den Glauben nennen, weil wir vieles noch gar nicht
wissen können. [...] Und woran glauben wir? An Gott!
Aber wir vertrauen ihm nicht, und das ist schlecht!«

Schlecht ist der Sittenverfall, gut läuft der Anzeigen-
verkauf. 198 Mark kostet die Prachtausgabe des *Lor-
scher Evangeliars*, der »Bücher-Service« preist Hermann
Löns, die heidnischen Götter der Germanen und *Die
Lebenswelt der Maya* an, die Literaturredaktion rekom-
mandiert »Bücher, die den Geist beleben«, das Fleisch
der Leser schwächelt, das fiktive Kapital unterminiert
den Glauben an die Sozialpartnerschaft, n-tv bucht eine
halbe Seite zwecks Bewerbung von *Börse live*. Der Herder Verlag korrigiert viertelseitig, das Unternehmen
»Biblische Reisen« assistiert, Jägermeister prescht dazwischen, der BR-Shop bügelt die Falten der christli-
chen Käuferseele wieder glatt und durch seine Offerte
diverse redaktionelle Fauxpas' praktisch aus: Videos
über einen Diskurs zwischen Kardinal Ratzinger und
August Everding in Rom, Europas Oberhirten Kardinal
Döpfner sel. und das Leben der Zisterzienser. Denn
»einfach zu leben ist ein Bedürfnis, das heute viele Menschen wieder entdeckt haben.« (Anzeigentext)

Aber einfach ohne Zeitung leben? Ohne die *ZEIT* für Hintze und Kirchenkunze mit Penunze? Ginge das? Sofern ja das TV und »die Frohbotschaft vom Samstagabend«, *Das Wort zum Sonntag*, »in seichtes Gewässer geraten«? Und schwärzester, unziemlicher Pessimismus sich breitmacht (»Wo die geglaubte Anwesenheit Gottes allmählich verdunstet, ist der Weg in die Gottesapathie nicht mehr weit«)? »Ist das *Wort zum Sonntag* Kommentar, Zeitansage, Erinnerung und produktive Unterbrechung?« Ja, *ist* es Zeitansage? »Beim nächsten Ton ist es fünf Minuten vor zwölf und dreißig ...«

Darf St. Nikolaus »zu einer närrischen Hampelmann-Inszenierung degenerieren«? Wie viele Antworten auf Fragen zur Zeit sind eigentlich z. Zt. in einer Zeitung erlaubt, die nicht *DIE ZEIT* ist? Hundert pro Woche? Zweitausend? Wird dem engagierten Christenmenschen da nicht ganz wuschig im Kopf? (»Intellektuelles Zündeln ist gefährlich. In einfacheren und radikaleren Köpfen wird daraus schnell ein Brand«, ahnt die Abt. »Kultur« unter der sagenhaft falschen Überschrift »Kesseltreiben auf Martin Walser«.) Wo bleibt die »geistige Orientierung«? Und der Hl. Geist, hätte der nicht voller Mißmut auf solch babylonisch-tollen Hochbetrieb und traurigen Trubel herabgeschaut? Oder tut er's gar, greift ein und macht dem sündigen Fragen ein allemal fälliges und definitives Ende? Kann Gott Rotationsmaschinen stoppen?

Unbeeindruckt druckt man Woche für Woche den *Rheinischen Merkur*. Der friedliebende Peter Scholl-Latour ist – als »ständiger Mitarbeiter« – auch dabei, von TV-Quäkern und »Korrespondenten« wie Jürgen Engert und Dieter Kronzucker redlich, ja demütig zu schweigen. Ihren ranzigen Käse rollen sie Jahr um Jahr durchs Weltendorf, hören die Glocken saurer nie klingen, summen die Liturgie des Niedergangs und grüßen den andersdenkenden Patrizier im Gewande des ehern erztörichten Kaplans.

So wird Deutschland nie erwachen. Geschweige denn der selig schlummernde Heiland.

Tragisches Lob der *Bild*-Zeitung
Ein stilistisch nicht ganz astreiner Psalm, in Universitäten vorzusingen

Christian Y. Schmidt

Verächtlich schaut der Intellektuelle auf die *Bild*-Zeitung herab und dünkt sich hochgebildet, weil er die *ZEIT*, den *Spiegel* oder die *taz* jahrein liest und jahraus. Er verabscheut das Millionenblatt nebst seinen so tumben Lesern, riskiert nicht mal einen Blick, der Doofmann, und bleibt deshalb dumm bis ans Ende aller Tage. Ich aber will die große Zeitung rühmen.

Ja, gepriesen sei die *Bild*-Zeitung, denn sie lügt nicht, wie einst Wallraffen et al. erklärten, sondern spricht im Gegenteil die reinste Wahrheit aus. Wer wissen will, was das Volk denkt über »Kinderschändung« und »Asyl«, »Sozialabzock« und »Rente«, der schmeiße alles ins Altpapier, was er bisher bedruckt nach Hause trug – und lese *Bild*. Nee, nee, es hetzt nicht, dieses Blatt, es zeichnet nur auf, was herumspukt in den deutschen Köpfen. Zwar denken jene Köpfe dann auch wieder das, was sie in *Bild* grad lasen, doch sind hier Ursache und Wirkung nicht mehr zu trennen. Und deshalb: Wenn *Bild* nicht *Bild* hieße, müßte sie wohl *Prawda* heißen – *Wahrheit*!

Genau wie mit dem Volke, so verhält es sich mit *Bild* und der Regierung. Wie die heißen, die regieren, ist *Bild* egal, Parteien kennt das Blatt schon lang' nicht mehr. Denn wer auch immer die Regierung bildet, regieren muß er doch, wie *Bild* es will. Auch hier gilt schwer das Umgekehrte: Wer heut' regiert, will so regieren wollen, wie *Bild* es vorschreibt.

Drum saß, gestand die Grüne Heide Rühle der *taz*, bei den rot-grünen Koalitionsverhandlungen die *Bild* gleich mit am Tische: »Gerhard Schröder hat sich hinter der *Bild*-Zeitung geradezu versteckt und verschanzt«; drum bereut auch Joschka Fischer in diesem Blatt die frühen Spontisünden: »Ich frage mich, warum ich damals nicht den geraden Weg gegangen bin.« Die *Bild* dagegen, sie kommentiert nicht die Entscheidungen der Regierung, in ihren Kommentaren kommandiert sie jene bloß: »Staatsbürgerschaft: Einigt euch!« befiehlt Herr Pepe Boenisch, oder: »Das ostentative Lesen von Akten und Zeitungen im Plenum sollte aufhören.« Und weil eh alles eins ist, die *Bild* und die Regierung, drum machte Kanzler Schröder den *Bild*-Redakteur Bela Anda halt zum Stellvertretenden Regierungssprecher. Wenn *Bild* nicht *Bild* hieße, könnte sie wohl *Schröder* heißen – oder eben *Joschka*.

Wer also vorher wissen will, was alles von Regierungsseite auf ihn zukommt, der lese *Bild*, denn hier steht's klar und unumwunden. Auch dafür ist das Blatt zu loben und allen anderen Blättern vorzuziehen.

Gerühmt sei *Bild* zudem für seine Exklusivberichterstattung, besonders aus der Welt der Wissenschaft. Wer hörte schon zuvor vom Säugetier, das britische Biologen »im Dschungelgebiet zwischen Laos und Vietnam« aufspürten? Es heißt »Saolo«. Wer wüßte denn, wie sie entstehen, die »Babys ganz ohne Männer«? Wo las man je von einer »Studie«, die besagt, daß »arme Menschen glücklicher« sind als reiche, und wo die Topmeldung »aus Japan: Schlanke Beine, ohne zu hungern: Minirock genügt«? Wo bloß, wo? In *Bild* natürlich, der faktenreichen, die leider auch vermelden muß, daß die Mehrzahl der Erkenntnisse von fremden Forschern stammt. Nur in Wickertkunde (»Er küßt schon eine Neue«) und Meiserologie (»Hans Meiser & seine neue Liebe: Jaaa! Wir kriegen ein Baby«) ist deutsche Wissenschaft noch führend. Und das sollte nun ganz bestimmt ein Grund zum Grübeln sein. Wenn *Bild* nicht *Bild* hieße, möchte sie wohl *Nachdenk* heißen oder – *Überleg*.

Ein doppelt oder dreifach Lob will ich dem flotten Preßprodukte spenden für die Verdienste um die deutsche Sprache, die es sich erwarb. Wörter nie zuvor gelesen findet man in *Bild* bald jeden Tag. Im »Preßbusen-Kleid« besuchen Damen Bälle, »Penis-Gutachter« leisten laufend harte Arbeit, der »Berlin-Sog« zog schon manchen magisch an. »Blitz-Zickigkeit überfällt Naomi Campbell«, »Blinzel-Papas« flirten ohne Ende, und »Schenkel-Erlebnisse« haben die, die kräftig »sexeln«. Und das, so weiß die *Bild* genau, tut jeder gern, besonders die ganz Großen tun's besonders gern. Der »Mega-Magier« David Copperfield, der »Mega-Musik-Produzent« Dieter Bohlen, der »Mega-Berg« Steven Spielberg, sie alle machen's, und machen sie's mal nicht, dann gibt's schnell »Mega-Streß«, sind alle »megasauer«. Wenn *Bild* nicht *Bild* hieße, dürfte sie mit ein'gem Recht auch *Duden* heißen – oder besser: *Mega-Duden!*

War's das, hat es sich damit jetzt ausverherrlicht und -gepriesen? Ach was, i wo, denn groß ist *Bild*, es gibt noch massenhaft zu loben, den »Kurz-Roman« z. B., plaziert auf Seite eins, immer in Nachbarschaft zu selten dicken Titten. Die »Minnie« fragt hier an, ob jemand da sei, der für sie »den Pinsel schwinge«, »Eva-Sybil« weiß ganz genau, daß »Rohrpost« niemals warten darf, und »Babette« sucht neuerdings »nach einem großen Zapfhahn«. Auch so was, das gibt wohl jeder offen zu, gab's in der Muckerpresse bis dato nicht zu lesen. Und jeder pflichtet deshalb *Bild*-Chef Röbel gerne bei, wenn er die kurzen, edlen Prosastücke 'ne »Kunstform« nennt, 'ne völlig neue. Wenn *Bild* nicht *Bild* hieße, müßte man sie wohl *Avantgarde* nennen oder – mal etwas umständlicher: *Zeitschrift für sehr Konkrete Poesie.* Tjaja!

Mit *Bild*, auch hierzu muß ich heftig applaudieren, ist man als Leser nie allein. Denn Tag für Tag kommt mit der Zeitung 'ne komplette Familie ins Haus. Zu ihr zählt Claus Jacobi, er schreibt nur samstags – oder »am Sonnabend«, wie er selbst betont – und ist der gute Vater. Er weiß ganz sicher alles, was in der Weltgeschichte je passierte, gütig und geduldig erklärt er's uns, den nicht ganz so münd'gen Kindern. »Europas Bündniswelt stand Kopf«, berichtet Vater Claus, als sich die olle Pompadour mit Maria Theresia einst verbündete, und: »Politiker sind keine Wunderkinder. Fettnäpfe sind Stationen auf ihrem Weg zum Ruhm.« In solche Näpfe traten viele, zumeist nur Amis allerdings (Ronald Reagan, Barbara Bush und Richard Nixon). Doch gab's auch einen Deutschen, der nicht ganz richtig sich benahm: »Joachim v. Ribbentropp entbot bei seiner Antrittsvisite als Hitlers Botschafter in London dem verdatterten König George VI. mit erhobener Rechte den ›Deutschen Gruß‹.« Was aber ist ein solcher Fehltritt gegen den Verfall der Sitten, den Herr Jacobi ansonsten schwungvoll schwer beklagt? Gegen den Boom von »Kinder-Porno«, den »One-Night-Stand statt ewiger Bindung«, die allgemeine Unterweisung »in Sado und in Maso«? Wohl nichts, denn deutsche Grüße sind sicher reparabel, die Folgen solcher Sauereien jedoch nicht: »Die Opfer sind die Kinder. Jede Scheidung beschädigt ihre kleinen Seelen. Wie Schildkröten kennen sie ihre Väter nicht.«

Der etwas angejahrte Oheim der *Bild*-Familie heißt Nyary; er schreibt die Fernsehkurzkritik. Und zwar ausschließlich nackt am Küchentische, ach, Quatsch, bloß zackig, knapp und in originellem Stile. Kostprobe gefällig? Beschwert euch nicht, ihr habt es so gewollt: »Originelle Story – hervorragende Darsteller«, »Ausgefallene Story, interessante Typen«, »Ausgeflippte Story, abgedrehte Typen«, »Erfrischende Story«, »Nette Story« – und sodann: »Die schlimme Story wurde so realistisch inszeniert, daß man Angst bekommen konnte.«

Bleibt noch ein Dritter aus der Familienbande, den lieb gewinnt, wer ihn nur einmal liest. Er ist von Adel, heißt Graf Nayhaus und verlor, wenn die Gerüchte stimmen, sein Glied im letzten Kriege. Natürlich stimmt sie nicht, die schreckliche Geschichte, doch richtig bleibt: Der Graf ist eine Tante, die weitertratscht, was jeden interessiert. Die Nayhaus weiß genau, was »Politiker an Frauen schätzen«, sie kennt sich aus mit Scharpings Brille (»Scharping: Nach 6 Monaten ausgemustert wg. Brille«), und zusammen mit Herrn Joschka Fischern freut sie sich wie »wahnsinnig« auf Berlin.

Noch größer ist die *Bild*-Familie, noch lieber ist mir mancher Redakteur, doch soll'n als Beispiele diese drei genügen, damit man mir auch glaubt: Wenn *Bild* nicht *Bild* hieße, könnte sie bestimmt *Papa* heißen, *Mama* oder *Onkel*.

Ist dieser holprig' Lobgesang nun bald zu Ende? Nun ja, nicht ganz, es fehlt noch was. Denn Ruhm gebührt der *Bild* nicht nur, weil sie die Wahrheit schreibt, uns unterhält, bereichert und selbst tröstet: Nein, preisen will ich dieses Blatt auch deshalb, weil es Legionen Schreiber in Brot setzt und in Lohn. Und nicht bloß die, die sie direkt bezahlt, ach was, von *Bild* leben noch ganz andere, z. B. in den Fernsehredaktionen, wo Comedy entsteht und Lustspiel nebst Klamauk. Bei der *Harald Schmidt Show*, der *Wochenshow*, bei *Sieben Tage – sieben Köpfe*, da zählt nur das als Meldung, was vorher war in *Bild* zu lesen. Aus diesen Meldungen hernach, aus denen formen Redakteure Witze. Und mancher Mann, der sonst nichts kann, verdient so Geld – auch mir war *Bild* bei solchem Tun 'ne ziemlich große Stütze. (*Oje! Aufhören, aufhören! – Okay, mach' ich, nur noch das:*) Wenn *Bild* also nicht *Bild* hieße, müßte sie auf jeden Fall *Wigald* heißen oder – *Ingolf*.

Und deshalb heißt mein Resümee für heut' und alle Zeiten: Die Wahrheit, Mama, Familienblatt, Herr Fischer, Wigald, Schröder, das ist die *Bild*, da biste platt, der Rest ist sehr viel blöder. Ich brauch' die *ZEIT* nicht, nicht die *FAZ*, will gar nichts and'res lesen als meine liebe, liebe *Bild*. Jawoll! Les' ich die *Bild*, dann muß ich nicht verreisen, drum will ich dieses süße Blatt auch immer preisen, loben ... (*Ach du Scheiße, guck dir das an! – O, verdammt, ich seh's! Dieser Riesenstapel* Bild-Zeitungen! *Das müssen Tausende sein. – Und der Typ erst mal, der da mittendrin sitzt, der ist ja völlig plemplem! – Kannste wohl laut sagen. Was der wohl schreibt? – Was schreiben Irre schon? Verrücktes Zeug eben! – Dann woll'n wer mal! – Jau! Bei ›Drei‹ packen wir ihn, und dann ab mit ihm auf Station Vier! – Alles klar! – Eins, zwei und: drei ...*)

Grundwert Attitüde
Die *Frankfurter Rundschau*

Roger Willemsen

Sie kommen meist aus der Tiefe der Zeit und dem Dik-
kicht der Provinz, die Dinge, die »Rundschau« heißen. So
ist auch die *Frankfurter Rundschau* jene Art Zeitung,
die sich heute keiner mehr ausdenken würde, doch wie
zum Trotz läßt man sie bestehen, die einzige deutsche
Tageszeitung mit dem grünen Balken der Sympathie,
ein Bastard zwischen Großdeutschlandpostille und Bal-
lungsraumblatt, zwischen Kaderschmiede für Hochkul-
tur und Servicestation für den Vulgus. Von Reförmchen
zu Reförmchen gepeitscht, graphisch im Stich gelassen,
textlich unnötig unmutig, mit einem Photojournalismus,
den man getrost inexistent nennen darf, und einer Kari-
katurkunst, die man ohne Verlust gegen beschrifteten
Kartoffeldruck austauschen könnte, kultiviert die
Frankfurter Rundschau wenigstens einen journalistischen Grundwert: die Attitüde.

Die erweist sich – nach intensiver Sichtung – als das
originellste Moment in einem weitgehend unbeschenk-
ten Blatt, und wie so oft lassen sich auch hier solche
Spurenelemente kreativer Anstrengungen auf den klassischen Vorgang der Kompensation zurückführen: Vom
Stadtrivalen marginalisiert, von der bundesweiten Leserschaft nicht akzeptiert, vor den eigenen Ansprüchen
deklassiert, kultiviert die *Frankfurter Rundschau* eine
Strenge und zugleich Herablassung im Urteil, die weder
ihrer journalistischen Substanz noch ihrer nationalen
Bedeutung entspricht. Ja, man gewinnt den Eindruck,
daß sich das Land unablässig vor der *Frankfurter Rundschau* blamiert, die den Holzweg ihres Konzepts wenig-

stens auf hohem Roß bereitet. Ja, wäre sie noch die linksliberale, kampflustige Publikation, die früher einmal ein anderes Frankfurt und eine andere Republik vor Augen hatte, man sähe ihr in die Irre laufende Polemiken, ohne Begriff und Verstand dahingeschluderte Besinnungsaufsätze und Schülerzeitungsrezensionen nach, in denen die Stilblüten zu Ikebana gebunden werden und der Eindruck zurückbleibt, daß in diesem Blatt einfach jede Kreatur aus der journalistischen Nahrungskette bis ganz tief hinab niederkommen darf. Man würde vielleicht selbst die Anmaßung schlucken, den Fetisch des »Niveaus«, dieses ganze kulturbürgerliche Etepetete-Tun, das im Feuilleton immer beißendere Geschmacksnoten verteilt und auf der Medienseite endgültig Amok läuft. Wenn Begriffe ohne Anschauung leer sind, was sind dann Urteile, die aus solch leeren Begriffen gewonnen werden? Schrott vermutlich. Nein, die *Frankfurter Rundschau* hat heute – als das Papier gewordene Monument journalistischer Einfallslosigkeit – schlicht nichts Eigenständiges mehr, für das man sie mögen und ihr verzeihen könnte.

Ihre besten Texte stammen aus Agenturen oder von Korrespondenten, ihre wichtigsten Geschichten haben andere Blätter recherchiert, und zu allem Überfluß ist das Blatt als Wissensquelle nicht einmal rein. Ich zumindest kenne kein vergleichbares Organ, in dem die Höhe des Anspruchs so kraß von der Dürftigkeit der eigenen Berufsauffassung konterkariert wird. Bei keinem anderen Blatt dieser Größenordnung trifft man in der Nachrecherche auf so viele Sachfehler, Schlampigkeiten, Fehlzitate, Unterstellungen und Verzerrungen wie hier. Das mag für den Leser zwar unerfreulich sein, erklärt aber wenigstens den *Rundschau*-Dünkel: Erst fälscht man die Welt zu sich herab, dann ist man ihr überlegen, und irgendwo dazwischen möchte man sich auch noch verkaufen.

Aber warum?

Ein Lobgesang auf und eine Umfrage über die *Frankfurter Allgemeine Zeitung*

Klaus Bittermann & Team

Weil wahrscheinlich keine zweite Tageszeitung dieses Landes umstrittener, beliebter, verhaßter, besser oder schlechter ist als die altehrwürdige *FAZ*; weil keine andere Zeitung homogener in der Optik, heterogener in den »Inhalten« zu sein scheint, haben sich die Herausgeber entschlossen, der Pluralität der Stimmen den Vorrang einzuräumen vor einer womöglich einseitigen Einzeldarstellung eines einzelnen Autors, der obendrein gar nicht imstande wäre, diesen publizistischen Kontinent zu überschauen, all seine Ecken auszuleuchten und all seine schillernden Aspekte zu würdigen.

Die nachfolgende Sammlung ernster und auch heiterer Stellungnahmen möge dem Leser als Leitfaden dienen, sollte er den Entschluß fassen, die *FAZ* zur Hand zu nehmen, um sich sein eigenes Urteil zu bilden.

*

Hymne
Dem Revisionismus kein' Fußbreit Platz –
das ist die *FAZ*!
Der Konterrevolution eins auf den Latz –
hier wirkt die *FAZ*!
Auf Seite eins nicht Quatsch noch Geschwatz –
Regel der *FAZ*!
Aus waltendem Dunkel erstrahlt der Wort' Schatz –
wackere *FAZ*!

Dialektik in nuce, kein unklarer Satz –
leset die *FAZ*!
Nüchterne Worte zum Dax und den Aktz –
ien prägen die *FAZ*!
Subversion, Autarkie der Redaktz –
ion krönen die *FAZ*!
Was gelten mir *Rundschau, Süddeutsche, taz* –
neben dir, *FAZ*!

Was scheret den Wachhund das Murren der Katz' –
Maxime der *FAZ*!
Nicht die Taub' auf dem Dach noch im Fäustling der
Spatz –
über dir, *FAZ*!

Kay Sokolowsky, Hamburg, Autor

Schwieriger Fall
Spontan fällt mir dazu nichts ein. Das ist doch die Zeitung, wo man nachdenken muß.

Jörg Schröder, Augsburg, Schriftsteller und Verleger

Nüchterne Liebe
Nein. Wie oft soll ich es noch sagen. Die *FAZ* meidet
kein klares Wort. Egal, was die typisch-deutschen Mitläufer daran zu mäkeln haben. Ich muß sie nicht lieben,
um sie zu schätzen. Ich schätze sie mit nüchterner Liebe.

Alice Schwarzer

Die besten Tips
Ich finde die *FAZ* toll, weil die Schminktips die besten
sind.

Barbara Geschwinde, Köln, kritische Journalistin

Tückische Flora
Empfindlich wie Mimosen, deren Triebe aber gefährlich
geladen sind, stechen die uralten Giftzwerge aus Joachim C. Fests kulturellem Vorgarten gnadenlos zu.

Lothar Baier, Frankfurt / Main, Autor

Viel Erfreuliches

Was mir an der *FAZ* gefällt, das sind die Fraktur-Titelzeilen auf der ersten Seite. Lesen würde ich die Artikel ja nicht, aber *so* sollte eine Zeitung *aussehen*, das ist würdevoll und hebt sich wohltuend von den bunten Kinderzeitungen ab, die es sonst fast ausschließlich gibt. Und dann fand ich noch gut, daß Anno 1996 ein sehr positiver Artikel (von Peter Winter) über meine Arbeiten im Feuilleton der *FAZ* erschienen ist. Soviel Erfreuliches kann ich nicht über viele Zeitungen sagen.

Eugen Egner, Wuppertal, Schriftsteller und Zeichner

Schlechte Luft

Sie [die *FAZ*] verläßt mit keiner Silbe den fahlen Stil der offiziellen Communiqués, die bekanntlich nicht dazu dienen, die Öffentlichkeit über das Vorgefallene zu unterrichten, sondern im Gegenteil dazu, es mit einer Staubwolke von Redensarten zu verhüllen.

Hans Magnus Enzensberger

Mehr und weniger

Das Schweineblatt des Systems. Weniger nicht. Aber auch nicht mehr.

Gregor Gysi

Wer war's?

Die *FAZ*? Das ist ja wohl die aus Frankfurt – die mit dem Herrn Kaiser. Oder waren das wieder andere ...?

Albert Hefele, Ichenhausen, Autor

Kind der *taz*?

Ist die nicht dieses Periodikum, das Gremliza in schöner Regelmäßigkeit die Erwachsenen-*taz* zu nennen pflegt?

Peter Schneider, Zürich, Autor

Zum Lachen

Da fällt mir nur ein: Dahinter bleckt immer ein rechter Kropf, und der heißt Fischer, hahaha.

Welf Wiemer, Bamberg

Auf dem richtigen Weg
Also, mir persönlich fehlt die Kreuzworträtselbeilage.
Ansonsten: mit dem Vierfarbdruck – voll d'accord. Weiter so!

Peter Köhler, Göttingen, Autor

Hoffnungslos
Nein, vollständig blöde sind die meisten Großartikel im
Feuilleton der *FAZ* nicht. [...] Aber der innere Konflikt
zwischen dem humanen Anspruch der Kultur und den
rechtspopulistischen Wendungen der Politik macht, wo
es sich nicht ganz auf Kompetenz und Symbiose heraus-
reden kann, auch das Zentrum dieses Feuilletons zu
einer hoffnungslos psychotischen Angelegenheit.

Georg Seeßlen

Ein Wahnsinn!
Wenn ich von Herrn Fischer die wundgelesene *FAZ*
bekomme (mein kleines Gehalt reicht nicht aus, um sie
mir zu kaufen), kann ich jedesmal nur staunen, wieviel
Denkerkraft da schon auf der ersten Seite für die längsten Leitartikel der Welt verballert und verbraten wird,
bis die Hirnsuppe spritzt. Es ist ein Wahnsinn. Herr
Eckhard Fuhr z. B., daran erinnere ich mich genau,
stellte am 21. Dezember 1996 fest: »Die Kulturgeschichte der Menschheit ist [...] die Geschichte von Rinderkul-
turen. [...] Im Rinderwahnsinn kann man die Apokalyp-
tischen Reiter einer Zivilisationskrise reiten sehen.«
Seither sehe ich die Menschheit mit ganz anderen Augen. Überall diese Fladen und Schmeißfliegen. Ich nenne das Aufklärung, ja gesunde Desillusionierung. Von
der stolzen Assel Johann Georg Reißmüller ganz abgesehen, welcher zufolge es »nahezu keine allgemein zugäng-
liche Wand gibt, die nicht mit abstoßenden Krakeleien
oder mit hirnrissigen Parolen beschmiert wäre.«
Quelle Einsicht! Quelle merde!

Jan Orthwien, Mainz, Schmuddel-Dichter

Reim

Was die *taz* den Studenten, das die *FAZ* den Enten.

Björn Blaschke, Köln, Autor und Redakteur

Aufrechter Gang

Viel verdanke ich der *FAZ*. Vor allem aber – den aufrechten Gang.

Wolfgang Schäuble

Na ja 1

Die *FAZ*, na ja ... aber der Sportteil ...

Olaf Thon

Na ja 2

Die *FAZ*, na ja ... aber der Stellenmarkt ...

Ebby Thust

Na ja 3

Die *FAZ*, na ja ... aber der Börsenteil ...

Dr. Dieter Dehm

Na ja 4

Die *FAZ*, na ja ... aber die Titelmädchen ...

Marcel Reich-Ranicki

Na ja 5

Die *FAZ*, na ja ... aber das Feuilleton ...

Dolly Buster

Die Wortspielhölle
Das Feuilleton der *Süddeutschen Zeitung*

Fritz Tietz

Des Journalismus größter Nichtsnutz ist der deutsche Feuilletonist, dieser schmalschultrige Kerl von der Sorte ewiger Gymnasiast, Typ Hornbrille, gar nicht denkbar ohne den schwarzen Rolli unterm nicht minder schwarzen Jackett, mit seinen selbst Laien pathologisch anmutenden festen Sitzplatzgewohnheiten in der S-Bahn wie in der Oper. Auch Cineast ist er selbstverständlich (immer dritte Reihe Mitte), Rotweintrinker aus Prinzip und ein grundsätzlich nur italienisch Esser – inkl. korrekter Bestellung von due cappuccini statt zwei Kaputtschinos, wie wir das machen.

In allem, was der Feuilletonist tut, ist er ein manischer Ehrgeizler und Leistungskursler, erst recht natürlich im wichtigsten feuilletonistischen Pflichtfach: in der Ameisenfickerei. Haßt, weil er, gleich allen geborenen Flaschen, früher beim Fußball immer ins Tor mußte, jede Art von Sport (außer vielleicht Tennis oder das noch albernere Golf). Verachtet jene angebliche Unsitte, nach der man, zumindest seiner gequirlten Wahrnehmung zufolge, hierzulande alles dauernd in Anführungszeichen setzt und Sätze, Absätze gar nicht mit einem, sondern mit drei Punkten enden läßt. »Schier verrückt« werden könnte er deswegen, behauptet er jedenfalls, schreibt dann aber »bloß« ein Feuilleton drüber ...

Niemals verhehlen tut er hingegen seine große Liebe fürs O-Ton-Hörspiel. Auch quält er sich zu gern mit der Zwölftonmusik herum – wenn's sein muß bis zur Impotenz, denn er ist ja ein Feuilletonist. Das dreispartig subventionierte Theater liegt ihm wie sonst nichts am

Herzen. Alte-Schabracken-Vokabeln, etwa »geflissentlich« oder »hinreißend«, wären ohne ihn längst ausgestorben. Kein Mensch müßte mehr über das Wort »Zeitläufte« stolpern. Wir wüßten nichts, aber rein gar nichts übers zeitgenössische bulgarische Tanztheater, nichts über den Neuen Deutschen Film, die Walser-Debatte, den jungen tasmanischen Poproman und auch sonst praktisch nichts, nichts, nichts von kultureller Bedeutung ohne ihn und sein, übrigens sehr gern sich selbst beköchelndes deutsches Feuilleton.

Auch ein Namedropper ist der Feuilletonist wie sonst keiner vor dem HErrn. Egal welches feuilletonistische Fachgebiet er gerade beackert, ob A wie andalusische Afterlyrik oder Z wie zyprische Zystenkunst, immer muß der Feuilletonist auf Anhieb den Namen mindestens einer Koryphäe wissen und dahersagen können – das aber so leichtfüßig, so selbstverständlich, als nenne unsereiner den Namen seiner Frau Mama. Selbst im Schlaf sollte er ein paar dieser Namen herunterschnurren können. Andernfalls kann's schnell vorbei sein mit der Feuilletonistenlaufbahn. Dann muß er den schwarzen Rolli für immer ablegen und wird auf die breitcordbehoste Reiseseite abgeschoben, den Gulag jeder Tageszeitung seit jeher. Oder er muß – noch schlimmer – beim Fernsehen anfangen. Dabei ist das TV des Feuilletonisten natürlicher Feind. Warum, weiß keiner, zumal er's rauf und runter guckt ... ach so, nur berufshalber. Doch arte schaut er nie, seltsamerweise, weil nur für ihn, den Feuilletonisten, wurde arte ja erfunden. Wie die *Harald Schmidt Show*. Die aber sieht er regelmäßig und schreibt dann was Schlaues. Wo? Zum Glück nur in seinem Feuilleton.

Immer ist der Feuilletonist ein abgeschlossener und graduierter, wenn nicht gar promovierter Hochschüler. Andernfalls wäre er ja gleich beim Fernsehen gelandet. Egal aber, ob bloß M. A. oder mehrfacher Doktor, er legt durchaus großen Wert auf die Nennung seines Titels: »Doktor Hermito von Furz mein Name. Ich buchstabiere: D-O-K-T-O-R.« Ja, soviel Zeit muß sein. Nichts verabscheut der Feuilletonist übrigens mehr, als von Redaktionssekretärinnen geduzt zu werden. Und wenn sie sich gar in der Kantine an seinen Tisch gesellen, kommt das eines Feuilletonisten Höchststrafe gleich. Nein, der Feuilletonist ist und ißt ausnahmslos unter Seinesgleichen. Allein so sieht er sich außer Gefahr, dem echten Leben zu begegnen. Echtes Leben nämlich verabscheut der deutsche Feuilletonist wie der deutsche Leitartikler eine eigene Meinung. Er ist eben nur der Nichtsnutz unter den Journalisten, weil immerzu stets befaßt mit dem, was höchstens ihn, den Rest in der Regel nur einen feuchten Dreck interessiert. Und so soll es sein und bleiben bis in alle Ewigkeit, und auch der Feuilletonist soll bleiben, wo er ist und hingehört, auf ewig nämlich im deutschen Feuilleton, denn nur dort richtet er bestimmt nichts an und auch garantiert nichts aus. Und das ist im Grunde sehr gut so.

Nur einer will jetzt offenbar nicht mehr tun, wozu ihn die Vorsehung bzw. ein nichtsnutziges Studium der Vergleichenden Literaturwissenschaft bestimmte. Er will raus aus dem Feuilleton und weg von den ermüdenden Mahnmalsdiskussionen, geheimratseckigen Rechtschreibdisputen und popeligen poptheoretischen Diskursen. Anders jedenfalls ist nicht zu erklären, was sich dieser – bislang jedenfalls ungenannte – Feuilletonist an Unfeuilletonistischem im Feuilleton der *Süddeutschen Zeitung* leistet. Dort registriert man seit einiger Zeit ein in seiner Höhe und Dichte merkwürdig anmutendes Aufkommen von sog. Wortspielereien, witzig gemeinten Wortverdrehungen oder -klaubereien, die sich vor allem durch ihre kalauerhafte Zwanghaftigkeit bzw. zwanghafte Kalauerhaftigkeit auszeichnen. Beinahe täglich ist da jetzt eine solche Wortquälerei zu ertragen, und zwar vornehmlich in den Überschriften – dadurch selbst dem das Blatt durchhechelnden Leser unweigerlich ins Auge springend, so daß sich sogar jener mittlerweile besorgt fragt: Was soll das, was treibt einen braven süddeutschen Feuilletonisten dazu, sein Feuilleton derart ungehemmt der billigen Effekthascherei auszuliefern?

Die abgründige Dimension dieses unfeuilletonistischen Tuns veranschaulicht ein zwischen Oktober 1998 und Februar 1999 geführtes Protokoll, das die ärgsten Hemmungslosigkeiten aus der Wortspielhölle des *SZ*-Feuilletons auflistet. Es beginnt am 23. Oktober. »Kannibale und Liebe« ist ein Bericht überschrieben, der das auf der Biennale (!) von Sao Paulo (!!) behandelte Thema »Menschenfresserei« (!!!) ins Visier nimmt. »Die Revolution frißt ihre Schinder«, lautet der vom Feuilletonisten erwitzelte Untertitel. »Hochsicherheitsakt« schreibt er dann am 26. Oktober über einen Artikel, »Castorps Transport« über einen anderen. »Der Verlust der Mittel« nennt sich am 27. Oktober der Titel einer Betrachtung darüber, daß »die Kunstgeschichte wieder das Gefühl sucht«. Mit »Die Quadratur des Geistes« fällt unserem süddeutschen Feuilletonisten am selben Tag allerdings was noch Krachenderes ein, ganz zu schweigen von »Halt an in Anhalt!« – nein, kein Druckfehler, so steht's am 28. Oktober tatsächlich über einem Beitrag zur »Wiedereröffnung des frühklassizistischen Schlosses Luisium im Dessau-Wörlitzer Gartenreich«.

Weiter geht's am 30. Oktober mit »Am Anfang war der Mord«, am 2. November mit »Schutt und Sühne« und später – sitzen Sie gut? – mit »Waterclou« (9. November). »Mohnsüchtig« heißt es am 11. November über einem Wasauchimmer zu – laut Untertitel – »Englands nationaler Katharsis«, während ebenfalls am 11. November unter dem Titel »Apocalyptica Now« sage und schreibe sofort »Schwermetall im Celloklang« zur Debatte steht. Reichlich unerhört dagegen der Glossentitel vom 12. des Monats: »Harmonian Comedies«. Und auch eine wortklauberische Schnurre wie »Alles, was links ist« gehört eigentlich umgehend verboten. Ebenso natürlich ein Alptraum wie »Alp oder Traum?« (16. November). Gleichfalls am 16. November ist eine Reportage über den »National Poetry Slam« mit »Die Dichter und ihre Henker« betitelt, tags drauf ein Feuilleton über die irre aufregende Frage, ob »der Interventionsstaat soziale Gerechtigkeit herstellen kann«, mit »Steinbruch der

Weisen«. Am 17. November wagt es unser Feuilletonist, einen nicht mal Halbgaren, nämlich »Das Luftprinzip« ins Blatt zu hieven, einen Tag später – uaaah! – »Eine Frage der Erde« und dann – das darf man doch nicht mal denken! – das »Europaradox«.

Am 19. November brechen schließlich alle Dämme: »Der Anfänger im Roggen« steht, man faßt es fast nicht mehr, über einer Rezension zu »Günter Ohnemus' Roman über das Problem, erwachsen zu werden«. Und ein Essay »über die Kleiderordnung der neuen Mitte« wird mit, was sonst, »Gefahr im Anzug« betitelt. Und dito dazu braucht's schon mehr als eine gehörige Portion Mut: »Der letzte Walser«; so und nicht anders ist ein Robert-Gernhardt-Gedicht im Feuilleton der Wochenendausgabe vom 20. November überschrieben.

Mit »Der Widerspenstigen Lähmung« folgt an selber Stelle gleich die nächste Backpfeife, während »Ein Baum wird wahr« (24. November) – anläßlich Christos Baumverhüllungen – im Grunde natürlich nicht wahr sein darf, erst recht nicht, wenn es sich hier, wie unser Feuilletonist im Untertitel dichtet, um »Eine Ausstellung und Herausstellung« handelt. Spätestens bei »Auge, blick mal!« (26. November) bleibt dann allerdings kein Auge mehr trocken.

Am 1. Advent kommt's ganz dicke: »Event, Event, ein Lichtlein brennt«. Brennen, und zwar bis auf die Grundmauern ab, soll die Titelzeile »Die Schöne ist das Biest«, die, ebenfalls am 1. Adventswochenende, einen Beitrag über Courtney Love ziert, während man über »Stillschweigen ist Gold« (1. Dezember) natürlich am besten Stillschweigen bewahrt. Kein Deut erträglicher: »Wer im Glashaus schwitzt« (5. Dezember), »Die Überdoris« (7. Dezember) oder »Gute Macht, Freunde« (11. Dezember). Doch es kommt noch schlimmer: »Wer nicht hören will, muß sehen«, so ist am 16. Dezember der Artikel »Popvideo – 30 Jahre Clipkunst« überschrieben. »Stochern im Bildersalat« lautet der Untertitel. Weiter, noch immer der 16. Dezember, mit einer Ausstellungskritik zu Gerhard Richters *Atlas*: »Der Einfalls-Pinsel«. Die Weihnachtsausgabe des *SZ*-Feuilletons offeriert nur ein (Schwächeperiode?), wenn auch unvergleichlich blödes Wortspiel. »Aschenblödel« steht über einer Filmkritik zu *Cinderella*.

Mit »Das Machmal« wird am 28. Dezember erstmals sogar auf die Mahnmalsdiskussion – Achtung! Ansteckungsgefahr! Der ist jetzt von uns! – »Titelschmutz« angemeldet. Als dann im neuen Jahr mit »Brot, Stadt, Böller« (2. Januar) und »Zimmer mit Aufsicht« (4. Januar) gleich zwei äußerst saftige Wortspielwitze kurz hintereinander krepieren, wirft der Protokollant entnervt die Brocken hin. Erst am 20. Januar wagt er einen erneuten Blick ins süddeutsche Feuilleton und wird mit »Münchner Kummerspiele« gleich wieder voll erwischt. Eine Woche drauf dann die endgültige Höllendröhnung: mit »Die Schweineflüsterer« (27. Januar) über »Das Niemal«, »Tritt zurück im Zorn«, »Nathan der Waisenknabe« (alle 28. Januar) und »Alice wird gut« (1. Februar) bis hin zu »Mahnmalkrampf« (2. Februar), »Amt und Bürde« (3. Februar) und »Der Diskurs-Jockey« (4. Februar). Das reicht.

Bzw.: Das muß reichen. Und längst ahnt man ja, was unseren enthemmten süddeutschen Feuilletonisten um- resp. wohin es ihn treibt: in die reklameverursachende Industrie, besser bekannt als die Werbebranche. Da braucht es solche scherztötenden Quälgeister derzeit mehr denn je, und so steht zu befürchten, daß unser Feuilletonist sein Feuilleton weiter als Bewerbung für die Werbung mißbrauchen und weiter wörteln und witzeln wird, bis man ihn wechseln läßt.

Gebt ihm bitte den Job – und bitte recht bald. Dann herrscht auch bald wieder Ruhe im Feuilleton.

Mahnmal mißlungener Zivilisation
Die Welt auf *WELT*-Niveau

Clemens Nachtmann

Kernige Forderungen, die Herr Rolf Körnig aus Bad Berneck da aufstellt: »Der Forderung, den ICE mit Anschnallgurt und Airbag auszustatten, muß ich uneingeschränkt zustimmen. Im Grunde gilt dies für alle öffentlichen Verkehrsmittel, bei denen Geschwindigkeiten von mehr als zwölf Stundenkilometern erreicht werden [...]. Daß dies bei der Bahn AG nicht einmal im Ansatz diskutiert wird, ist auch deshalb unverantwortlich, weil es ohne technische Probleme umzusetzen wäre [...]. Über einen in die Fahrkarte integrierten Chip wird sichergestellt, daß der angeschnallte Fahrgast seinen Sitz erst verlassen kann, wenn der Zug im jeweiligen Bestimmungsbahnhof zum Stehen gekommen ist; Herumlaufen und Spielen von Kindern während der Fahrt sind weder gestattet noch möglich; Toiletten dürfen, anders als in Flugzeugen, wo die Anschnallpflicht nach Erreichen der unschädlichen Geschwindigkeit von zirka 650 Stundenkilometern nicht mehr erforderlich ist, nur beim Halt aufgesucht werden; Fahrgäste, bei denen nach dem Aufprall des Zuges auf einem Brückenpfeiler festgestellt wird, daß sie nicht angeschnallt waren, werden mit einer empfindlichen Strafe belegt. Die Strafe ist, abweichend vom jetzigen Rechtssystem, vererbbar; langfristig ist die Einstellung jedes Verkehrs mit Geschwindigkeiten über zwölf Stundenkilometern anzustreben.«

Ich weiß nicht, welche Leute die Tageszeitung *DIE WELT* regelmäßig lesen; ich gehöre jedenfalls nicht zu ihnen. Die Aussicht freilich, durch den Erwerb der *WELT* womöglich permanent in den Genuß so hundertprozentig wahnsinniger Expertisen eines nebenberuflichen Verkehrsplaners zu kommen, der genau weiß, welche Reisegeschwindigkeit der Erledigung dringender menschlicher Geschäfte zuträglich ist, könnte mich glatt veranlassen, die *WELT* doch öfter zu kaufen.

Wobei: So wahnsinnig, wie die erste Lektüre vermuten läßt, ist der Leserbrief des Herrn Körnig gar nicht. Was sich darin ausdrückt, ist vermutlich nur das grotesk überspitzte Durchschnittsbewußtsein eines *WELT*-Abonnenten oder -Lesers. Wer für »empfindliche Strafen« plädiert, die obendrein »vererbbar« sein sollen; wem es ein Anliegen ist, die Ausscheidungstätigkeiten seiner Mitmenschen zu reglementieren; wer derart souverän über den henkersmäßigen Behördendeutschtonfall verfügt, da Dinge und Leute »sichergestellt«, »festgestellt« und »angestrebt« werden und es ohne weiteres passieren kann, daß Handlungen, die sowieso nicht »möglich«, daneben auch nicht »gestattet« sind – wer derartiges Zeug zu Papier bringt, bringt die Grundhaltung des Blattes, das er bezieht, wirklich auf den Punkt.

Gerne läßt sich die *WELT* als ehrwürdig-seriöses, traditionsbewußt konservatives Blatt titulieren. Bekanntlich existiert aber in Deutschland kein Konservativismus, wie man ihn aus England oder Frankreich kennt; ein Konservativismus, der auf Etikette, Elite und Exklusivität hält, dessen Repräsentanten und mediale Instanzen – weil sie es nicht nötig haben, aus ihrer parteilichen Gesinnung einen Hehl zu machen und deshalb in Wort und Werk zu Rücksichtslosigkeit neigen – der Wahrheit über das gesellschaftliche Verhältnis, von dem sie profitieren, oft recht nahekommen und den politischen Gegner, indem sie ihn mit aller Macht bekämpfen, immerhin als Gegner – negativ – anerkennen. Ein solcher Konservativismus gibt sich weltmännisch, arrogant und repressiv. Im Land des Eintopfs und des Volkswagens hingegen haben auch die Konservativen keinerlei Format. Sie tragen Namen wie Enno von Loewenstern, Mathias Walden oder Michael Glos, ihre Gesichtszüge vereinen meist etwas Bullig-Joviales im Hängebackenbereich mit etwas Flackernd-Nervös-Aufmischbereitem in der Augenpartie, ihre Haltung ist verbissen und verbiestert, ihre Rhetorik belfernd und geifernd, ihre Sprache geschwollen und tümelnd, ihr Geist kleinlich und gehässig. Offenbar handelt es sich dabei um eine zeitlose charakterologische Konfiguration, denn schon 1845 sprach Karl Marx vom »hohlen, windigen, sentimentalen Idealismus des deutschen Bürgers, hinter dem der kleinlichste, schmutzigste Krämergeist verborgen liegt, die feigste Seele sich versteckt« (*Über F. Lists Buch »Das nationale System der politischen Ökonomie«*).

Der deutsche Konservative ist der konformierende Asoziale par excellence, seine Betonung von Sitte, Anstand und Konvention nur die Reaktionsbildung auf eine schier übermächtige triebhafte Aggressivität. Der deutsche Konservative ist das lebende Mahnmal mißlungener Zivilisation und sein Organ die *WELT*, regional vielleicht ergänzt durch die geistesverwandte *BERLINER MORGENPOST*. Ihr adäquates Niveau erreichte die *WELT* zweifellos zu Zeiten des sog. Kalten Krieges, als sie in der ihr zugedachten Funktion der antikommunistischen Dampframme völlig aufging: Der Karikaturist Hicks konnte beim Zeichnen protestierender Studenten seine Talente, die er sich bei den Nazis als antisemitischer Propagandist erworben hatte, neuerlich, diesmal freiheitlich-demokratisch getrimmt, unter Beweis stellen, und Gestalten wie General Suharto oder General Pinochet wurden dafür belobigt, daß sie die entsprechenden Länder vor dem Zugriff des Kommunismus in letzter Minute gerettet hätten. Jetzt, da ihm der innere und äußere Feind abhanden gekommen ist, scheint das Zentralorgan für Feinderklärung – gleich dem Rest der Gesellschaft – reichlich ratlos zu sein, zumal sich kein Ersatzobjekt gefunden hat, das dauerhaft und verläßlich die vakante Stelle zu besetzen vermag – weshalb man sich, wenn es irgend geht, an den Restexemplaren des alten hochzieht. Als Karl-Eduard von Schnitzler (*Der schwarze Kanal*) vom unsäglichen Stadtsender TV Berlin in die Diskussionsrunde *Ich stelle mich* eingeladen worden war – notabene: Bei allem, was man gegen von Schnitzler vielleicht einzuwenden hätte, angesichts des schnittigen Moderatoren-Arschgesichts, des CDU-Republikaners Heinrich Lummer und etlicher »Schdohsi-Opfer«, die ihn anbellten, statt über die Nazis gefälligst über die »rote SS« zu reden, schlug sich von Schnitzler wirklich hervorragend! –, reagierte die *WELT* zwei Tage später mit einem Artikel auf Seite eins, der Überschrift »Schnitzler wieder auf Sendung« sowie der Dokumentation einiger seiner Äußerungen im Blattinneren. In derselben Ausgabe, dort, wo Rolf Körnig ramentert, wird einem anderen Leserbriefschreiber, der Heiner Geißlers Vorschlag verteidigt, mit der PDS punktuell zusammenzuarbeiten, folgendermaßen Bescheid erteilt: Die PDS »verharmlost die Unmenschlichkeit der DDR-Diktatur und verhöhnt deren Opfer. Zugleich bleibt sie in ihrem Kern eine Spalterpartei mit ostdeutschem Sonderbewußtsein und einem zweifelhaften Demokratieverständnis.«

Doch mit der PDS und von Schnitzler kann sich auch die *WELT* nicht mehr dauerhaft profilieren. Neue Wege wären gefragt, seit die Redaktion Anfang der neunziger Jahre nach Berlin umzog und seit das konstant defizitäre Blatt als Hauptstadtzeitung reüssieren will. 1994 versuchte man, sich durch die Berufung von Rainer Zitelmann – einem ausgemachten Idioten, dessen Fähigkeiten sich darin erschöpfen, den Führer in gestammeltem Hessisch zu glorifizieren – zum Chef des Ressorts »Geistige Welt« der »Neuen Rechten« zu öffnen. Aber Zitelmann hielten selbst die Redakteure der *WELT* für zu rechts – was freilich über politische Differenzen nichts besagt, denn Zitelmanns großartige Neuigkeit war bei der *WELT* schon früher bekannt. Man halte »Hitler nicht mehr für den Abschaum und Abfall der Epoche, sondern für eine ihrer größten Kräfte«, man spüre »mehr und mehr, daß er ein großer Mann war, groß im durchaus moralfreien Sinne von Macht und Wirkung, ein Täter, ein Revolutionär«, hieß es am 1. Oktober 1973.

Seit dem Zitelmann-Flop dümpelt die *WELT* jedenfalls reichlich profillos dahin. Sie verbreitet gepflegte Langeweile auf *WELT*-Niveau. Höchste Zeit also, mal wieder einen Coup zu landen. Ob man sich wohl entschließen könnte, beispielsweise Rolf Körnig als Chefredakteur zu installieren? Sein Bewerbungsschreiben hat er ja bereits abgeliefert. Wenn Körnig erst den Laden schmeißt, wer weiß, dann könnte womöglich nicht nur ich ab und an die zwei Mark zur Anschaffung der *WELT* erübrigen.

Der Flügel breitete die Flügel aus und flog
Poetische Prosa der Verhältnisse in der
Neuen Zürcher Zeitung

Jürgen Roth

Gegründet 1780, verkaufte Auflage 162.000, das paßt. Ruhig zieht die *Neue Zürcher Zeitung*, die *NZZ*, ihre Bahnen am Himmel der seriösen deutschsprachigen Tageszeitungen, jener Blätter, denen man »Niveau« attestiert – wie der *Badischen Zeitung*, der *Berliner Zeitung* oder der *OFFENBACH-POST* (der evtl. weniger).

Nein, nichts Schlechtes wollen, nichts Abfälliges dürfen wir sagen über die *NZZ*. Ihre Auslandsberichterstattung wird geschätzt, zu Recht, ihre Gelassenheit, ihre Gediegenheit goutiert. Sie läßt sich vorzüglich im Urlaub lesen und bei anderen Gelegenheiten, da einem der Sinn nach Demission vom schweinsgaloppierenden Preßgewese steht. Die *NZZ* – neben der *Süddeutschen Zeitung* womöglich der einzige echte Fall von täglicher Zeitungswirtschaft, der das Dasein mitunter gar erhellt und bessert.

Irgendwie hat die *NZZ* die Idee der bürgerlichen Zeitung über die Zeiten gerettet. Ihr Anachronismus, nämlich Journalismus zunächst als Unterrichtung, als Sammlung und Aufbereitung von Nachrichten zu verstehen, opponiert dem Saukopfgeist der herrschenden Boulevardpublizistik, die sich keinen Deut mehr darum schert, ob denn die Mutmaßung, das Gerücht, die dreiste Spekulation, die dumpfe Meinungsmache, das großmäulige Räsonnement und das rastlose Kommentieren von allem und jedem noch Kontakt zur Wirklichkeit halten. Der vielgelobte, bereits Anfang der sechziger Jahre durch Hans Magnus Enzensberger gründlich sezierte »investigative Journalismus« z. B. des *Spiegel* existiert nicht mehr; wer den Barschel-Redakteur Sebastian Knauer beschäftigt, hat selbst den Anspruch auf Investigation abgeschafft.

Sich falscher Töne und sachlicher Ungenauigkeiten zu enthalten, scheint das Programm der *NZZ* zu sein. Dafür mögen wir sie, auch wenn der Geist der Zurückhaltung dort, wo »Buntes« gefordert ist, eher Freudlosigkeit zur Folge hat. Die »Vermischten Meldungen« trumpfen durch eine nahezu jenseitige Schlichtheit auf: »Eskalation in Südafrikas Elefanten-Streit«, »Korrektes Verhalten des Bundesamts für Zivilluftfahrt«, »Südkorea feuert versehentlich Luftabwehrrakete ab«, »Der geflüchtete Buchhalter aus Laufenburg verhaftet«, »Elfjährige Ungarin ist Mutter«.

Diese abendländisch-alpenländische Ruhe prägt das Blatt Seite für Seite. Der Bebilderung nahezu schamvoll abhold (höchstens das garantiert einfältigste Agenturphoto findet Platz), wuchten sich die Spalten in die Breite, gedrängte Typen füllen das handliche Format, das neolithische Layout korrespondiert mit einer nicht zu irritierenden Berichterstattungsmelodie. Freilich bedient der naturnotwendig weitläufige Wirtschaftsteil geschickt und souverän die vornehmliche Klientel, das Börsenbürgertum. Beider, des Publikums und der Zeitung Geschäftsgrundlage, der Kapitalismus, ruht breit und fest auf unerschütterlichen Fundamenten. Banken, »Kaderschulen«, Investmentgroups, Holdings inserieren, Überschriften suchen nicht den Effekt, sondern zeigen an, was ist. Selten geht der ressortübliche Wortspielesel durch. »Fröhliche Fusionitis?« fragt die Redaktion am 5. Januar 1999 und läßt eine eher ins Essayistische gedehnte Betrachtung folgen, korrigiert aber bald, bastelt Kästchen und fällt auf Normalniveau zurück: »In Deutschland expandiert die Gentechnologie«, »Mühsames Lernen aus Südostasiens Wirtschaftskrise«, »Die Krise als Chance«, »Kurze Freude über den Zinsschritt«. Muß man mehr sagen?

Bescheidenheit ist eine journalistische Zier. »Bei der Post geht die Post maßvoll ab«, meldet das Ressort »Schweiz«, und die gesamte *NZZ* hält maßvoll mit. Richtig röhrt's nur, soweit ich's überblicke, in zwei Abteilungen. Die europäische Wetterkarte ergänzt eine Legende von strahlender Schönheit: »Eine Störungszone hat sich in zwei Teile gespalten, in ein Starkwolkenfeld mit Quellbewölkung über dem westlichen Mittelmeer und einen Wolkenbogen mit diffuser Bewölkung von Süditalien bis nach Russland. Störungsreste sind von Norddeutschland bis zum Jura zu sehen. [...] Das zugehörige Wirbelzentrum südlich von Island lenkt diese Störungszone weiter ostwärts. Ein markantes Nebelfeld im Gebiet des Schwarzen Meers kontrastiert mit dem wolkenfreien übrigen Teil Südeuropas.« Das Ätherische solcher Ausführungen, der Sache durchaus unangemessen und daher nahe am Komischen, zeugt sich im Feuilleton fort, das nicht selten solide historiographisch arbeitet, eine sitzmöbelbequeme Gelehrsamkeit kultiviert und seine Autoren – abseits von Rubrikenzwängen – erzählen, rekonstruieren und parlieren läßt. Ich erinnere mich, zirka 1995, an die Besprechung irgendeines AC/DC-Gigs – die Diskrepanz zwischen Diktion und Gegenstand hätte nicht größer, die Urteile hätten nicht beseelter sein können.

Auf einem Gebiet, für das die *NZZ*-Kultur in ihrer wohlig stimmenden alten Umständlichkeit wie geschaffen und zuständig ist, der klassischen Konzertkritik, kommt der dominante lyrisch-leiernde Sound schließlich zu sich; zwar mußten wir zuletzt bedauerlicherweise immer öfter hören, es werde »ein Stück weit die ›Autonomie des Subjekts‹« bewahrt, um »ein Stück weit aus der passiven Rolle der sozialen Herkunft auszubrechen«, und »Barbara Beyer zeigt, dass sich in *Penthesilea* ein gut Stück männlicher Projektion findet«; doch bei der hohen Artistik arbeiten alle Sinne zuverlässig.

Am 19. Januar 1999 erschienen nebeneinander zwei Reviews, und wer den Widerpart zum rasenden Redakteursmob sucht, wird hier fündig – angesichts einer prima Prosa, die schwingend und schweifend über eine seltsam goldstaubbedeckte Welt streift: »In Mozarts d-Moll-Klavierkonzert KV 466 erfüllte Ashkenazy beide Funktionen und überzeugte als Pianist rundweg, weil er da die besseren Karten führt. Es entstand ein perlendes Hin und Her, ein beschwingtes und beschwingendes Aufnehmen, Weitergeben und Wiederauffangen zwischen den Partnern: offenbar eine musische Vertrautheit, die nicht gemacht werden kann, sondern scheinbar absichtsfrei, jedenfalls mühelos und schwebend freigewichtig sich ergeben muss. Das Entzücken war allgemein.«

Das Entzücken hielt an; meins und jenes von Martin Meyer, da er sich des 9. Mai 1965 entsann, als Vladimir Horowitz in Manhatten die Bühne betrat und spielte, um den Kosmos der Kunst zu preisen und die Welt zu erlösen: »Er spielte, wie er immer gespielt hatte: beweglich, schattierend, raffiniert; mit strahlenden Bässen, mit seinem berückenden *piano*, mit der Phrasierung des *belcanto*. Aber er spielte – hier und jetzt – auch noch anders: ruhiger, viel besonnener und überlegter. [...] Als er das *maestosamente* erreichte, geschah ein Wunder. Der Flügel öffnete sich den mächtigen Klängen mit grandioser Dynamik, und die Musik bediente sich des Klaviers – nicht umgekehrt. [...] Eine Pause, eine beklemmend nachhallende Fermate, eine winzige, kaum vernehmbare Zäsur im Rhythmus des Ganzen – da sollte der ins Schweigen verlaufenden Zeit eine Form von Innehalten, von Verzögerung abgewonnen werden.«

Schieres Glück, wahrhaftiges Wundererscheinen – manchmal braucht es eine Zeitung, die beredt innehält. Bzw. den klugen, taktvollen Alfred Brendel zu zitieren: »Wer ›poetisch‹ spielt, sitzt allzuleicht in einem Glashaus, in das keine frische Luft dringt« (*Musik beim Wort genommen*, München 1992).

Ich bin sicher: Die sphärische *NZZ* überlebt sogar den nächsten Urknall. Nur weiß ich nicht, worin ihr Habitus wurzelt, welche Ausbildungstraditionen da gepflegt werden, welche politischen Erfahrungen das Zeitungsmachen derart konsequent aus dem sog. Zeitgeschehen katapultieren. In Arno Schmidts *Kaff auch Mare Crisium* (Zürich 1987) steht geschrieben: »*Also Littertur=allgemein* : ›*Die Schweizer* ? : Sind geistich keine Nazjohn; sondern 1 deutsche Prowintz. Und habm folklich Prowintzial=Geschmack. – Zudem nicht am deutschen Schicksal teil genomm' : *Ich* war 68 Monate lank Soldat & Kriegsgefangener : Die solltn fein den Munt=*halten*, und die Ohren=*aufmachn*; wenn wir Deutsche zu reden anhebm.‹ (Und ich warf üppich die Faust auf der Tischplatte : hin. & her.)«

Ich nicht. Auch nicht den Kopf.

Hirnbeiß mit Knödel – wirft Lothar hin?
Es fragt: die Münchner *Abendzeitung*

Michael Sailer

Manchmal werde ich richtig lutherisch (und das in Bayern!). I had a dream, denke ich dann beim Erwachen: einen Traum von einer Stadt ohne Schickimickis, Bussibussis, Zamperl, Weißwurst-Katholiken, Michael Graeter, Konsul Weyer, Mooshammer und Uli Hoeneß. Das heißt: von München ohne *Abendzeitung*.

Ist das nicht übertrieben? Schließlich berichtet die *AZ* doch nur seit Jahrzehnten mit Vorliebe von den seltsamen Phänomenen, die dafür gesorgt haben, daß die Erwähnung Münchens nördlich der Donau immer ein enthemmtes Grinsen evoziert und mehr Touristen in »Krachledernen« und Oktoberfest-T-Shirts herumstiefeln, als die »Weltstadt mit Herz« Einwohner zählt.

Nein, Irrtum! Die meisten dieser horriblen Erscheinungen hat die *AZ* erfunden oder zumindest so lange gebetsmühlenartig in die Welt gepestet, bis daraus Realität wurde. Heute kann man kein Münchner Wirtshaus mehr betreten, dessen Wirt unter 45 ist, BWL studiert hat und tagein, tagaus *AZ* liest, ohne daß einem von der Speisekarte ein »zünftiger Schwein's-Braten mit am reschen Krusch'perl« entgegenbleckt. Auch daran ist die *AZ* schuld: Die verblödelte Transkription der angeblichen Münchner Alltagssprache in eine seltsame Form von Zamperl-Idiom war ihre Idee.

Klar, die Konkurrenz ist groß und beeindruckend unbeeindruckt. Das süffisante, kluge Lächeln der *Süddeutschen Zeitung*, das bisweilen in aufrechte Empörung umschlägt, wenn es Dummheit und Impertinenz zu wild treiben (was hier beinahe täglich geschieht), liegt über

München wie eine freundliche Föhnsonne. Daneben gemahnt die *AZ* an den bürstenköpfigen Kerl im großkarierten Jackett, der immer die schlechten Witze erzählt und selber am lautesten lacht – und sich freut, sobald er auf der erwähnten Speisekarte »a guade Supp'n mit resche Back'erbs'n« findet.

Ausnahmen bestätigen die Regel. Die genial verbiesterten Fernsehkurzkommentare der unversöhnlichen Ponkie stellen gewissermaßen das Gegenmittel zum unsterblich haha-blöden »Herrn Hirnbeiß« dar, der seine Zeichnerin Franziska Bilek aus dem Archiv heraus mittlerweile einige Jahre überlebt hat, weil man um ein Markenzeichen fürchtet, das für die *AZ* im Laufe der Jahre so wichtig geworden ist wie die Restauration *Alter Simpl* für das Münchner Leben (weshalb, notabene, die *Simpl*-Wirtin Toni Netzle seit jeher zum Stammpersonal der *AZ* gehört, das bei jeder Gelegenheit erwähnt und zu jedem Thema befragt werden muß – neben Ottfried Fischer und dem *Wienerwald*-Hähnchentycoon Friedrich Jahn, der kürzlich leider verstorben ist und nun möglicherweise – gleich Herrn Hirnbeiß – aus dem Archiv weiterwirkt).

Als vor einigen Jahren die Fernseheinschaltquoten selbst den Blödesten zu langweilig wurden, kam die (vernünftig nicht zu beschäftigende) Marktforschungsindustrie auf den Dreh, es doch mal bei den Printmedien zu versuchen. Sie fand stracks heraus, daß die Auflagen gerade gewaltig sanken, und empfahl flächendeckende »Relaunchs« zwecks höherer »Spritzigkeit«, »Jugendlichkeit« und ähnlichem Quatschblech. Und ruckzuck waren alle möglichen bunten Heftchen und Blätter noch bunter und eingegangen. Die *AZ* genehmigte sich den Luxus des Gegenteils, setzte auf ein »seriöseres« Erscheinungsbild, kopierte das Layout der stets an der Lächerlichkeit entlangschrammenden *WOCHE*, modernisierte zusätzlich die Buchstaben ein bißchen und fühlte sich gleich wie eine echte Zeitung. An den gewohnten Lieblingsschlagzeilen änderte das wenig. Nach wie vor warf »Lothar hin«, dachte »Franz« ans »Hinwerfen«, ebenso Waigel, »Trap«, Gauweiler (auch sehr schön: »Eine politische Karriere hat er keine mehr vor sich«) usw.

Was das neue Erscheinungsbild gekostet hat, weiß niemand. Doch die Stelle dessen hat es auf jeden Fall gekostet, der bis dahin damit beschäftigt war, das Blatt noch mal zu lesen oder wenigstens zu überfliegen, bevor es in Druck geht. Das macht aber nichts, denn der Leser ist ja auch nicht dumm: Wenn eine fingerbreite Schlagzeile von einem »Faschparker« kündet, weiß er, daß nicht der armeegrüne Kapuzenmantel des Neonazis gemeint sein kann. Und die Spezialitäten, die mag er sowieso (vgl. »a zünftig o'gschmoizte Schwammer'l-Supp'n mit frisch aus'bach'ne Backerbs'n«).

Jede moderne deutsche Zeitung hat ihre Spezialität(en). So läßt es sich etwa die *taz* nicht nehmen, täglich eine Meldung mit leichter Variation doppelt zu drucken. Gelingt der Gag auf einer Doppelseite, hört man die gesamte Redaktion bestimmt noch drei Straßen weiter kichern. Eine Spezialität der »neuen« *AZ* sind sog. »Regenwurmsätze«, die so heißen, weil ein Regenwurm, wie jedes Kind weiß, sich bedenkenlos nahe der Mitte durchschneiden läßt. Eine Hälfte überlebt immer: Lothar Matthäus sagte später, er selbst sei an der Niederlage ganz bestimmt nicht schuld, sagte Lothar Matthäus später. Ein Anzeichen für die Krise im deutschen Einzelhandel ist, daß die Preise schneller steigen als die Gehälter, ist ein Anzeichen für die Krise im deutschen Einzelhandel. Warum der *AZ*-typische Regenwurmsatz ebenso auf einer Verdoppelung beruht wie die Doppelmoppelmeldung der *taz*, könnte dadurch erklärt werden, daß das Erscheinen der Regenwurmsätze in die (kurze) Regierungszeit des ehemaligen *taz*- und nachfolgenden *AZ*-Chefredakteurs Arno Luik fällt. Ein alter Hund lernt keine neuen Tricks, sagt man in München.

Eine weitere Spezialität der *AZ* ist das hartnäckige Festhalten an einem einmal herbeigeschriebenen Thema. So wurde die erstaunte Stadt vor einigen Jahren Zeuge eines verbissen geführten Kleinkrieges der Zeitung gegen den angeblich »faulsten Lehrer Münchens«,

der sich hatte zuschulden kommen lassen, überdurch-
schnittlich viele Schulstunden zu versäumen, und nun
ständig auf dem Rennrad, beim Spazierengehen und bei
sonstigen verfänglichen Verrichtungen abgelichtet wurde. Warum, war nie zu erfahren. Wer dahinter steckte,
auch nicht. Einige übliche Verdächtige scheiden mit
großer Wahrscheinlichkeit aus. Die Strafverteidiger Rolf
Bossi und Steffen Ufer, seit Ewigkeiten zuverlässige
Lieferanten kurioser Kriminalitäts- und Justizskandal-
geschichten, die immer brav mit dem an den Namen des
Täters oder Angeklagten geklebten Zusatz »(Verteidiger:
Steffen Ufer)« und einem massiven Publizitätsschub
belohnt werden, kommen hier kaum in Frage. Sie hätten
wahrscheinlich alle Bussibussi-Regeln über Bord gewor-
fen und die *AZ* selbst verklagt.

Der Erfinder des hundertprozentig hirnfreien Klatsch-
blablas, das sich inzwischen durch fast alle Münchner
Publikationen zieht, kann's genausowenig gewesen sein:
Michael Graeter, dessen Kolumne »Leute« die Frage
aktuell werden ließ, wieviel Dummheit eigentlich in
einen menschlichen Kopf hineingeht, ist mutmaßlich
unschuldig, weil 1) der »faulste Lehrer« weder adelig
noch Millionär ist/war und 2) Graeter selbst seit Jahren
nur dann die *AZ* beehrt, wenn seine Schickificki-Spelun-
ke mit dem genialen Namen *Extrablatt* mal wieder ein
wenig Promotion braucht.

Machen wir's kurz: Mein Traum wird ein Traum bleiben. München ohne die *Abendzeitung* wäre in seiner
heutigen Form ebensowenig denkbar wie Hackfleisch
ohne Ronald McDonald oder grüner Filz ohne Gamsbart.
Vielleicht ist ja auch alles gar nicht so schlimm. In Berlin, höre ich, beklagt man statt der *AZ* die *B.Z.*, und das
österreichische Pendant zum Münchner Wammerl-Jour-
nalismus läßt sich gar *KZ* abkürzen. Mein lieber Scholli
(»Mehmet – Dauerkrise!«)! Darauf ein »frisch zapf'ts
Hefeweizen«.

Absonderliche Absonderungen
Der Lautsprecher des gemeinen Hinterhalts, die
Neue Kronen Zeitung

Franz Schandl

Gemessen an der österreichischen Bevölkerungszahl ist die *Neue Kronen Zeitung*, kurz: *Krone*, die größte Zeitung der Welt. Fast jeder zweite Österreicher benutzt das Kleinformat. »Die *Krone* hat mehr Leser, als die drei ›Verfolger‹ insgesamt Leser haben«, schreibt die *Krone* am 30. Januar 1997 über die *Krone*. Zweifellos ist sie eine Institution.

1959 startete Hans Dichand, ein ehemaliger Redakteur des *Kurier*, mit seinem Kompagnon Kurt Falk (heute *täglich alles*-Herausgeber) die Zeitung faktisch ohne Eigenkapital. Nach anfänglichen Verlusten suchte man Finanziers und wurde fündig bei Franz Olah, dem damals wohl mächtigsten Mann in der Sozialdemokratie, Chef des Gewerkschaftsbundes und zeitweiligen Innenminister. Er half bereitwillig und ließ die zuständigen Gremien außen vor. Zur Verfügung standen nicht nur offizielle Gewerkschaftsgelder, sondern auch Sonderprojektkonten »von geheimen Geldgebern für die Errichtung einer geheimen antikommunistischen Organisation« (Helmut Konrad).

Olah, so eine hartnäckige Legende der Zweiten Republik, ist jener Mann gewesen, der den sog. »kommunistischen Putsch« im Oktober 1950 mit seinen Rollkommandos der Bauarbeitergewerkschaft niedergeschlagen und dergestalt die Demokratie gerettet hat. Sein Ziel war die Schaffung einer reaktionären Arbeiterzeitung – was ihm glückte. Die Geburt der *Krone* darf als Polit- und Wirtschaftskrimi mit weitreichenden Folgen gelten.

1964 wurde Olah auf Grund dubioser Machenschaften und diverser Verletzungen des Parteistatuts aus der SPÖ ausgeschlossen und in der Gewerkschaft entmachtet. Der vom ÖGB gegen die *Krone* angestrengte Prozeß ums verschwundene Geld endete jedoch mit einem Vergleich aus politischen Gründen. Auch die neue ÖGB-Führung war an einer Versöhnung mit der Tageszeitung interessiert. Inzwischen hatte sich nämlich die *Krone* am Markt nicht nur etabliert, sie war, nach Einverleibung des *Express*, zum Marktführer aufgestiegen.

Ihre Schlagzeilen sind obligat gestrickt, sensationslüstern: »Polizist folterte 3jähriges Kind!« (1. Februar 1997); »18 Stunden auf Lauer gelegt, um Kater im Keller einzufangen« (2. Februar 1997); »Messerschlitzer war auf Gummistiefel spezialisiert« (6. Februar 1997); »USA: Bürgerprotest gegen Todesurteil für zwei Hunde« (4. Februar 1997). Keine Meldung ist zu blöd, wenn sie nur blöd genug ist. Die *Krone*, das ist die Absonderung des Absonderlichen.

Aber doch nicht ganz und doch schaumgebremst. Natürlich ist sie aufdringlich, aber nicht so penetrant wie etwa ihre Wiener Konkurrentin *täglich alles* oder gar die *Bild*-Zeitung. Die *Krone* ist dezenter und diskreter und auch nicht nur banal reaktionär. Sie ist nicht extreme Speerspitze, sondern dumpfer Rückhalt, ein Gemisch aus vielfältigen Kurzschlüssen und Vorurteilen. Der Erfolg liegt in diesem eingängigen Gebräu begründet.

Man erinnere bloß an ökologische Anliegen. Der Widerstand von Hainburg bis Lambach in Österreich wäre ohne *Krone* undenkbar, dito der Kampf gegen ausländische Kernkraftwerke. Daß sie, die ein weites Herz für biedere NGOs hat, diesen Konflikten ihren spezifischen Stempel aufzwingt, ist ganz offensichtlich, wenn auch kaum Gegenstand irgendwelcher Debatten. Die *Krone* fährt mit den Ökos jedenfalls Schlitten. Sie bestimmt, was, wann und wo getan wird, ohne daß die Adressaten irgendwelche Fragen nach dem Warum stellten.

Die *Krone* hat für jede und jeden etwas in petto: den

Kräuterpfarrer Weidinger, die Nackte auf Seite fünf, sieben oder neun, die derben Attacken des reaktionären Kolumnisten Richard Nimmerrichter, vulgo Staberl gegen Marx und all seine angeblichen Nachkommen, Gerti Sengers sexuelle Hilfestellungen, den Stolperdichter Wolf Martin, den Ex-Bürgermeister von Wien, Helmut Zilk, als Ombudsmann, den Ex-Sekretär der Sozialistischen Internationale, Hans Janitschek, als US-Korrespondenten, die Schmalspurpöblinge Dolezal & Rossacher, den Allesmaler Deix und den Allesschreiber Nenning. Dichand hat sie alle.

Die *Krone* ist vielspurig, ihre Menüleiste erstaunlich, auch wenn viele Angebote kaum genießbar sind. Ziel ist auch gar nicht, gelesen zu werden. Die Kunden sollen sich wiedererkennen. Die *Krone* befriedigt Sehnsüchte. Sie mag eine miese Zeitung sein, aber sie ist ganz ausgezeichnet gemacht.

Gleich einem Supermarkt präsentieren die *Krone*-Macher ein Sortiment von zielgenauen Beliebigkeiten. Die »kleinen Leute« fühlen sich nicht verarscht, sie fühlen sich durch und durch bedient. Die *Krone* gehört zu ihrem Leben. Keine andere Zeitung schließt derart reflexionslos an das unmittelbare Dasein an. Nirgendwo werden die eigenen Vorurteile besser bestätigt. In der *Krone* steht wirklich alles, was dem gesunden Menschenverstand einleuchtet.

Dichands Macht kann nur deswegen so groß sein, weil er sich meist an der Demarkationslinie gesellschaftlicher Stimmungsdominanzen bewegt und ihnen ideologisch Ausdruck verleiht. Die Stimmlosen meinen, durch sie eine Stimme zu besitzen. Was der Alltag in den Durchschnittsköpfen heute realisiert, wird in der *Krone* dupliziert. Sie ist *der* Lautsprecher des gemeinen Hinterhalts, die Grauslichkeiten kleinbürgerlich-proletarischer Zurichtung sind der *Krone* Reichtum.

In Publikumsreaktionen erproben Medien immer wieder, ob ihre Botschaften ankommen. Was subtil gemeldet wurde, schlägt indiskret und ungeschminkt zurück. Am schlimmsten treiben es zweifelsohne die Leser. Ihre

Briefe machen mehr als die redaktionellen Beiträge kenntlich, wohin die *Krone* will. »Das freie Wort«, das sie erteilt, ist der ungezügelte Ausdruck des »Volksempfindens«.

Geht es etwa um »unsere« Kriegsteilnehmer, ist mit den Kleinformatierten nicht zu spaßen. Ein besonderer Dorn im Auge war der *Krone* die Ausstellung »Verbrechen der Wehrmacht 1941 – 1944«. Sie erhitzte nicht nur die Gemüter, sondern brachte sie zum Kochen: »Dem ehemaligen deutschen Soldaten gebührt jede Ehre, und er erfährt diese zur Genüge von seinen einstigen Gegnern, die in unzähligen Freundschaftsbegegnungen und Achtungserweisungen ihren Ausdruck finden! Für die untadelige Haltung der kämpfenden Truppe war ausschließlich deren charakterliche Erziehung verantwortlich. Die Selbstlosigkeit ihres Einsatzes ist nur jenseits der Grenze erklärbarer Willensreserven zu suchen, denn ihre Opferbereitschaft war von unbegreiflichen Kräften genährt«, schreibt Josef Ebert, um sich abschließend wie folgt zu mokieren: »Ob diese selbstgerechte und politisch verbogene Nachfolgegeneration einmal nur den Schimmer jenes Mutes aufbringen wird, den die verdammte Vätergeneration bewiesen hat?« (30. Januar 1997)

Worum es eigentlich geht und immer gegangen ist und immer gehen wird, sagt uns Georg Lobnig, ein dreiundzwanzigjähriger Student, im zugespitzten Jargon des Volksempfängers: »Ihre Zeitung hat als einzige den Mut gefunden, sich gegen den Meinungsterror, welcher von links-linken Kräften in unserem Land ausgeht, zu stellen und sich dadurch vor die Menschen zu stellen.« (1. Februar 1997) Er hat fraglos die Botschaft verstanden.

»Weg der Dreck!« lautet die Devise gegen die Linkslinken. »Diese Maoisten und politisch Wahnsinnigen müssen weg«, wie es Hans Dichand höchstpersönlich in einem Interview mit dem neuen Magazin der Fellner-Brothers, *FORMAT* (8/1997), ausdrückt. Es soll ausgemistet werden. Da kann auch Wolf Martin nicht anders als reimen: »Wenn Peymann nächstes Jahr, gottlob, / die ›Burg‹ verläßt, sein Biotop, / das er erfüllt mit Sumpfes Fäule, / dann braucht es wohl noch eine Weile, / bis daß die Bretter wieder blank / und sich verzogen der Gestank / des wahrlich penetranten Drecks / der Mühls, Turrinis, Jelineks.« (*Krone*, 15. Februar 1998)

Wen sie mag, den hätschelt sie, wen sie nicht mag, den verfolgt sie – Staatskünstler, Schmarotzer, Emanzen, vor allem natürlich Ausländer. Die *Krone* macht Politiker groß (Haider) und klein. Sie schafft an und schafft ab. Und sie ist immer ehrlich. Jeder Ignorant versteht, wer die Ungustln sind. Gegen die *Krone* kann in Österreich weder regiert noch opponiert werden. Überall hat sie ihre Finger drin. Wer nicht spurt, muß gehen. Opfer ihrer Umtriebe sind etwa der ehemalige sozialdemokratische Wissenschaftsminister Rudolf Scholten oder Erhard Busek, bis 1995 Obmann der christlichsozialen ÖVP. Dem jetzigen SPÖ-Wissenschaftsminister Caspar Einem, dem aktuellen Lieblingshaßobjekt der Dichand-Schreiber, darf man hingegen direkt gratulieren, daß er die Jauchecocktails, die ihn regelmäßig treffen, schon einige Jahre aushält.

Dieser Mann muß weg. Das ist ehernes Programm der *Krone*. Eher gibt sie keine Ruhe.

Revier der Männertitten
Die *WESTDEUTSCHE ALLGEMEINE*

Michael Ringel

Schau dir deine Leser an, und du weißt, wer du bist. Sieh in ihre Gesichter – und Gedichte. Leser leiden an einem pathologischen Zwang: Sie wollen sich auf den Seiten ihrer Zeitung wiederfinden, meist mit Leserbriefen, am liebsten jedoch mit eigenhändig gedrechselten Versen.

Jede Redaktion wird von unverlangt eingesandten Poemen überschwemmt. Um diesen Reimdruck zu kanalisieren und gleichzeitig an ihm zu verdienen, hat die *WESTDEUTSCHE ALLGEMEINE (WAZ)* aus Essen in ihren Lokalbeilagen eine tägliche Grußseite eingerichtet, auf der sich die Leser neben ihrem Porträtphoto bei Jubiläen, Geburtstagen oder Geschäftseröffnungen austoben können – bisweilen in einer seltsam offenen Geheimsprache, die zu verstehen wenig voraussetzt:

»Ach du Schreck, / jetzt ist's bald weg. / Knochen knakken, Sehnen reißen, / auch das Kreuz tut schon verschleißen. / Bald bist du aus dem Gröbsten raus, / dann gibt es auch 'ne süße Maus.«

Da das Opus mit »Die Kotelettgesichter« unterzeichnet ist, ahnt selbst der semiotisch wenig geschulte Betrachter: Hier signalisiert eine als Kegelclub getarnte Verbrecherbande ihrem Oberhaupt den Gefängnisausbruch. Vom beigefügten Photo aber linsen vier erdbeerblonde und verdrückte Gestalten derart zweifelsfrei und fleischig, daß man umgehend zum teilzeitveganen Gemüsefreund werden möchte.

Doch nicht jedes Gedicht ist so komplex geklopft (das folgende Beispiel in Originalorthographie):

»Heut' am 4. Oktober ist es soweit – / Ottos Düfte machen sich auf der Kirchstraße breit. / Otto, bekannt aus dem Hopfenhaus / kochte dort samstags, die Erbsen aus. / Bestens ist diese Suppe, / die aus Erbsen bereitet sie dem Darmausgang, auch laute Schmerzen. / Manchmal schafft man es nicht mehr bis zur Toilette – / und es knallt schon herher [sic!] – jede Wette. / Knallhart sind meist diese Fürze – / und von ganz besonderer Würze. / Der Darm wird so richtig leer geblasen – / verbrannter Duft steigt in die Nasen. / Anisplätzchen reicht man nach solchem Mahl, / die beruhigen den Kanal.«

Offensichtlich vom (»herher«) Alkohol befeuert, spiegelt dies Flatulenzer-Poem die innere Verfassung des *WAZ*-Lesers beinahe schöner noch wider als das dazugehörige Photo eines aufgeschwemmten Männergesichts, dessen Augen nur eins zu sagen scheinen: »Bitte erschießen Sie mich! Mit derselben Schrotflinte, aus der die Kommata in den Text gefeuert wurden.«

Wie die Leser, so die Zeitung: die *WAZ* – das Organ der Gurkenköpfe. Hier wird der alte Layouterspruch »Aus jeder Seite muß dich mindestens ein Gesicht ansehen, um dich in den Text zu ziehen« mehr als wörtlich genommen – zwei, vier, mitunter sechs Männerschädel pro Seite. Stets im selben Rahmen. Am Hals abgeschnitten: Männer mit Rübenkinn, Männer mit Rotzbremse. Männer mit Mösenbart. Männer mit Topf auf dem Kopf. Männer mit Glasbausteinen vor den Augen. Männer, Männer, Männer. Man könnte Feminist werden. Eine Ausgabe, das sind zirka dreißig Paar Männeraugen. Frauen erscheinen kaum, allenfalls als Blickfang auf Seite eins, im Vermischtenteil »Aus aller Welt« oder auf der Fernsehseite. Eine Welt voller Männerbilder, deren Rahmen man sprengen möchte. Die Ränder auseinanderziehen. Was verbirgt sich unterhalb der Hälse? Ein grausames Geheimnis? Monströse Furunkel? Gigantische Männertitten?

Die *WAZ* ist eine Zeitung mit Schwielen an den Büchern, mit groben Blockbuchstaben in den Titeln und der Leitfarbe Rot, auf daß der Leser sofort sehe, was ihn erwartet: Willkommen in der Prosaschmiede! Wo die Redaktion wirkt, zwängen Nachrichtenknechte die rauhe Realität in stahlgegossene SPO-Sätze: Subjekt, Prädikat, Objekt – und der Horizont steht. Der ungefähr von Duisburg nach Dortmund reicht. Denn die *WAZ* ist die größte Zeitung des Ruhrgebiets, das gern »Revier« genannt wird, ganz in der regionalen Stahlarbeiter- und Bergmannstradition: grob und bodenständig, kräftig, schlicht und manchmal auch einfach doof. Wie das Dreieck Sozialdemokratie, Gewerkschaft und Evangelische Kirche, das die Themenauswahl bestimmt.

Das Politressort konzentriert sich ganz auf die kommunale SPD-Bagage, der Rest wird meist über Agenturmaterial abgedeckt. Ein Feuilleton ist trotz einer Seite »Kultur« nicht vorhanden. Man nimmt allenfalls lokale Scheingrößen wahr, die täglich betonen, welch weltläufige Metropole das Ruhrgebiet sei, um beruhigt Entwicklungen andernorts verschlafen zu können. Der umfangreiche Sportteil brütet in einem dumpfen Bestätigungsjournalismus vor sich hin: Ja, Fußballer verdienen zuviel Geld; ja, die Vereine denken nur noch ans Geschäft; ja, die Kommerzialisierung hat den guten, alten Sport zur korrupten Show gemacht – mahnt kritisch, kritisch Hans-Josef Justen, der als Ressortleiter jeden Tag wortwörtlich denselben Kommentar verfaßt.

Täglich das Spiegelbild des eigenen Horizonts in den vorgegebenen Grenzen: Überraschendes darf nicht geschehen. Das ist die Strategie des Erfolgs, die die *WAZ* zu einer der größten Tageszeitungen Deutschlands werden ließ, mit einer der höchsten Auflagen nach der *Bild*, geschaffen als Pendant: eine SPD-*Bild* ohne Tittenbilder (die liefert in korrekter Sozi-Arbeitsteilung der Kölner *EXPRESS*), ein Beinaheboulevardblatt, das die publizistischen Meinungsführer allerdings kaum wahrnehmen. Denn die *WAZ* ist ein merkwürdiger Zwitter. Trotz ihrer großen Verbreitung vom Niederrhein bis Westfalen stellt sie keine städtische oder überregionale Zeitung dar, sondern nach wie vor eine Regional- oder Heimatgazette.

Mit der gern selbstauferlegten Camouflage übt die *WAZ* zwar keinen direkten Einfluß auf die Zeitungskultur aus, erlangte aber eine weit über ihr Einzugsgebiet hinausreichende Macht. Zunächst wurden die meisten Konkurrenzblätter des nahen Umfeldes an die Wand gedrückt oder einfach geschluckt, dann sicherte man sich ein Segment des Fernsehmarktes durch die Beteiligung an RTL. Anschließend drängte der Verlag zunächst nach Österreich und vor allem im Zuge der Ostöffnung Anfang der neunziger Jahre nach Sachsen und weiter bis auf den Balkan, wo die *WAZ*-Gruppe inzwischen weite Teile des Zeitungsmarktes besitzt und beinahe unbemerkt zu einem der bedeutendsten Verlage Europas aufstieg.

Allerdings, Moment: Ist das nicht beim zweiten Blick eine allzu bemerkenswerte Kette? Ruhrgebiet, Sachsen, Österreich, Balkan – ein gruseliger Landstrich nach dem anderen. Reviere des Grauens. Stoßrichtung Südost. Wo liegt das Ziel? Moldawien? Kasachstan? Mongolei? Worin die Aufgabe? Zu beweisen, mit einer unansehnlichen Zeitung noch hinter den Karpaten Erfolg haben zu können? Wenn man nur als erstes eine Leserlyrikseite einrichtet? Was heißt eigentlich Kotelettgesichter auf chinesisch?

Macher gefragt!
Die *Ostthüringer Zeitung*

Michael Rudolf

Nun, wozu eine Zeitung in Ostthüringen, werden Sie fragen, können die da überhaupt schon lesen? Keine so abwegige Frage. Klar.

Der Menschenschlag jedenfalls überzeugt. Der Iwan hatte sich mit dem Krieg in der Gegend um Gera die Schürfrechte für waffenfähiges Uran erstritten und hernach die nachweislich dümmsten und häßlichsten Existenzen seiner Besatzungszone dorthin gekarrt. Deren Reproduktionsverhalten bestand vornehmlich in apathisch vollzogenen Fortpflanzungsakten und dem Hinabschlingen von verrotteten Bakterienkulturen, sog. Rostbratwürsten. Damit sie nicht groß ins Grübeln über ihr Los verfielen, gab ihnen der Iwan akzisefreien Schnaps zum Mundausspülen – den sog. Kumpeltod.

Alles, was in diesen Breiten sich als Stadt versteht, ist damals durch die Invasion der Irren um das Zehnfache angeschwollen, geistig in die Steinzeit zurückgeschürft. Die Autochthonen indes wanderten gen Westen ab oder assimilierten je nach Anlage den über sie hereingebrochenen Stumpfsinn. Einzige Referenz an die Moderne sollte bis auf den heutigen Tag das Hermsdorfer Kreuz sein.

Zu Herrschern über das Riesenfreigehege setzte der Iwan einige Satrapen mit dem Decknamen »SED« ein. Bei den zermürbenden täglichen Streitereien, wer denn heute mit der Wandzeitung wieder dran sei, hatten sie plötzlich die unglückliche Idee, ihre Verlautbarungen auf Papier zu drucken und diesem ihrem Organ den Namen *Volkswacht* zu verleihen. Jene sollte wachen über Recht und Ordnung. Ich kann mich noch erinnern, daß ich um 1984 u. Z., im Herbst, mit einer originellen Pilzmißbildung, einem überaus seltenen Stockwerk-fruchtkörper, in der Lokalredaktion vorstellig wurde. »Bei uns im Sozialismus gibt es keine Mißbildungen, auch an Pilzen nicht!« beschied man mir, der Abdruck eines an Naturalismus kaum zu überbietenden Photos wurde abgelehnt. Es war zum Auswandern.

Das ging so bis ungefähr 1990, dann wanderte der Iwan aus, und es kam der große *WAZ*-Mann und rief: »Haben! Alles meine!« Dumm, wie die Leute da nun mal sind, glaubten sie ihm und nannten die *Volkswacht* auf der Stelle in *Ostthüringer Nachrichten* um. Zu »alles meine« gehörte aber noch die *Thüringer Landeszeitung* und die *Thüringer Allgemeine*.

Es ist nun so, daß diese »Zeitungsgruppe Thüringen« bis ans Ende der Tage gemütliche 500.000 Exemplare täglich verkaufen wird, weil nämlich der große *WAZ*-Mann an der *Volkswacht* außer dem Namen nichts weiter ändern ließ, die Schwesterzeitungen durften ihren Namen sogar behalten. Denn Regel Nr. 1 auf dem ost-deutschen Zeitungsmarkt ist der unerschütterliche Glaube der Leser an das hergekommene Abonnentenwe-sen. Eine in Ostthüringen von der Hofer *Frankenpost* installierte Konkurrenzzeitung namens *Thüringenpost* blieb weitestgehend unbeachtet. Auch die abermalige Umbenennung der *Ostthüringer Nachrichten* in *Ostthü-ringer Zeitung* wurde von den 185.000 Abonnenten nicht sogleich bemerkt.

Ganz nahe bei den Uranabraumkegeln, in Löbichau, hat sich nun das Headquarter eingenistet. Vielleicht wirkt daher die Bebilderung immer wie handkoloriert und orientiert sich in der Motivwahl weiterhin stark am Kartoffeldruck. Der Politikteil wird sowieso überblät-tert, folgt noch etwas Volkskundliches, dann Vermisch-tes, der mdr-Programmplan, eine plastische Schilderung des Unfallgeschehens der vorigen Woche (»Duell mit Laster«, »Pkw Honda übersehen«, »Lkw gegen Bus«, »Fahrverbot für ›blöde Ziege‹«) sowie »Nachdenkliches zum Wochenende« von deprimierten Ortspfaffen, die es seit 1990 nicht zum Bürgermeister oder Bundestagsabgeordneten geschafft haben und jetzt die Druckerschwärze im Sauertopf anrühren.

Dem Feuilleton verweigert sich der Einheimische ebenso standhaft. Es ist ja auch kein Wunder. Die Lufthoheit über diese Unseligkeiten hat die berüchtigte Lyrikermafia Thüringens eingenommen. Und die schreckt bekanntlich vor nichts zurück: ganze Seiten Lutz Rathenow (mit Bild!) oder eine kulturpessimistische, »Wortadella« geheißene Logopädiekolumne des Seniorenhumoristen Hansgeorg Stengel, der tatsächlich qua PDS-Kandidatur links zu sein vermeint. Buchrezensionen in diesem »Kulturteil« brächten höchstens zusätzliche Remittenden. Gut merken, Verlage!

So bleibt die *OTZ* ein eigentlich zu vernachlässigendes Anzeigenblättchen für Bestattungsinstitute, Fleischereien und andere florierende Entsorgungsunternehmen mit einem beängstigend naiven Politikteil – vergessen Sie nicht: Die Leute da gucken mdr. Freiwillig. Rund um die Uhr. In einer richtigen Zeitung erführen sie bloß, wie beschissen ihre uranverseuchte Gegend dran ist und was rund um ihren Hosenstall passiert. Wenn was passierte. Was in ihrem Hosenstall passiert, braucht ja keinen zu interessieren. Denn da passiert garantiert nichts.

Fazit: Gelesen wird die *Ostthüringer Zeitung* nicht, als Toilettenartikel ist sie ungeeignet, und weil keiner mehr Arbeit hat (das Uran ist alle, bzw. der Iwan braucht's nicht mehr), will auch niemand seine Stullen darin einwickeln.

Nun, werden Sie fragen, wozu dann überhaupt diese Zeitung? Richtig: Jetzt wird's mählich Zeit, daß sich die Macher die Frage stellen.

116

»Immerfeuchtes Boulevardblatt braucht es jeden Tag«
Die *Hamburger Morgenpost*

Karsten Singelmann

Jemand, der eine Neigung zum Psychologisieren hätte, würde, wäre er ich, mein Verhältnis zur *Hamburger Morgenpost*, kurz: *Mopo*, womöglich als Haßliebe bezeichnen – natürlich ein Unfug. Für Haß ist der Casus nicht schwergewichtig genug, und Liebe kommt schon mal gar nicht in Betracht. Halten wir uns lieber an nüchterne Fakten.

Kindheit und Jugend habe ich in Elmshorn und Hamburg verbracht, aufgezogen von bildungsbeflissenen und sozialdemokratisch orientierten Eltern, denen die *Bild*-Zeitung nicht ins Haus kam. Als Alternative zu letzterer gab (und gibt) es rund um Hamburg die überregionale *WELT* (einst, wie man hört, halbwegs liberal, später, wie man weiß, schwerst reaktionär), das *Hamburger Abendblatt* (gemäßigt) und eben die *Mopo* (sie selbst nennt sich *MOPO*, nämlich wie: *BILD*) – die einzige Nicht-Springer-Zeitung. Ja, damals, in den sechziger und meiner Erinnerung nach auch noch in den siebziger Jahren war die *Mopo* sogar ein SPD-Blatt, d. h. im Besitz und unter redaktioneller Führung, na, meinetwegen: Betreuung oder, hehe, Inspiration der Sozis. Der Auftrag oder das Selbstverständnis der Zeitung zielte darauf, ein anspruchsvolles und politisch fortschrittliches Gegengewicht zur *Bild*, also »linken Boulevard« zu bieten.

Die *Mopo* war es, der meine Eltern ihr Vertrauen schenkten, und auch ich habe sie, seit ich selbstverantwortlich Zeitung lese, immer wieder gekauft, zwar beileibe nicht jeden Tag, aber doch mehr oder weniger regelmäßig – am seltensten übrigens Anfang der achtziger Jahre, in der New-Wave- bzw. Diskurspop-Zeit (oder Popdiskurs-Zeit?), als es gewisser Affirmationsstrategien wegen plötzlich völlig korrekt, wenn nicht gar subversiv war, *Bild* zu lesen. Nun, wohnte ich noch in Hamburg, ich würde vielleicht weiter *Bild* den Vorzug geben, denn mir fällt beim besten Willen kein Argument ein gegen jene, die die *Mopo* als schlechtere *Bild* oder auch als »dümmste Zeitung der westlichen Welt« (Hermann L. Gremliza) ansehen. Wie sollte es auch anders sein: Nachdem das Projekt einer anspruchsvollen Boulevardzeitung gescheitert war oder jene sich nicht gut genug verkaufte, behalf man sich damit, einfach den Anspruch sukzessive immer weiter runterzuschrauben, natürlich ohne jemals der *Bild*, dem Original, irgendwelche Leser abspenstig machen zu können.

Eine echte Stärke der *Mopo* liegt aber darin, daß sie nicht nur in Hamburg, sondern anscheinend in ganz Norddeutschland zu bekommen ist. Im Supermarkt meines niedersächsischen Dorfes gibt es die *Cellesche Zeitung*, die gut damit zu tun hat, alle Verkehrsunfälle im Landkreis zu verzeichnen, die überregionale, also kastrierte (weil ohne Regionalteil) Ausgabe der *Bild*, die nun wirklich völlig witzlos ist, irgendwelche Hannoverschen Zeitungen und, mit allem Drum und Dran, die *Mopo* (allerdings eine ganz frühe Ausgabe, noch ohne die Fußballergebnisse vom Vorabend).

Der wichtigste, meistgelesene und einträglichste Teil sind sicherlich die Anzeigen von Prostituierten, die Tag für Tag auf zwei bis drei engbedruckten Seiten ihre Dienste anbieten (»Heiße Nymphomanin«, »Mega-Möpse«, »Versaute Blondine«), Anzeigen, die zu einem gewiß nicht unerheblichen Teil von den (ja meist ausländischen!) Zuhältern geschaltet werden, deren kriminelle Energien im redaktionellen Teil dann gern mal Anlaß zu übelster Law-and-Order-Journalistik bieten. Man mag die Frivolität beklagen, die mich aus dem Elend vieler dieser Frauen noch kleine feuilletonistische Witze schlagen läßt, aber ich kann mir nicht helfen, immer wieder mit Vergnügen lese ich die Anzeige einer, na ja: Gunstgewerblerin, die offensichtlich bei dem unvergessenen Dünklinger Gebrauchtwagenhändler Alwin Streibl in die Marketingschule gegangen ist und sich also anpreist: »Gute Frau. Tel. XXX.«

Der Zug ins offen Reaktionäre hatte seinen Höhepunkt während der Ära des berüchtigten Zeitungsherunterwirtschafters Döpfner, der mittlerweile, wie überall zu lesen war, zur *WELT* weitergereicht wurde. Heute geht es wieder gemäßigter zu, rechtes Sentiment artikuliert sich nicht mehr programmatisch, sondern rutscht eher aus Schusseligkeit durch, als typische *Mopo*-Doofheit eben. Zum neuen Staatsbürgerschaftsrecht erging dieser Rat an den Leser (aus dem Gedächtnis, aber unbedingt wahrheitsgetreu zitiert): »Vorsicht also, der fremdländisch aussehende Mensch, der hinter Ihnen in der Schlange vor der Supermarktkasse steht, könnte genauso Deutscher sein wie Sie!« Daß er *Mopo*-Leser sei, scheint jedoch ganz und gar undenkbar.

Als Fels in der Brandung ständigen Hin und Hers jedoch, und das ist nun wirklich beklagenswert, verharrt die Sportredaktion, seit mindestens zwanzig, wenn nicht hundert Jahren unter derselben Leitung stehend und unerschütterlich an der Zwangsvorstellung laborierend, es zeuge von lebendigem oder gar kritischem Journalismus, wenn jede kleine, ganz und gar erwartbare, nämlich strukturbedingte Divergenz von Sportlerinteressen zu einem dramatischen Konflikt aufgeblasen wird, dessen Halbwertzeit naturgemäß das Stundenlimit kaum je überschreitet – eine Konformität geiler Skandalhechelei, die den Lärm des Betriebs nur verdoppelt, statt ihn zu reflektieren.

Eben dieser inkommensurable Sportteil aber ist es, den ich als erstes aufschlage, wann immer ich die *Mopo* zur Hand nehme. Widersprüchlich? Ein eklatanter Bruch in der Logik? Aber wo! Sprechen wir lieber von abgeklärtem Rezeptionsverhalten. Nach fast dreißig Jahren gewissenhafter Lektüre von *Frankfurter Rund-*

schau, Süddeutscher Zeitung, taz und wasweißichnoch
möchte ich sagen: Das Lesen von Tageszeitungen wird
überschätzt. Ein wenig Abstand gerade von dem ganzen
»Politik«-Betrieb kann nicht schaden. Wochen- bzw.
Monatsschriften tun's ja auch, zumal man mit der *ZEIT*,
konkret, *Krisis*, *Hattrick*, *Jazz Thing* etc. ganz gut aus-
gelastet ist. Letztere eignen sich freilich nicht fürs (zweite) Frühstück. Wenn man nämlich nach den ersten drei,
vier Stunden Tagwerk zur Pause antritt, braucht es
dreierlei: einen Imbiß, Musik und was zu »lesen«, aber
nichts zu Kompaktes, soll ja nicht von der Musik ablen-
ken, sondern etwas so Beschaffenes, daß das Auge, während der Joghurtlöffel genußvoll zum Munde geführt
wird, sich an einer kalmierenden Schlagzeile (»Super-
skandalöser Riesenzoff bei Concordia Hamburg – Liga-
obmann dreht völlig durch!!«) festhalten kann, m. a. W.:
Es muß nicht, kann indes durchaus mitunter die *Mopo*
sein, probieren Sie's ruhig mal aus.

Ah, und zufällig singen Lambchop gerade: »It's so
simple, and so stupid / Yet so steady, are you ready, are
you ready« (»Your Fucking Morning Post« von ihrem
Album *Thriller*).

Tote Kühe, Eulen ohne Obdach
Das *Neue Deutschland*

Rayk Wieland

»Dummheit, die man bei andern sieht, / wirkt meist belebend aufs Gemüt«, reimte Wilhelm Busch vor Zeiten griffig, doch auf die »Sozialistische Tageszeitung«, die sich *Neues Deutschland* nennt, paßt dieser Trostspruch leider nicht. Von belebender Wirkung kann bei der Lektüre des zähen PDS-Anzeigers wahrlich nicht die Rede sein. Wer das Blatt hin und wieder liest, wird festgestellt haben, daß hier die redaktionellen Beiträge die stilistische Brillanz der Agenturmeldungen nur selten erreichen. Einst respektierliches Verlautbarungszentralorgan der SED, ist die Zeitung mittlerweile zu einer Wiese der Wurstigkeiten verkommen und somit für Leser, welche sich am täglichen Stilblütenausstoß nicht erfreuen mögen, eine Strafe geblieben. Seitdem die Gedanken »offiziell« frei sind, ist die Redaktion auch weitgehend frei von Gedanken, und seitdem die Fürbitte um Mitmenschlichkeit die realsozialistische Dogmatik ersetzt hat, wirkt das Blatt nicht nur im ganzen indifferent, sondern stellenweise geradezu infam.

Wie sonst hätte hier Anfang 1997 ein Photo, das ein totes Rind kopfüber am Greifarm eines Kranes hängend zeigt, mit der Bildunterschrift versehen werden können: »Trauriges Ende einer Rinderkarriere: per Kran ab in den Abfallcontainer«? Das, meinte wohl der zuständige Redakteur, sollte ein relativ salopper und ansprechender Kommentar zur nebenstehenden ADN-Meldung sein, in welcher der Tötung BSE-gefährdeter Rinder notfalls unter Polizeischutz das Wort geredet wurde. Freilich wäre »In die Kiste: keine Gnade für Kühe mit

Karriereknick« noch salopper gewesen, doch die gewählte Version hat einiges für sich. Allein die knappe Wendung »per Kran ab in den Abfallcontainer« läßt einen Sarkasmus von seltener Solidität zutage treten, dem man die Trauer über das vorzeitige Finale der Karriere eines Rindviehs, die womöglich vielversprechend begann, nicht abnehmen möchte. Das Bravourstück der Bildzeile ist allerdings der Doppelpunkt, der Laufbahnende des Schlachtopfers und Entsorgung des nutzlosen Kadavers mit einer scheinbaren Folgerichtigkeit versieht, die lautet: Versagt, also wertlos – weg damit. So reden Linke und Sozialisten normalerweise nicht. So reden, wenn sie reden, Abdecker. So redet, beiläufig, das *Neue Deutschland.*

Dergleichen Top-Bildunterschriftsleistungen gelingen nicht immer. Auffällt allerdings der ehrfurchtsvolle, gläubige und durchweg devote Umgang, den die Zeitung mit dem Photomaterial pflegt, das vorwiegend als dokumentarischer Wahrheitsbeleg oder aber als reichlich betulicher Alltagsschnappschuß herhalten muß. So verfahren ansonsten Regionalzeitungen, die einerseits ihre Leserschaft mit Bildern von der Neueröffnung des Friseurgeschäfts am Markt, dem verschneiten Seeufer oder einem Verkehrsunfall auf der Umgehungsstraße zu bedienen und andererseits, meist auf der ersten und letzten Seite, Reize und Schrecken der großen weiten Welt da draußen blitzlichtartig zu erhellen haben, etwa mit Photos von Vorgängen in der Uno, Naturkatastrophen oder Hollywoodschauspielern an der Reeling von auslaufenden Schiffen. Im Dezember des vergangenen Jahres, die Titelseite brachte einen Kommentar zum »Abenteuer Großfusion«, bildete die Redaktion »Wirtschaft und Soziales« den von zahlreichen Tannenzapfen umgebenen Kopf eines Brillen- und Schnauzbartträgers ab und setzte daneben die Worte: »Zapfenstieg. Im Wipfel einer Fichte erntet Baumpfleger Jonas Guckuck Zapfen zur Gewinnung von Saatgut. Wie hier in den Thüringer Wäldern bei Tabarz sind derzeit in ganz Deutschland Zapfensteiger mit der Ernte beschäftigt. Zu

DDR-Zeiten gehörte Guckuck zu den wenigen professionellen Zapfensteigern des Forstes. Heute steigt er vorwiegend im Auftrag von privaten Waldbesitzern auf die Bäume.« In einer Auflage von zirka 70.000 Stück ging diese Nachricht um die Welt – wenn auch nur in die Welt des ominösen Zonendödels, der mit derlei offenbar nach wie vor behelligt werden kann.

Daß Bilder in Zeitungen noch etwas bedeuten und gar für Authentizität, Wahrheit, Zusammenhänge einstehen können, glaubt in moderneren Presseerzeugnissen niemand mehr. Photos dienen hier in der Regel dazu, Kontexte zu komplettieren, zu kommentieren, das Layout zu ordnen, und weil sie nichts anderes mehr verbürgen als den Zweck ihrer Inszenierung, sind sie nicht selten mit despektierlichen oder ironischen Bildzeilen bestückt. Die letzten Photos, deren Nachrichtenwert unbestritten war, stammen aus dem Vietnamkrieg, und seither liefert ausschließlich das Fernsehen brisante Bilder vom Geschehen – mit auch schon rasant abnehmender Glaubwürdigkeit. Der Rodney-King-Film, Auslöser der *Riots* in Los Angeles, dürfte die vielleicht letzte Bildfolge gewesen sein, die ein Ereignis zu beglaubigen vermochte.

Die wohl kaum zu leugnende Entwertung des Bildes durch das Fernsehen sollte auch für eine Zeitung, die laut Eigenwerbung »täglich niveauvoll-kritischen Journalismus« abliefern will, nicht ganz unerheblich sein. Ihr zu begegnen, gäbe es verschiedene, durchaus marktgängige Möglichkeiten der Skandalisierung (*Bild*, Boulevard), Ironisierung (*Spiegel*) oder Dekontextualisierung (*taz*) – das *ND* hat sich entschlossen, sie wie nichts Gutes zu ignorieren und weiterhin die Sehgewohnheiten eines Publikums zu bedienen, dessen Sehnsucht nach einer heilen Welt durch die Inkongruenz von Bildern und Texten nicht beschädigt werden soll. Im Januar dieses Jahres brachte die Zeitung neben der leicht mirakulösen Überschrift »Eulen obdachlos. Inzucht und fehlende Brutmöglichkeiten« eine dreispaltige Großaufnahme eines Uhus mit der Bildlegende: »Dieser Uhu wurde in der Vogelschutzwarte Seebach nahe Mühlhausen (Thüringen) abgelichtet.« Es handelt sich hier um ein Ideal-Arrangement: ein ostdeutscher Vogel, der natürlich nicht bloß photographiert, sondern »abgelichtet« wurde, neben einem ihm gewidmeten Text, der ergreifend die Alltagssorgen des Landsmannes schildert. Zudem legt der eher im kommunalen Bereich beheimatete Terminus »obdachlos« die allseits fürsorgliche Bereitschaft von Zeitung und Leserschaft nahe, sich Kreaturen anzunehmen, die andernorts unbeachtet durchs soziale Netz fallen – ostdeutschen Kreaturen wohlgemerkt. Ihnen gilt die ganze Aufmerksamkeit der Redaktion, sie durch die Fährnisse und Beuteleien des ostdeutschen Alltags zu begleiten, das ist dieses Blattes Sinn und Auftrag. Das Motto der Zeitung heißt deshalb korrekt: »Weltoffen und ostgemacht, / seriös und für Denker gedacht.« Gereimt wird auch ostdeutsch.

Trotz des mittlerweile modernisierten und allseitige Pluralität signalisierenden Layouts – allein die Titelseite bietet vierzehn verschiedene Schrifttypen und -größen auf – besteht die Mehrzahl der über die Seiten verstreuten Photographien aus quasi paßbildgerechten und kreuzbraven Aufnahmen, respektvollen Porträts von Leuten, deren Autorität durch die Darstellung wenn nicht bekräftigt, so doch partout nicht unterminiert werden soll, seien sie nun Rechtsradikale, Vertreter der Atomwirtschaft oder neugewählte »geschlechtsoffene« dritte Stellvertreter des PDS-Vorsitzenden. Die Zeile unter allen diesen Bildchen könnte lauten: »Menschen unter uns«. Der Führer immerhin, im November 1998 aus Anlaß des Hilter-Ludendorff-Putsches in schon Mitleid erheischender Rednerpose »abgelichtet«, verlangt eine etwas ausführlichere Bildzeile: »Einsam hält Hitler auf dem Marsfeld in München eine Rede; zehn Jahre später strömten Massen herbei, wenn der ›Führer‹ sprach. Wie wäre die deutsche und europäische Geschichte verlaufen, hätte man in Weimarer Zeit das Gebot ›Wehret den Anfängen!‹ beherzigt?« Oh ja, die Frage muß erlaubt sein.

Daß die Geschichte bei Befolgung entsprechender Spruchweisheiten anders verlaufen wäre, daran glauben die Macher der Zeitung ebenso fest wie ans Bild. Eine Rubrik, genannt »moment«, ist ausschließlich der scharfsichtigen Bildbeschreibung und -auslegung gewidmet. Hier kommen Photos »mit Anspruch« zum Einsatz, mal einen Clown auf einem Rummel, mal einen Asphaltflecken zeigend, Kunstgewerbeaufnahmen, die der zuständige Redakteur Hans-Dieter Schütt mit tieflotenden, weit ausgreifenden Texten versieht, Miniessays, die es nicht bei der einfachen Bildinterpretation belassen, sondern sich zu regelrechten Spruchdichtungen aufgipfeln. Der erwähnte Straßenfleck animierte Schütt zu einem furiosen, jede Kaffeesatzleserei, die Prophezeiung der Creek-Indianer und *Die Ästhetik des Widerstands* hinter sich lassenden Mahnschreiben. »Dieses Foto nimmt die Zukunft vorweg. Nur ein Flecken Asphalt erinnert, und dies gewiß zufällig, an einen Baum. Vielleicht rief wegen solcher Perspektiven die UNESCO einen ›Tag des Stadtbaumes‹ aus. Bäume: unbegründetes Dasein. Sie strahlen eine Kraft aus, die anders ist als jene der Tiere oder der Steine. Da ist nicht diese mineralische Bewußtlosigkeit, da ist aber auch nicht jenes tierische Schweigen, dem der sprechende Mensch verwandt und zugleich fremd gegenübertritt. Bei keinem Wesen sind Leben, Dauer und räumliche Ausdehnung so offensichtlich Gestalt geworden. Ihre Beständigkeit ist illusionslos, daher wahr. Sie bilden ihre Körper aus, unbekümmert darum, wen sie dann eines Tages beschirmen. Weil sie lange vor uns da waren, übernahmen wir ihre Sprache. Von ihnen wissen wir, daß Menschen Wurzeln schlagen, aufblühen, entwurzelt werden. Lediglich in den Städten teilen sie unmittelbar das Schicksal der Menschen: Sie sind meist schüttere Wipfelchen über mannshohen Eisengittern, die den Stamm umschließen. Aus Bäumen wurden Schatten von Bäumen. Nur weil sie sich duckten, brachten sie ihre Wahrheit durch ... Alt wie ein Baum möchte ich werden? Was der Mensch in Liedern träumt – selbst Bäume laufen Gefahr, es nicht zu erreichen. Es sei denn, wir lernen doch noch das Aufbäumen.« – Das Aufbäumen will wahrlich gelernt sein. Damit Bäume nicht länger Gefahr laufen. Damit aus den Schatten von Bäumen wieder Bäume werden. Damit sie sich nicht mehr ducken müssen, um ihre Wahrheit durchzubringen. Und damit die Zukunft, die dieses Photo eines Straßenflecks vorwegnimmt, doch noch qua Aufbäumen abgewendet wird. Alles paletti.

Schütts Sermon verwandt, aber noch eine Spur serviler in der Auslegung und appellativer in der moralischen Pointe, ist der Besinnungsstuß seiner Kollegin Christina Matte, die am 10. Dezember 1998 auf der Titelseite (!) neben der erschütternden Meldung »Menschenrechte: Welt ist noch weit entfernt von Idealen« zur Bildbeschreibung aufläuft. »Der Fotograf sah sie auf dem Markt von Phnom Penh: zwei Menschen. Einer hat Beine, der andere nicht. Der mit Beinen ist Ausländer. Der ohne Beine heißt Bour Chann, 1987 trat er auf eine Landmine. Er schaut den Mann, der noch Beine hat, an. Er lächelt. Der andere, der möglicherweise aus dem Land kommt, das die Mine legte, fühlt sich belästigt. Er benutzt seine Beine, um schneller zu gehen. Zwei Menschen. Zufällig fotografiert an einem beliebigen Tag dieses Jahres. Heute ist kein beliebiger Tag: Vor 50 Jahren verabschiedeten die UN ihre Menschenrechtserklärung, wir begehen den Tag der Menschenrechte. An diesem Tag hätte der Mann mit Beinen jenem, der seine Beine verlor, vielleicht einen Dollar gegeben. Welch eine Welt, die uns kalendarisch an Gewissen erinnern muß.« Abgesehen von der Frage, was gewonnen wäre, wenn der »Mann mit Beinen« dem »ohne Beine« jeden Tag einen Dollar spendierte, und abgesehen davon, daß der »Mann mit Beinen« möglicherweise Arzt sein und fünfzig Kinderpatenschaften in Afrika unterhalten oder als ehemaliger *ND*-Korrespondent in Kambodscha weilen könnte, überrascht die Schlußwendung doch. Was für eine Welt mag das sein, die an einem Tag per Kalender »an Gewissen erinnern muß«, an anderen Tagen offenbar nicht? Dekonstruiert man diesen oder den Uhu-Text, die Tannenzapfenpartie oder Schütts Anmutungen, stößt man auf die erbärmliche Welt des ostdeutschen Gefühlssozialisten und Wendeopfers, die bedroht ist und in der, nur wenige Spezialisten ausgenommen, Ausländer das Sagen haben, eine Welt, in der er, wie die Natur wegen Inzucht und fehlender Brutmöglichkeiten, wie der Baum wegen mangelnden Aufbäumens, auf der Strecke bleiben und nur hoffen kann, daß das erbärmliche Bild, das er abgibt, ein bißchen mehr Zuwendung zu erreichen vermöchte.

Daher verzichtet die Redaktion selbst auf einfache Formen der Bildbearbeitung – etwa die Fixierung von Details, Anschnitte, Ausschnitte; von Retuschen, im alten Zentralorgan hin und wieder vorgenommen, ganz zu schweigen –, als wären diese nicht statthaft, als könnte damit die Reinheit des Anliegens befleckt werden. Seltsame Wende: Als die Bilder noch etwas bedeuteten, retuschierte man sie ohne Skrupel, und jetzt, da Verfahren der Bildbearbeitung gang und gäbe sind, scheut man davor zurück. Jedoch der Widerspruch zwischen der mönchischen Zurückhaltung heute und der Unverfrorenheit damals ist nur ein scheinbarer. Der unerschütterliche Glaube ans Bild und an seine Wirkmächtigkeit hat sich, allen Wendewirren und dem Abhandenkommen des zuständigen Staates zum Trotz, brav gehalten. Erhoben die kühnen Manipulationen das SED-Zentralorgan seinerzeit zur »Waffe im politischen Kampf«, so macht der jetzige Kinderglaube an die Kraft des »Objektiven« das *ND* zu einer Verheißung für seine Leser. Sie verspricht Erkenntnis statt Ideologie, Angemessenheit statt Anmaßung, Gerechtigkeit statt Recht. *ND*-Autoren und Leser sind Aufrechte, in den Kämpfen der Zeit aufrecht Gebliebene, Unbeugsame, welche die Wahrheit nicht nur ertragen können, sondern fordern. Am Tag der Revolution werden sie wegen Sentimentalität erschossen werden.

Die Hauptstadtzeitung als Wurfpostsendung
Die Weltläufigkeit des *TAGESSPIEGEL*

Wolfgang Höbel

Warum ausgerechnet Berlin Deutschlands einzige Weltstadt sein soll, das war auswärtigen Menschen schon
immer so gut wie überhaupt nicht begreiflich zu machen: eine Siedlung, deren Bewohner sich um ihr Äuße-
res so wenig scheren, daß ihre Kleidung und ihr Haar-
schnitt im besten Fall dem entsprechen, was man vor
acht Jahren in London, Paris und New York getragen
hat und vor drei in Mülheim an der Ruhr; ein Kaff, dessen Reizlosigkeit so aufdringlich ist, daß seine Insassen
seit Jahren mit nichts anderem prahlen als damit, sie
hätten die größten und häßlichsten Baugruben weit und
breit; ein Kulturloch, in dem dauernd von »Hauptstadt-
kultur« die Rede ist und in dem doch in Literatur, Film,
Theater und Popmusik nicht mehr passiert ist als in,
sagen wir mal, Garmisch-Partenkirchen oder Göttingen
– ja, was zur Hölle macht diesen von allem Geist ver-
lassenen Ort zur Weltstadt? Es ist, das lehrt bereits der
erste Blick auf dieses Wunderwerk der Informationsver-
mittlung, die Weltkugel, die im Zeitungskopf des Berliner *TAGESSPIEGEL* rotiert.

Die Weltläufigkeit des *TAGESSPIEGEL* kann jeder
Depp schon an dessen Vorliebe für die Abbildung von
Frischfleisch erkennen. Auf jener dritten Seite, die in
international führenden Blättern wie der britischen *Sun*
gern mit nackten Mädchen geschmückt wird, zeigt der
TAGESSPIEGEL häufig Lustbarkeiten wie »Frische
Schweineschnitzel« und »1A Jungschweinrücken« in
Anzeigen von Bolle oder Kaiser's oder Meyerbeck.

Die Leser dieser Metropolenzeitung dürfen ihre naturgemäß großenteils reaktionären Einwände und Vorschläge nicht etwa auf einer ordinären Leserbriefseite abseiern, sondern unter einer Rubrik mit dem schönen Namen »Demokratisches Forum«; damit aber auch noch die Dümmsten und Bekifftesten (auch das ist ein finsteres Berliner Kapitel, aber eine andere Baustelle) kapieren, daß aus dem *TAGESSPIEGEL* nur erhabene Geistesmenschen zu ihnen sprechen, flattert unter der Weltkugel im Titellogo noch dazu ein lateinischer Sinnspruch im Wind of Change: »Rerum cognoscere causas«.

Um den Dingen auf den Grund zu gehen, muß man sie kurz mal beim Namen nennen. Das Layout des *TAGESSPIEGEL* ist eine Zumutung aus grauer Sülze, die selbst den notorisch schlechtangezogenen *TAGESSPIEGEL*-Leser noch richtig gut aussehen läßt. Was den Blick auf die Welt angeht, darf man sagen, daß selbst die Aussichtsplattformen neben den Berliner Baugruben, zu denen die Berliner so gern ihre Besucher führen, mehr Horizont und Perspektive bieten als die in Steingrau gemeißelten Spalten der sog. Hauptstadtzeitung. Und in kulturellen Dingen hält es der *TAGESSPIEGEL* gern mit den Prinzipien der restlichen Berliner Kultur: Man übt sich in bräsiger Jammerei über den Zustand der Welt und im Einrennen offener Türen, und wenn einer mal ganz frech ist, dann darf er durchaus im ersten Satz seines Artikels »ich« sagen und dann ganz lange nicht mehr aufhören – wie es halt in den Stadtzeitungen und Wurfpostsendungen in Göttingen und Garmisch-Partenkirchen mittlerweile auch üblich ist.

Wenn wirklich jede Stadt die Zeitung hat, die sie verdient – warum haben dann die unausstehlichen New Yorker die *New York Times*, die trostlosen Frankfurter die *FAZ* und die wunderbaren Wiener nur die mürbe *Presse* und den verpennten *Standard*? Daß es im Regenloch Hamburg immer nur das trübe *Abendblatt* zu lesen gibt, mag ja eine gerechte Gottesstrafe sein; aber wieso nur ist selbst der *Kölner Stadt-Anzeiger* ein Feuerwerk an Stil und Esprit – verglichen mit den vollkommen verhuschten Bewohnern der Stadt?

Der Witz und die angebliche Schlagfertigkeit der Berliner jedenfalls sind dem *TAGESSPIEGEL* rein gar nicht anzumerken, und für den auswärtigen Beobachter gibt es da nur eine Erklärung: Die sog. Weltstadt Berlin wird bewohnt von lauter Provinzlern, die allerdings irgendwann aus ihrer Provinz aufgebrochen sein müssen, aus dem Schwarzwald z. B., aus dem Münsterland und aus dem hintersten Sachsen. Bis dahin aber waren sie aufgewachsen mit Zeitungen, die allesamt so aussahen und so über die Welt berichteten wie der *TAGESSPIEGEL* – und deshalb fühlten sie sich in der großen, häßlichen, kulturfernen Stadt Berlin sofort sehr wohl, wenn sie den *TAGESSPIEGEL* aufschlugen. Da waren endlich wieder die heimeligen Fleischanzeigen für Jungschweinrücken und Kalbsschnitzel, die gleichen unbeholfenen Labereien, die Berichte über kleinere und größere Baugruben und über Feuerwehrversammlungen.

Genau das ist der Grund, warum ich den *TAGESSPIEGEL* immer wieder mit der allergrößten Begeisterung aufschlage: Er erinnert mich angenehm an die erste Zeitung meines Lebens. Sie hieß nicht *Schwarzwälder Bote* und nicht *Südkurier*, aber so ähnlich. Sie erzählte nicht viel aus der großen und ein bißchen mehr von der kleinen Welt. Und mehr Welt brauche ich auch in der Weltstadt Berlin nicht.

Dominanter Igor
Über unsere *B.Z.*

F. W. Bernstein

Ja, damals, als Berlin noch ordentlich ein- und aufgeteilt war, gehörte der Abscheu vor dem Abscheulichen zu den leichteren Pflichtübungen. Unter den Dreckerzeugnissen des Axel-Springer-Verlages war die *B.Z.* dem geübten Ideologiekritiker nur ein geringes Maß an Mißachtung wert; wohingegen ein richtiger und wichtiger Geistesfürst, Hans Magnus v. Entenhausen, schon vor Jahrzehnten so einem Springerding kritisch und reimfrei seine Referenz erwiesen und dergestalt erreicht hat, daß sein Gedicht »Bildzeitung« im Leistungskurs Deutsch in Moderne Lyrik drankam.

Alles, was recht ist: Den attraktiveren Schund finden wir nach wie vor in *Bild*; da kommt »Die größte Zeitung Berlins«, wie sich Springers biedere Dreckliesel selber täglich im Titel nennt, einfach nicht mit. *Bild* einen Tag vor Heiligabend 1998: »Der tote Wurstkönig und seine verrückten Spiele«. Und kurz vor Neujahr stellt »Dr. Dana Horáková, Kulturchefin *Bild*« mit folgender Buchempfehlung in der *B.Z.* die kulturelle Rangfolge klar: »›Reinheit und Ekstase‹: ein Briefwechsel zwischen Luise Rinser und dem um Jahre jüngeren TV-Moderator Hans Christian Meiser über Erotik und spirituelle Liebe in Zeiten geistiger Kälte (List)«.

Knapp zwei Wochen vorher, am 17. Dezember 1998, war die *B.Z.* überraschend an die Spitze der Hitparade deutschen Geistes gehüpft. In einem ganzseitigen Interview mit »Deutschlands größtem Musikkritiker« Joachim Kaiser wurde dieser gefragt:
»*B.Z.*: Könnten Sie den Anfang von Mozarts Streich-

quintett g-moll singen? Joachim Kaiser (singt): Da dada-dadada dadadadadada. *B.Z.*: Nicht schlecht!«

Doch dieser dadaistische Höhenflug hielt nicht an. Und das ist gut so. Die *B.Z.* – ist sie nicht süß in ihrer Schmuddeligkeit? Wie oft finden wir im Sägemehl und Modder merkwürdige Rosinen und Karfunkelsteine – wenn etwa im September 1985 der CSU-Chef Franz Josef Strauß im »Zitat des Tages« einen streichen läßt: »Ich bin einer aus der Tiefe des Volkes.«

Mehr und mehr gleichen Form und Format der Titelseite den Postwurfsendungen mit Sonderangeboten des Baumarkts; nur in seltenen Fällen bläst die *B.Z.* die Backen auf wie Tante *Bild* mit ihren typographischen Trompeten des Jüngsten Gerichts. Am 11. November 1989 warnte im Innenteil der damalige Bundespräsident R. v. Weizsäcker: »Wir dürfen jetzt nicht überschwappen«. Die Älteren unter uns erinnern sich. Da war was mit der Mauer. Und da war's auch schon passiert: Titelseite vollrohr: »Wir danken alle Gott!«, dazu in kursiven Balken weiß auf schwarz: »Das neue und große WIR-Gefühl belebt alle Herzen«. Und aus Franz Beckenbauer schwappt es: »Diese Ereignisse sind wichtiger als jeder Sieg im Fußball«; und SCHWAPP-DI-WAPP überbietet ihn »Unser Nationalspieler Jürgen Klinsmann« zwei Tage später:

»Schluß mit den Länderspielen Deutschland gegen Deutschland!«

Muff und Mief lodern selten so schön. Leserbriefe kommen grundsätzlich halbanonym. So wenn ein »S., Sigmaringer Str. Wilmersdorf« in der Trauernummer für den Verleger Axel S. im September 1985 schreibt: »Das beiliegende Foto zeigt meinen Kaktus in voller Blüte.« Und was zeigt das Photo? Richtig.

Voll blüht auch die Ratgeberei. Und neu ist im letzten Jahr eine unglaubliche »Ratgeberin« ins Blatt geraten: »Frau Verständnisvoll«.

»Liebe Frau Verständnisvoll, [...] ich habe 180 Paar Schuhe [...], und mein Mann sagt, ich bin krank [...].« Frau Verständnisvoll antwortet: »Liebe Zwiespältige,

Sie sind absolut nicht krank. Ich selbst habe 200 Paar Schuhe.«

Und immer – seit Anbeginn der Zeiten – die großgedruckten Kleinanzeigen, Angebote sexueller Nach- und Nothilfe. 1985 gab's noch neben der »unbehaarten Nixe, 18 J.« die »bildhübsche Negerin«. 1989, überschwappend:»Frl. Marie dominiert« und »Hausfrauentyp unbehaart und feurig«. Unter Hunderten 1998 auffällig: »Dominanter Igor, 2,10 m«. Aber auch die grauenhaften anderen täglichen Listen – »Die 100 wichtigsten Berliner«, »Die 100 erotischsten Frauen«, »Die zerbrochenen Lieben Berlins« – können den Rückgang der Auflage nicht bremsen. Kann ER es?

Auftritt Franz Josef Wagner, Herbst 1998. Der neue Chefredakteur wird gleich im Internet installiert: »World Wide Wagner« heißt der »Internet-Aufstand der Redaktion«. Alarm bei der Konkurrenz:»Berliner Bosheit«, »Durchreißer des Boulevards«. Hat man noch rechtzeitig erkannt, was hier in Gang kommen soll? Ein Chefredakteur soll seine Zeitung ersetzen. *DIE WOCHE*: »Der Mythos, den Wagner (55) mit sich herumträgt, hat längst die Größe XXL.«

Doch – er ist kein »Dominanter Igor«, zur dämonischen Obersau fehlt ihm viel. Seine Schandtaten? Im *Spiegel* macht er sich klein und spricht sich frei: »All diese Fälschervorwürfe stimmen einfach nicht!« Schade. Er hätte, um unter die 10.000 feurigsten Redaktionstiger zu kommen, dem »Redakteur Münzer« nacheifern sollen, den Erich Kästner in seinem Roman *Fabian* schon um 1932 auftreten läßt. Bitteschön, Herr Münzer: »Merken Sie sich folgendes: Meldungen, deren Unwahrheit nicht oder erst nach Wochen festgestellt werden kann, sind wahr [...]. Glauben Sie mir: was wir hinzudichten, ist nicht so schlimm wie das, was wir weglassen [...].«

Und so sind wir wieder da, wo die *B.Z.* schon immer war: in Bodennähe, bei Hempels unterm Sofa. »Die Verdickung der modernen Frau« war am 4. Dezember 1998 Stoff für eine schwere Schlagseite.

Am Tisch der K 1
Das Käseblatt unter Käseblättern: die *taz*

Wiglaf Droste

»Wir müssen unbedingt mal zusammen essen gehen!« – Wer 1988 in der *taz*-Redaktion in der Berliner Wattstraße gearbeitet hat, weiß, von wem dieser Satz stammt. Allen anderen erkläre ich gerne, was ausnahmslos allen, die damals die *taz* machten, geläufig ist: Georgia Tornow war es, die mit stets bedeutungsvollem Duktus die goldenen Worte sprach: »Wir ... essen gehen ... unbedingt.« Das Versprechen, das durchaus Züge einer Drohung hatte, war ein recht fadenscheiniges Manöver: Frau Tornow wollte Chef werden und führte zumindest schon mal das entsprechende Gehabe ein. Und obwohl nicht wenige *taz*-Kollektivisten erkannten, daß sich da jemand, der vom Zeitungsmachen oder Schreiben nichts, von Repräsentationsdicketuerei aber jede Menge verstand, selbst inthronisieren wollte, hatte Georgia Tornow mit der bekannten Methode »Steter Tropfen höhlt den Stein« Erfolg. Trotz TorNO!-Transparenten gelang es Frau Tornow und ihrer Kamarilla, aus dem *taz*-Kollektiv sukzessive einen hierarchischen Betrieb zu machen, an dessen Spitze für kurze Zeit natürlich Frau Tornow stand – genau so lange, bis sie zur *Berliner Zeitung* abgeworben wurde. Zur Strafe für all das ist Georgia Tornow mittlerweile mit dem Sat.1-Anchorman und Top-Schmierlappen Ulrich Meyer verheiratet. Manchmal ist das Leben doch gerecht.

Von September 1987 bis Oktober 1988 war ich halber *taz*-Redakteur im Ressort »Flimmern und Rauschen«, der von Ulrike Kowalsky betreuten Fernsehseite, einer Spielwiese, auf der zuvor Renée Zucker ihren Charme

ausgebreitet hatte. Dieser Platz war die ideale Schnitt-
stelle zwischen Politik und Kultur. Hier wurde die spie-
ßige Trennung zwischen E und U – vorne die wichtige,
ernste Politik, hinten auch schon mal ein Späßchen –
zeitweise aufgehoben. Einem üblen Asylrichter wurde in
die Beine geschossen? Auf der Fernsehseite konnte man
das Betroffenheitsgeheule mancher Kollegen korrigieren, indem man nicht die Tat, sondern ihre mediale
Aufbereitung durch die Kaltmamsell Sabine Christiansen kommentierte und sich verbat, von ihr als Volks-
genosse angesprochen zu werden. »Das waren nur die
Beine von Dolores«, hieß die Chose, und *taz*ler Klaus-
Peter Klingelschmidt, dessen Vorstellungsvermögen
nicht darüber hinausging, rot-grün regiert zu werden,
heulte nach Kräften. So machte die Arbeit Spaß.

Die Bundeswehr konnte im ZDF Propaganda für sich
machen? Ein Fall für die Fernsehseite, auch wenn die
Inlandsredakteurin Vera Gaserow, genannt Tränen-
gaserow, sich das verbat. »Flimmern und Rauschen« war
der passende Platz zum Wildern, denn da alles im Fernsehen auftauchte, war alles Thema. Nur die Schlagzeile
»Uwe Barschel mit gutem Beispiel voran« erschien
nicht; die bereits fertig gespiegelte Seite wurde mir in
der Repro von vier aufgebrachten Kollegen, die Wind
von der Sache bekommen hatten, aus den Händen ge-
wunden; der Nachruf erschien unter der vergleichsweise
matten Headline »Zum Beispiel Uwe Barschel«.

Weitere Handgemenge gab es nicht, statt dessen Vor-
ladungen vor die Vormittagskonferenz, der ich für gewöhnlich mit der Begründung fernblieb, ich hätte zu tun
und keine Zeit zum Schwatzen. Das wurde mit Erbitte-
rung aufgenommen; zeitweise tauchte täglich eine Re-
daktionsabordnung im »Flimmern und Rauschen«-Ka-
buff auf, um den Delinquenten quasi in Handfesseln
zum ehemaligen Tisch der Kommune 1 zu führen, um
den herum die Redaktion konferierte. Hier sollte man
sich für seine Taten vom Vortag entschuldigen und Bes-
serung geloben, als hätte man seine Arbeit nicht mit
voller Absicht gemacht. Und so wurde nahezu pausenlos

gemeckert und gemault, ellenlange Papiere wurden geschrieben, Entlassungen gefordert, und täglich konnte man erleben, was die deutsche Linke mehr ausmacht als alles andere: ihr schlechtes Benehmen.

Beschenkt mit der Gnade der späten Geburt, war der K-Gruppen-Kelch der siebziger Jahre an mir vorbeigegangen; jetzt, in der *taz*, tauchte er als Schierlingsbecher wieder auf. Maoisten, Stalinisten und diverse -isten mehr zeigten einen mit allen Abwassern gewaschenen Diskussionsstil vor. Doch, das hatten sie drauf, das konnten sie, und damit ließ sich manches kompensieren.

Klaus Hartung etwa war auch damals die deutsche Sprache ein Buch mit sieben Siegeln; nahezu täglich entfloß ihm eine geriatrische Prosa. Jahre sollte es dauern, bis zunächst die *Wochenpost* und später die *ZEIT* sich Hartungs erbarmte und die *taz* von ihm erlöste. Auch ein anderer Meister öffentlicher Langeweile begann sein Treiben in der *taz*: Oliver Tolmein zog es, anders als Hartung, aber nicht zur SPD, sondern zum Linksradikalismus; von der Jungen Union konvertierte er direkt zum Klassenkampfstreber und fügte sich brav in die humorfreie Moral-statt-Verstand-Fraktion der *taz* ein, eine Bande, die man klasse ärgern konnte.

Am 8. März 1988 erschien in der *taz* eine sog. »Pornoseite«, um das pflichtschuldige, öde Abfeiern des Internationalen Frauentags zu unterlaufen und zu kontern. Ausgedacht hatten sich das Ganze die Redakteurinnen Sabine Vogel und Gabriele Riedle sowie der damals mit Frau Vogel liierte Hilfsredakteur Helmut Höge. Nach Schichtende rauchend auf dem Gang stehend, wurde ich von diesem freundlichen Trio angeheuert, doch auch mein Scherflein beizutragen; ich erwiderte, von Pornographie keine Ahnung zu haben, ich sei ja auch erst sechsundzwanzig. »Dann schreib' doch genau darüber«, hieß das Angebot, das ich nicht ablehnen konnte, und so schrieb ich einen 60-Zeiler, der vor (nicht simulierter!) Unbedarftheit, ja Unschuld nur so brummte. Am nächsten Morgen allerdings brummte die ganze *taz*; als ich um neun Uhr ins Kontor kam, war bereits alles zu spät.

Die lieben Freunde Riedle, Vogel und Höge hatten schon vorher erfahren, daß es Theater geben würde, und waren, allerdings ohne mich zu informieren, lieber gleich der Arbeit ferngeblieben, so daß die aufgebrachten *taz*-Frauen nur noch eines Schuldigen habhaft wurden. »Jetzt reicht es!« hieß es, »Zwangsurlaub!« Meine Frage, ob es sich dabei um bezahlten Urlaub handele, konnte die Situation nicht mehr entschärfen. Gruselige Dinge spielten sich ab: Ulrike Helwerth, von Kollegin Kowalsky stets als »uterusförmig« eingestuft, keifte: »Ich will diesen Typ hier nicht mehr sehen!« – »Ganz einfach: Dann geh' doch!« versetzte der damalige Kulturchef Arno Widmann, dessen Stimme normalerweise großes Gewicht hatte. An diesem Tag aber ging gar nichts mehr, schließlich war Widmann ja auch Schwanzträger, und die halten ja bekanntlich zusammen, denn eine Männerhand wäscht die andere usw. Mancher *taz*-Mann aber wollte das widerlegen: Im Zuge des dreitägigen *taz*-Streiks wurde auch eine Männergruppe gegründet, deren Mitglieder einer wie der andere die These stützten, daß es nichts Frauenfeindlicheres gibt als einen langweiligen Mann, der sich auch noch anbiedert.

Politisch war die *taz* immer so langweilig wie die deutsche Linke, die sie spiegelte. Im linksradikalen Projekt war Selbstverwirklichung immer wichtiger als die Qualität des Produkts. Trotzig und verbissen behaupteten die *taz*ler: Und es gibt doch ein richtiges Leben im falschen, nämlich meins.

Hermann L. Gremlizas seit Jahren endlos repetierte Schelte, bei der *taz* handele es sich um die »Kinder-*FAZ*«, trifft den Kern der Sache nicht. Die *taz* ist eine Zeitung, deren Leser jeden Morgen in ihrem Weltbild bestätigt werden wollen; unterbleibt das oder, schlimmer, wird dem sogar zuwidergehandelt, ist die Klientel beleidigt und droht mit Abokündigung. Denn so ist der Abonnent: schon zum Frühstück präpotent.

Die *taz* wird auch die nächsten Jahre bleiben, was sie immer war: das originellste Käseblatt in einem Land, in dem es ohne Ausnahme nur Käseblätter gibt.

Münchner Bilderbogen
Wedekind, die *BUNTE* und die Folgen

Hans Zippert

Es geschah auf der ständigen Konferenz der Chefredakteure, die regelmäßig kurz vor Weihnachten in Bonn stattfindet und auf der die Inhalte sämtlicher Presseerzeugnisse für das nächste Jahr besprochen und festgelegt werden. Ich stand mit Moosleitner und Gremliza zusammen, und wir diskutierten über Rezensionsexemplare und wie man es eigentlich einrichten könne, von allen Verlagen umsonst Bücher zu bekommen, obwohl man nur einen Bruchteil besprechen kann. Auch Alice Schwarzer, die sich zu uns gesellt hatte, beklagte, sie und ihre Redaktion kämen so schwer an »richtig gute« Bücher ran, immer nur Frauenliteratur oder Kochbücher, das sei auf Dauer etwas einseitig.

»Wo Sie grad davon sprechen, Frau Schwarzer«, unterbrach sie Moosleitner plötzlich geheimnisvoll, »Sie wissen ja bestimmt, daß der Löwe gemeinhin für den König der Tiere gehalten wird ...« – »Sie meinen wohl die Löwin«, fiel ihm die Frauenrechtlerin engagiert ins Wort. Egal, das sei nur eine Detailfrage, jedenfalls, und das würde er in einem der nächsten *P.M.*-Hefte enthüllen, gebühre dieser Titel einem völlig anderen, nämlich dem Eisbären. Unbeeindruckt von dem lähmenden Entsetzen, das seine Äußerung hervorgerufen hatte, schwadronierte der rüstige Journalist begeistert über »die immense Körpergröße und -kraft« des Arktisbewohners, und ich sah mich hilfesuchend im festlich geschmückten Saal um. Das 230 Meter lange Buffet war umlagert von unzähligen Chefredakteuren des vereinigten Deutschland. Theo Sommer bemühte sich, schwerfällig gestikulierend,

INSEL

NEUE BÜCHER 1. HALBJAHR 1998

KULTUR UND GESCHICHTE
GEDICHTE
JAPANISCHE BIBLIOTHEK
MUSIK
ROMANE UND ERZÄHLUNGEN
DAS SCHÖNE BUCH
ANTHOLOGIEN
INSEL-BÜCHEREI

1848. REVOLUTION IN DEUTSCHLAND

Herausgegeben von Christof Dipper und Ulrich Speck
464 Seiten. Gebunden
ca. DM 49,80 / öS 364,- / sFr. 46.-
(März 1998)

Die Revolution von 1848/49 jährt sich 1998 zum 150. Mal. Der Band *1848. Revolution in Deutschland* bietet ein umfassendes Bild des Geschehens, wie es die historische Forschung der letzten Jahrzehnte entwickelt hat. In 26 von ausgewiesenen Historikern verfaßten Originalbeiträgen wird ein Panorama entfaltet, das kultur-, sozial- und politikgeschichtliche Aspekte einbezieht. Die lebendige Darstellung macht die Erträge der Forschung auch einem größeren Publikum zugänglich.

NIKE WAGNER WAGNER THEATER

Mit zahlreichen Abbildungen
Etwa 400 Seiten. Gebunden
ca. DM 48,- / öS 350,- / sFr. 44.50
(März 1998)

Nike Wagner, Urenkelin des Komponisten Richard Wagner, hat die Geschichte ihrer Familie geschrieben, mit großer Authentizität und dem Wissen um Hintergründe und Zusammenhänge, das nur ein Familienmitglied haben kann.

Aus kritischer Perspektive untersucht sie die besondere Familiendynamik sowie die politischen und kulturhistorischen Verflechtungen des Festpielorts Bayreuth und der Villa ›Wahnfried‹, Inbegriff des Wagner-Kults.

Kulturgeschichte, Kulturkritik und Analyse eines modernen Mythos.

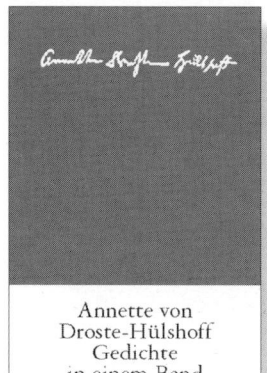

Annette von
Droste-Hülshoff
Gedichte
in einem Band

ANNETTE VON DROSTE-HÜLSHOFF GEDICHTE IN EINEM BAND

Herausgegeben von Karl Schulte Kemminghausen
Etwa 750 Seiten. Leinen
ca. DM 32,80 / öS 239,- / sFr. 30.50
(März 1998)

Annette von Droste-Hülshoff, geboren am 10. Januar 1797 auf Schloß Hülshoff bei Münster, ist am 24. Mai 1848 in Meersburg am Bodensee gestorben.

Ihr Werk ist geprägt von ihrer westfälischen Heimat, ihre Sprache eigenwillig herb, voll düsterer Visionen, rätselhafter Bilder und untergründiger Ahnungen. Die Droste läßt ein jedes Werk, ob Prosaskizze oder Gedicht, in langem, sich stetig veränderndem Reifeprozeß entstehen. Die größte Dichterin Deutschlands hat Ricarda Huch sie genannt.

FRAUEN DICHTEN ANDERS 181 GEDICHTE MIT INTERPRETATIONEN

Herausgegeben von
Marcel Reich-Ranicki
Etwa 826 Seiten. Gebunden
ca. DM 49,80 / öS 364,- / sFr. 46.-
(März 1998)

»Die Interpretationen in dieser Anthologie sind Vorschläge, individuelle Offerten. Deutungen, die darauf bestehen, die einzig richtigen, die einzig zulässigen zu sein, wird man hier vergeblich suchen. Auch das Ganze sollte in diesem Sinne verstanden werden – also als Vorschlag und Angebot, als Plädoyer. Für das Gedicht? Selbstverständlich. Aber zugleich und vor allem als Plädoyer für die Poesie der Frauen – und nicht obwohl, sondern weil sie anders dichten.«

Marcel Reich-Ranicki

WILLIAM GOLDING
MIT DOPPELTER ZUNGE

Roman
Aus dem Englischen von Wolfgang Held
176 Seiten. Gebunden
ca. DM 38,- / öS 277,- / sFr. 35.-
(März 1998)

Mit doppelter Zunge ist William Goldings letzter Roman. Angesiedelt im antiken Griechenland, ist er nicht nur die Geschichte vom Untergang Delphis, vom Untergang einer Kultur – er ist vor allem die Lebensgeschichte einer selbstbewußten Frau, die den Versuch macht, ihr Schicksal selbst in die Hand zu nehmen, und sich gegen die herrschenden Muster und Traditionen auflehnt. William Golding, Autor des weltbekannten Romans *Herr der Fliegen*, erhielt 1983 den Literatur-Nobelpreis.

ABBAS MAROUFI
DIE DUNKLE SEITE

Roman
Aus dem Persischen von Anneliese
Ghahraman-Beck
Etwa 180 Seiten. Gebunden
ca. DM 38,- / öS 277,- / sFr. 35.-
(März 1998)

Maroufis Roman ist eine Dreiecksgeschichte, das ebenso rätselhafte wie schlüssige Drama einer sehnsüchtigen und schmerzlichen Suche: Eine junge Frau, das Modell, verliebt sich in einen Mann, den Maler. Sie versucht, aus den Bildern und Phantasien – ihren und seinen – in die Welt der Lebenden zu gelangen.
Abbas Maroufi, geboren 1957 in Teheran, mußte 1986 den Iran verlassen. Im Insel Verlag ist 1996 sein erfolgreicher erster Roman *Symphonie der Toten* erschienen.

James Hamilton-Paterson
Die Geister von Manila

Roman
Aus dem Englischen übertragen
von Esther und Udo Breger
432 Seiten. Gebunden
ca. DM 44,- / öS 321,- / sFr. 41.-
(März 1998)

Wie überleben Menschen die Schrecken Manilas, mit welchen Überlebenstechniken, mit welchen Gefühlen? Wie tauglich sind unsere Begriffe von Menschlichkeit, staatlicher Ordnung, Gerechtigkeit, Korruption, um einen solchen »Kosmos« zu begreifen? James Hamilton-Paterson, renommierter Journalist und Sachbuchautor, porträtiert eine der gewalttätigsten Städte der Welt – in Form eines vielfigurigen, packenden Romans.

Dan Hofstadter
Goldbergs Engel

Die Geschichte eines Kunstraubs
Aus dem Amerikanischen
von Peter Knecht
Etwa 304 S. und 4 S. Abb. Gebunden
ca. DM 44,- / öS 321,- / sFr. 41.-
(März 1998)

Im Jahr 1989 fand in Indianapolis ein aufsehenerregender Zivilprozeß statt. Die Republik Zypern forderte von der Kunsthändlerin Peg Goldberg die Rückgabe von vier byzantinischen Mosaiken, die 1974 gestohlen worden waren. Die Galeristin hatte, so versicherte sie, die Stücke in gutem Glauben von einem angeblich in München lebenden türkischen Geschäftsmann erworben. Dan Hofstadter ist den Hintergründen dieser Affäre in der Welt des internationalen Antiquitätenhandels nachgegangen.

GEISHA
VOM LEBEN JENSEITS DER WEIDENBRÜCKE

*Herausgegeben und aus dem Japanischen
übertragen von Michael Stein
Etwa 312 Seiten. Leinen
ca. DM 44,- / öS 321,- / sFr. 41.-
(März 1998)*

Geisha und ihre Gäste – um diese
geht es in diesem Buch. Hier der
hochgebildete Samurai-Sproß, Journalist und Literat Narushima Ryu-
hoku, der um 1860/70 große Teile
seines Vermögens für das Vergnügen mit Geisha aufwendet, und dort
die Geisha Tsuruyo, die um 1937
als zwölfjähriges Kind ohne jede
Schulbildung an ein Geisha-Haus
verkauft wurde. Die beiden Texte,
die unterschiedlicher kaum sein
könnten, gewähren ungeschmink-
te Einblicke in die Welt des traditionellen japanischen Amüsements.

HANS MAIER
CÄCILIA UNTER DEN DEUTSCHEN

*und andere Essays zur Musik
Etwa 136 Seiten. Gebunden
ca. DM 34,- / öS 248,- / sFr. 31.50
(März 1998)*

Die längst verloren geglaubte
Symbiose von Musik und Poesie
läßt der renommierte Politologe
und Musikwissenschaftler Hans
Maier in diesen Essays erneut
lebendig werden. Mit Cäcilia, der
Patronin der Musica sacra, mit
Goethe, Herder, Wackenroder und
Kleist, die sie »unter die Deut-
schen« brachten, mit Bach und
Mozart ersteht ein Sück erlebter
Musik-, Literatur-, Kunst- und
Theatergeschichte.

THEO STEMMLER
KLEINE GESCHICHTE DES
FUSSBALLSPIELS
Mit zahlreichen, teils farbigen
Abbildungen
Insel-Bücherei Nr. 1180
ca. DM 24,80 / öS 181,- / sFr. 23.-
(April 1998)

NIETZSCHE · COSIMA · WAGNER
DAS TRIBSCHENER IDYLL
GLÜCK UND ENDE
Eine Textcollage von Dieter Borchmeyer
Mit 12 Abbildungen
Insel-Bücherei Nr. 1181
ca. DM 19,80 / öS 145,- / sFr. 19.-
(März 1998)

RAINER MARIA RILKE
DIE WEISSE FÜRSTIN
EINE SZENE AM MEER
Herausgegeben von Manfred Engel
Mit einer farbigen Abbildung
von Arnold Böcklin
Insel-Bücherei Nr. 1182
ca. DM 18,80 / öS 137,- / sFr. 18.-
(März 1998)

ROTER MOHN
Texte und Bilder
Auswahl und Nachwort
von Gisela Linder
Mit zehn farbigen Abbildungen
Insel-Bücherei Nr. 1183
ca. DM 19,80 / öS 145,- / sFr. 19.-
(April 1998)

HINTER MAUERN EIN PARADIES
DER MITTELALTERLICHE GARTEN
Herausgegeben von Peter Cornelius
Mayer-Tasch und Bernd Mayerhofer
Mit zahlreichen, zumeist farbigen
Abbildungen
Insel-Bücherei Nr. 1184
ca. DM 24,80 / öS 181,- / sFr. 23.-
(März 1998)

OTTO VON BISMARCK
ICH SEHE SO VIEL SCHÖNES,
LEIDER OHNE DICH
BRIEFE AN JOHANNA
Ausgewählt und mit einem Nachwort
versehen von Jürgen Teller
Insel-Bücherei Nr. 1185
ca. DM 19,80 / öS 145,- / sFr. 19.-
(April 1998)

BERTOLT BRECHT
BUCKOWER ELEGIEN
und andere Gedichte
Insel-Bücherei Nr. 810
ca. DM 18,80 / öS 137,- / sFr. 18.-
(Februar 1998)

INSEL-BÜCHEREI
MITTEILUNGEN FÜR FREUNDE
HEFT 17
Herausgegeben von Jochen Lengemann
ca. DM 14,80 / öS 108,- / sFr. 14.-
(März 1998)

Für weitere Informationen und Prospekte wenden Sie sich bitte an Ihren Buchhändler
oder direkt an den Verlag.
Insel Verlag Frankfurt am Main und Leipzig, Postfach 101945, 60019 Frankfurt/M.
Preisänderungen vorbehalten. 1/98 (90206)

DIE ZEICHEN DER NATUR

*Natursymbolik und Ganzheitserfahrung
Mit zahlreichen Abbildungen
Herausgegeben von Peter Cornelius
Mayer-Tasch
376 Seiten. Gebunden
ca. DM 48,- / öS 350,- / sFr. 44.50
(März 1998)*

Sieben Grundsymbole haben die Struktur unseres Erkennens geprägt, und noch immer bestimmt – neben der begrifflichen Erkenntnis – symbolisches Erfassen der Wirklichkeit unsere Erfahrung. Dieses Buch ist ein konsequent durchdachter Versuch, anhand der Darstellung und Deutung dieser repräsentativen Ganzheitssymbole das Wesen der Natursymbolik zu charakterisieren.

DIE GESCHICHTE DER GÄRTEN UND PARKS

*Herausgegeben von Hans Sarkowicz
Mit zahlreichen Abbildungen
Etwa 300 Seiten. Gebunden
ca. DM 39,80 / öS 291,- / sFr. 37.-
(März 1998)*

Das Paradies auf Erden oder im Himmel muß ein großer Garten sein – mit früchtetragenden Bäumen, bunten Blüten und fröhlich sprudelnden Quellen. Einen Zipfel dieser Glückseligkeit wollen die Menschen fassen, seit es ihnen gelungen ist, Pflanzen zu kultivieren. Keine Kultur scheint seitdem ohne eigene Ideen zur Landschaftsgestaltung auskommen zu wollen. Namhafte Wissenschaftler, Publizisten und Schriftsteller geben einen Überblick über die Entwicklung dieser Kunstform.

FONTANE UND SEIN BERLIN

Von Otto Drude
Mit etwa 220 Abbildungen
Etwa 380 Seiten. Gebunden
ca. DM 68,- / öS 496,- / sFr. 62.-
(März 1998)

Fontanes Todestag jährt sich am 20. September 1998 zum einhundertsten Mal. Bis heute hat der Dichter aus dem brandenburgischen Neuruppin weder an populärer Breitenwirkung noch an literaturwissenschaftlicher Aufmerksamkeit verloren. Berlin – das war Fontanes Leben, er gehörte zu dieser Stadt, hier hat er gearbeitet, gelesen, geschrieben und Menschen aller Schichten und Ränge kennengelernt. Fontanes Leben und Werk verstehen heißt, sich der Namen und Stätten zu erinnern, die Fontanes Leben in Berlin geprägt haben.

THEODOR FONTANE GEDICHTE IN EINEM BAND

Herausgegeben von Otto Drude
Etwa 800 Seiten. Leinen
ca. DM 32,80 / öS 239,- / sFr. 30.50
(März 1998)

Theodor Fontanes Gedichte haben überdauert, wenngleich sie oft im Schatten des Romanwerks standen. Auch in ihnen zeigt er sich als glänzender Stilist, der mit der Sprache virtuos umgeht und der Geschichte, Zeitumstände und Alltag seiner Mitmenschen präzise und liebevoll zugleich, oft ironisch, aber immer mitfühlend zu zeichnen versteht. Viele seiner Gedichte, vor allem die Balladen, wurden zur Schullektüre und sind aus dem literarischen Kanon nicht mehr wegzudenken – *Herr von Ribbeck auf Ribbeck im Havelland, John Maynard, Die Brücke am Tay* u. v. a.

PROUST IM ENGADIN
Von Luzius Keller   Insel

PROUST IM ENGADIN

Von Luzius Keller
Mit zahlreichen, teils farbigen
Abbildungen
128 Seiten. Gebunden
ca. DM 48,- / öS 350,- / sFr. 44.50
(April 1998)

Luzius Keller ist den Spuren
Prousts im Engadin sowie den
Spuren des Engadins in Prousts
Werk nachgegangen und hat
dabei, ausgehend von Prousts Un-
terschrift in einer abgelegenen
Berghütte, Neues gefunden. Die
Geschichte der Entdeckung und
die Deutung dieses literarhisto-
rischen Fundes sind zugleich
Einführung in Prousts Werk und
bieten darüber hinaus ein Stück
Kulturgeschichte des mondän-
artistischen Fin de siècle.

PETER VON ANDLAU
KAISER UND REICH

Herausgegeben von Rainer A. Müller
(Bibliothek des deutschen
Staatsdenkens, Band 8)
Etwa 300 Seiten. Leinen
ca. DM 76,- / öS 555,- / sFr. 69.-
(April 1998)

Peter von Andlau gilt als Begrün-
der der deutschen Staatsrechts-
lehre. Sein Hauptwerk bietet die
erste zusammenhängende Darstellung des Staatsrechts des Heiligen
Römischen Reiches Deutscher
Nation.

»ICH DENKE MIR EINE WELT«
LITERATUR IN NORDRHEIN-
WESTFALEN 1946–1970

Herausgegeben von Joseph A. Kruse,
Norbert Oellers und Hartmut Steinecke
Etwa 850 Seiten. Leinen
ca. DM 48,- / öS 350,- / sFr. 44.50
(März 1998)

Texte von mehr als siebzig Autorinnen und Autoren sind hier zu
einer lebhaften und anregenden
Sammlung zusammengestellt.

Zweite Auflage

DIE WELT DER BRONTËS

Farbphotographien von Paul Barker
Text von James Birdsall
Aus dem Englischen
von Michael Koseler
144 Seiten. Gebunden
DM 39,80 / öS 291,- / sFr. 37.-

Ein stimmungsvoller Bildband,
Dokument einer Reise auf den
Spuren der Geschwister Brontë
durch Yorkshire.

einem Gesprächspartner, den ich erst nach einigem Überlegen als H. J. Weller, den Verantwortlichen von *Bussi Bär* identifizieren konnte, einen anscheinend komplizierten weltpolitischen Zusammenhang klarzumachen. Für einen Moment wandten sich alle Augen dem Eingang zu, denn soeben betrat ein maskierter Mann den Raum. Das Interesse erlahmte allerdings schlagartig, als sich herausstellte, daß es sich um den Chefredakteur von der bekanntlich illegalen *radikal* handelte.

Kulinarisch stand der Abend unter dem Motto »Seeberichterstattung«, und dementsprechend war das Buffet reich gedeckt mit »Hummer à la Gutenberg«, »Wildwasserlachs in einem Umbruch aus Sahnemeerrettich an Dill« oder »Linksbündigen Garnelen nach Art des Lektors«.

»Natürlich muß man bedenken, daß der Eisbär dieses hohe Tempo nur über eine kurze Distanz durchhalten kann«, hörte ich hinter mir und wollte mich schon verzweifelt in mein Schicksal ergeben, da sah ich SIE!

In einer weiten Kurzarmbluse aus Baumwolle von Christian Dior, möglicherweise auch in einem eleganten Nachmittagskleid mit Perlmuttknöpfen und knielangem Tulpenrock, oder war es ein zweiteiliger Brokatanzug mit prachtvollen Straßknöpfen von Christian Lacroix? Ich konnte das aus der Entfernung nicht mit Sicherheit ausmachen, doch ich wußte sofort: Diese Frau mußte ich kennenlernen. Ich konnte den Blick nicht von ihr wenden, fasziniert ließ ich mein Schmalzbrot fallen und kippte mir den Rotwein übers Jackett. Auch Gremliza und Moosleitner hatten den Verzehr ihrer Schmalzbrote unterbrochen und beobachteten ebenfalls hingerissen, wie SIE mit wenigen geübten Handkantenschlägen einen Hummer betäubte und ihm anschließend die Scheren aufbrach.

Stundenlang hätte ich ihr zusehen können, wie SIE ihr Brot in eine »Haifischfloskelnsuppe à la Hartung« tunkte, aber ich durfte keine Zeit verlieren. Moosleitner hatte nämlich seinen Vortrag abrupt abgebrochen, und mit einem zerstreuten »außerordentliches Tier jedenfalls« strebte er bereits dem Punkt am Buffet zu, wo ihre Ohrgehänge aus Aztekensilber irisierend zu uns herüber blitzten. Jetzt hieß es schnell sein, den Vorteil der Liebe auf den ersten Blick nutzen, der, Tiedje von der *Bild*-Zeitung erklärte es mir unterwegs, eigentlich sechsundzwanzig Sekunden dauert. Moosleitner, aussichtsreich gestartet, geriet schnell in Rückstand, er war einem Gesprächskreis aus *Der Kleine Tierfreund*, *Die Moderne Küche* und *Disco-Post* in die Hände gefallen, aber links von mir arbeitete sich Gremliza, von dem man weiß, daß er es auf Ulla Hahn abgesehen hat, zielstrebig voran, schob *Die Käsetheke* beiseite und ließ sich auch nicht von *Der Trachtenkamerad* in einen Disput verwickeln, doch wenige Meter vor dem Buffet war auch für ihn kein Durchkommen mehr. Jetzt gab es nur noch ein unbedeutendes Hindernis: Schmidt-Holtz! Der schnauzbärtige Zeitungsmann hatte ihr gerade ein hochinteressantes Gespräch aufgezwungen: »Sie müssen das verstehen, Frau Kollegin, ich bin schon allein aus Gründen der Meinungsfreiheit verpflichtet, alle vier Wochen Busen auf den Titel zu nehmen, sonst kauft doch keiner den *stern*.« Begütigend lächelnd hörte SIE dem aufgeregten Verantwortlichen im Sinne des Presserechtes zu, der sich jetzt immer weiter ins Unrecht argumentierte: »Schon bei Shakespeare steht ...« Da griff ich beherzt ein!

»Wußten Sie eigentlich, daß Shakespeare unter vorzeitigem Dramenerguß litt?« Sofort herrschte betretenes Schweigen, und alle blickten auf uns. Doch SIE meisterte die Situation souverän: »Nun, ich glaube nicht, daß er wirklich darunter litt, auf jeden Fall haben wir allen Grund, der Natur für diesen, nennen wir es mal: kleinen Defekt dankbar zu sein, meinen Sie nicht auch, Herr äh ...?«

Mit verschwitzten Fingern zerrte ich meine Visitenkarte aus dem Portemonnaie. »Ah ja, *Titanic*, Sie sind also Satiriker, da kommt man bestimmt viel herum?« Mitleidig lächelnd hatte SIE sich mir zugewandt, und ich mußte um jeden Preis das Gespräch am Laufen halten. »Ja, wissen Sie, wir versuchen so gesellschaftliche Widersprüche aufzuzeigen durch Übertreibung, also eben die Fehler der Regierung ...« – »Die Regierung? Aber Herr Zippert, das ist doch nur ein Haufen unvorteilhaft gekleideter Männer und Frauen, was finden Sie denn an denen?« – »Ich sehe das anders, die da oben machen doch sonst, was sie wollen, und ...« – »Ich finde, jeder hat das Recht, zu tun, was er will, und sich selbst zu verwirklichen. Vergessen Sie diese Regierung, und legen Sie Ihr kreatives Output lieber in angenehmere Bereiche.«

So plauderten wir noch eine Weile, ich wies immer wieder auf die Ventilfunktion und die Aufklärungsarbeit der Satire hin, während SIE mich mit Blicken auszog. Der Rest des Abends verschwamm, wie man bei der Presse sagt, ein wenig im Nebel, es ist mir bis heute nicht gelungen, jedes Detail zu recherchieren. Ich erinnere mich noch, daß SIE mich fragte, ob ich SIE nicht begleiten wolle, SIE habe keine Lust, alleine zu gehen. Wir bekamen das einzige freie Taxi der Stadt und mußten leider auch Moosleitner mitnehmen, der angeblich »in dieselbe Richtung« wollte.

»Wißt ihr eigentlich, warum der Eisbär nicht schwitzt? Weil er keine Schweißdrüsen hat!« SIE und ich, da bin ich mir sicher, sind uns im Taxi sehr nahegekommen und haben unsere geheimsten Gefühle offenbart, aber irgendwie ist mir nur dieser eine Satz im Gedächtnis geblieben. Moosleitner stieg dann überraschend doch noch vor einem Modelleisenbahngeschäft aus, und ich erwachte erst wieder im Flugzeug. Neben mir saß ein dicker Mann, rauchte Zigarre auf Kette und las *Newsweek*. Ich dachte sofort: »Das ist also der Chefredakteur«, und da fiel SIE mir wieder ein, aber SIE war nicht da – Moosleitner glücklicherweise auch nicht, aber bevor ich darüber nachdenken konnte, hatte das Flugzeug zur Landung angesetzt.

Wir mußten auf einem anderen Kontinent sein, es gab dort sehr lange Autos und extrem häßliche Menschen, das sah ich gleich, als ich aus dem Flughafengebäude trat, und dann sah ich noch etwas: SIE! »Wie ist das möglich?« stammelte ich. »Ganz einfach, du bist economy geflogen und ich business«, antwortete SIE, gab mir einen flüchtigen Kuß auf die Wange und führte mich zu einem dieser langen Wagen. Verwirrt und überwältigt schlief ich wieder ein. Undeutlich erinnere ich mich an ein Gebäude mit hohem Turm, einen langen Gang zwischen hölzernen Bankreihen und schließlich an einen merkwürdig gekleideten Mann, der mit unnatürlicher Stimme und in einer fremden Sprache, von Orgelmusik untermalt, eine Art Gedicht vor uns aufsagte. An einer bestimmten Stelle stieß SIE mich in die Seite, und ich sagte unwillkürlich so etwas wie: »Yeah.« Dann steckten wir uns gegenseitig Ringe auf die Finger, und der Mann sagte: »Congratulations, Mr. Wedekind!«

In stark eingefärbtem Deutsch setzte er hinzu: »Ja, Sie sind jetzt Mann und Frau!« – »Mann und Frau«, schrie ich, »soll das heißen, ich bin ein Transvestit?« – »Beruhige dich, du bist jetzt Herr Wedekind, und ich bin Frau Wedekind. Es ist besser, du gewöhnst dich schon mal daran.« – »Aber warum haben wir so schnell geheiratet?« – »Weil ich Lust dazu hatte.« – »Wir kennen uns doch erst seit gestern!« – »Um so mehr Zeit haben wir, uns kennenzulernen.«

Sagte meine Frau, und keine zehn Stunden später trug ich sie über die Schwelle ihres Appartements in München. »Mach's dir gemütlich, in der obersten Schublade liegen die Bedienungsanleitungen für die Küchengeräte. Ich muß jetzt in die Redaktion. Du brauchst mit dem Essen nicht auf mich zu warten, es wird spät werden.«

Ein herber Abschied nach so einer Liebesheirat, aber was wollte ich eigentlich? Ich war am Ziel meiner Wünsche: Beate Wedekind war meine Frau! Ihr Charme, den ich in *Zeil um zehn* schätzen gelernt hatte, ihre Weltläufigkeit, die mir aus allen Editorials entgegenströmt war, und ihr Körper, den ich sicher bald kennenlernen würde, all das stand mir nun zur Verfügung, bis daß der

Tod uns scheide. Zugegeben, es war alles etwas anders, als ich es mir vorgestellt hatte. Wir sahen uns relativ selten, und wenn, verbreitete SIE schlechte Laune: »Sitz' doch nicht so untätig hier rum, du könntest auch mal was für uns schreiben.« – »Aber ich bin doch schon Chefredakteur ...« – »... von einem armseligen 66-Seiten-Schmuddelblättchen. Ich bin Chefredakteurin von *ELLE* und *AMBIENTE*, das sind zusammen fast 700 Seiten im Monat.« – »Mit Anzeigen«, widersprach ich trotzig. »Ja, aber die sind harmonisch ins Heftganze eingebettet, bebildern praktisch die Artikel.« – »Aber ihr habt keine einzige Drehtabakanzeige«, bäumte ich mich noch einmal kraftlos auf. SIE sah mich nur verächtlich an und flog zu Armani, mit ihm das neue Heft durchsprechen.

Eines Morgens erwachte ich neben ihr. SIE mußte mich schon längere Zeit beobachtet haben, denn SIE erhob sich wortlos, kramte in ihrer Brieftasche und drückte mir 500 Mark in die Hand: »Seite 385, nimm die große Flasche!« Ich blätterte nach: Es war Globe, das neue Eau de toilette von Rochas. Noch am selben Tag kaufte ich eine Halbliterflasche und leerte sie in einem Zug. Danach ging es mir besser.

Und auch SIE wirkte irgendwie entspannter, als SIE um elf Uhr morgens nach Hause kam: »Du mußt versuchen, dein kreatives Output in deine Arbeit zu legen. Ihr solltet mehr Lifestylesachen machen und vor allem den Wiedererkennungswert steigern. Bei *ELLE* haben wir z. B. immer ein Frauenporträt auf dem Titel. Nehmt ihr doch einfach ein Photo von diesem Kohl und schreibt jeden Monat etwas anderes drunter.« Das war der zärtlichste und intimste Moment unserer Ehe. Ich schöpfte wieder Hoffnung und setzte das Titelkonzept meiner Frau gegen den Widerstand der *Titanic*-Redaktion durch.

Doch SIE blieb weiterhin kalt und abweisend. Ich fühlte mich grenzenlos allein, und nur die gelegentlichen Besuche von Moosleitner, der, wie sich herausgestellt hatte, auch in München wohnte, heiterten mich ein wenig auf. Auf unserer Verbindung lastete ein düsteres Geheimnis, das ich nicht lüften konnte, bis ich eines Tages beim Hausputz auf einen braunen Umschlag stieß, der unter den Kühlschrank gerutscht war. Darin befanden sich eine von uns beiden unterschriebene Erklärung zur Gütertrennung und ein Brief: »Liebe Beate, ich möchte Sie gerne als Erbin meines Verlages einsetzen und Ihnen außerdem die Chefredaktion der *BUNTE* anbieten. Ich habe nur eine Bedingung: Sie müssen vorher heiraten. Ihr Dr. Hubert Burda«.

Beate ist demnächst Chefredakteurin bei der *BUNTE*, und ich bin wieder in Frankfurt. Ich kämpfe weiterhin gegen Regierung, Kirche, Militär, Bigotterie und Immobilienmakler und verunglimpfe die Großen der Welt. Nein, ich bin nicht verbittert, immerhin bleibt mir ja noch der Name. Hans Wedekind klingt doch gar nicht mal so schlecht − fast wie Frank Wedekind, und der hatte ja ein ganz beachtliches kreatives Output.

*

Hat Literatur Folgen? Nur wenn es sich um einen Fortsetzungsroman handelt. Journalismus zeigt dagegen leider allzu häufig Wirkung. Meine schwülen Phantasien über ein Leben mit der entzückenden *BUNTE*-Chefredakteurin in spe führten vier Wochen später zu einem Fax: »Darling, wann sehen wir uns endlich wieder? Ich habe unterm Kühlschrank noch einen braunen Umschlag gefunden.« Beate Wedekind hatte mein Werben erhört. Es kam zwar nicht zur Sexualität, aber immerhin wurde ich von ihr beauftragt, eine Humorseite für die *BUNTE* zu entwickeln. Wie sie auf diesen Gedanken verfallen war, ist auch heute noch schwer nachvollziehbar. Gerüchten zufolge soll Markus Peichl, Ex-*Tempo*-Chef und damals Frau Wedekinds persönlicher Berater, den Tip gegeben haben. In der *Titanic*-Redaktion bildeten wir sofort eine Arbeitsgruppe und erstellten ein Konzept, dem eine revolutionäre Idee zugrunde lag: Die Humorseite sollte nämlich »aus einem mehr oder weniger langen Textteil und einer Zeichnung bestehen«.

Zeichnung und Text gemeinsam auf einer Seite, das hatte es noch nie gegeben, das hatte vor uns noch keiner gewagt, jedenfalls nicht in den letzten fünf Minuten. So eine Idee war mindestens 100.000 Mark wert, aber wir stellten nur 10.000 in Rechnung.

Gerührt von unserer bescheidenen Forderung, ließ man uns sofort zur Audienz in die *BUNTE*-Redaktion kommen, und so saßen an einem sehr, sehr frühen Morgen Achim Greser und ich in einem damals noch ganz spektakulär neuen ICE, Fahrtziel München. Die Reise verbrachten wir im Speisewagen und vor allem mit der Frage, wieviel man wohl für eine Seite verlangen könne. *Titanic* zahlte 500 Mark, gar nicht mal so schlecht. Kurz hinter Stuttgart waren wir uns einig, daß 5.000 bei einem durchgängig farbigen Blatt voller Anzeigen mehr als angemessen wären, allerdings waren wir uns genauso einig, daß wir die niemals bekämen. Weiter als auf 1.500 plus Mehrwertsteuer wollten wir uns jedoch nicht erniedrigen lassen.

Das Burda-Verlagsimperium hat viele Stockwerke, man könnte es geradezu als Verlagshochhaus bezeichnen. Beate Wedekind betreute darin gleichzeitig die Magazine *ELLE* und *AMBIENTE* und seit kurzem auch noch die *BUNTE*. Ebenda untergebracht war die ultrageheime *Zugmieze*-Planungsgruppe, die dann bald zur Redaktion des Nachrichtenmagazins *Focus* werden sollte, was wohl besser ein Ultrageheimnis geblieben wäre.

Wir versuchten irgendwie professionell zu gucken, was uns anscheinend gelang, denn wir wurden ohne Schwierigkeiten ins Chefzimmer geleitet und dort einige Zeit alleine gelassen. Zum erstenmal war ich im Büro eines anderen Chefredakteurs, d. h.: Ich war 1987 bei der Chefredakteurin der *Bäckerblume* zu Gast gewesen, aber das konnte ich jetzt vergessen. Ich hatte mir fest vorgenommen, mir alles ganz genau einzuprägen, den unglaublichen Luxus, die dekadente Prachtentfaltung, doch ich erinnere mich an nichts, was darauf hindeutet, daß es nichts gab, woran man sich hätte erinnern können. Ein Raum mit Fenstern und Türen und weißen Wänden und einer Magnetwand für die Heftseiten. Achim hatte so was zu Hause auch, bloß ohne Magneten und viel kleiner.

Es war einfach ein DIN-A-3-Blatt. Bei jeder Seitenumstellung mußte Achim alles wegradieren und neu eintragen. Ich sah, wie sich sein Herz nach diesen blöden Magneten verzehrte, und ich beschloß, er dürfe von seinem ersten *BUNTE*-Honorar eine Magnetwand kaufen. Achim hatte allerdings nicht nur die Anziehung im Kopf, als Zeichner nimmt er Umgebungen natürlich ganz anders wahr, und so ist bei ihm zumindest ein Detail hängengeblieben: Beate Wedekinds Fahrrad! Ein schnörkellos gestyltes Rennrad sei es gewesen, doch das Besondere war der Sattel. Der sei mit Sicherheit aus dem Leder eines längst ausgestorbenen Tieres gemacht worden, so einen Sattel hätte er nie mehr wieder gesehen. Das paßte zu ihr, zu la Wedekind, das würde ich heute noch allzugern glauben.

Lange ließ uns die Chefin nicht warten, und als wir ihr gegenüberstanden, war es exakt wie in jedem schlechten Artikel. Sie war natürlich viel kleiner, als ich sie mir vorgestellt hatte, ich meine, ich wußte, daß sie klein war, aber wie konnte ein derart kleiner Mensch fünfzig Prozent aller deutschen Zeitschriften leiten? Sie machte das, was man wohl einen »patenten« Eindruck nennt, und erklärte, unsere Demonstrationsseiten hätten allgemein gut gefallen. »Da staunen Sie, aber auch wir haben Humor.« Dieser Satz ist mir im Gedächtnis geblieben, wahrscheinlich weil es die dreisteste Lüge des Tages war.

Greser hatte noch ein paar technische Fragen zur Magnetwand, dann war man sich grundsätzlich einig, und es blieb nur die Honorarfrage zu klären. Ich pumpte mich ein wenig auf und sagte: »Fünftausend.« Frau Wedekind atmete hörbar ein und erklärte, da müsse sie sich erst beraten. Nach zwei Minuten kam sie zurück, erklärte ihre Zustimmung, und die Audienz war beendet. Benommen fuhren wir zweihundertfünfzig Stock-

werke hinunter und wußten, daß wir jetzt die morali-
sche Verpflichtung hatten, uns total vollaufen zu lassen.
Auf Gresers Geheiß brachte uns ein Taxi zum *Weissen
Bräuhaus*. Dort saßen wir und tranken und lachten und
konnten es nicht glauben. Wir bewunderten uns gegenseitig für unsere Tollkühnheit, wiederholten immer und
immer wieder die schönsten Redebeiträge, an die wir
uns damals noch gut erinnern konnten, und nahmen
den letzten Zug nach Hause. Ich besitze eine dunkle
Erinnerung an einen Fahrkartenautomaten, dem ich
geistig nicht gewachsen war, und Greser weiß von einem
Schaffner, der ihm nicht erlauben wollte, die Füße auf
den Sitz zu legen. Der hatte vielleicht Nerven! Wir hatten der Wedekind gerade eine Kolumne für 5.000 die
Seite angedreht!

Die Seite trug den Titel »Kopf oder Kragen«, und ein
fiktiver Ratgeberonkel namens »Dr. Alfred Kumelius«
behandelte jeweils ein Thema in sämtlichen komischen
Aspekten. Etwa jedes fünfte Wort war fettgedruckt,
damit die Seite im *BUNTE*-Umfeld möglichst echt wirkte. Oben links prangte ein Photo des Dr. Kumelius, das
war der größte Witz der Seite, nur leider hat ihn damals
niemand verstanden, und so genial ist er eigentlich auch
nicht. Aber die Vorstellung war schon sehr komisch, daß
sich hinter Kumelius niemand anderes als Göring ver-
barg, notdürftig getarnt durch Koteletten, Schnurrbart
und Scheitel. Viermal begrüßte Göring die *BUNTE*-
Leserschaft, dann siegte die eigentlich noch gar nicht
erfundene politische Korrektheit, und wir tauschten das
Photo aus.

Doch damit hatten wir uns wahrscheinlich unseres
Glücksbringers beraubt, jedenfalls kam nach etwa sechs
Wochen ein Fax mit folgendem Befehl: »Ich halte es
nach wie vor für dringend notwendig, daß Sie hierher
nach München kommen. Denn mit den letzten Kolumnen kann ich überhaupt nichts anfangen. So gut die
ersten drei waren, so sehr verreiten Sie sich jetzt in
Skurrilitäten, über die kein Mensch mehr lachen kann.
Ich glaube, daß man das nicht am Telephon regeln kann,

und bitte Sie deshalb, unbedingt am 23. November nach München zu kommen.«

Eine unschöne Zeit begann. Wir wechselten uns zu viert mit den Texten ab und beschuldigten uns offen und insgeheim gegenseitig, an den »Skurrilitäten« schuld zu sein.

Ich fuhr nach München und nahm neue Direktiven entgegen, die mehr oder weniger darauf hinausliefen, daß mehr »Namen« rein müßten – Big names, versteht sich, Namen wie Caroline, Jackie, Howard Carpendale oder Göring. Wir leisteten Gehorsam, aber der Zauber war dahin, wir waren schon »totes Holz«. Nach zwölf Wochen wurde die Seite nicht mehr gedruckt, wahrscheinlich um uns die unheilbringende dreizehnte Folge zu ersparen. Man bezahlte ein halbes Jahr lang, wie vertraglich vorgesehen, dann waren wir buchstäblich raus aus der Nummer, und kurze Zeit später war Beate Wedekind gefeuert.

Wir waren alle reich, aber unglücklich. Beate war hoffentlich wenigstens schweinereich und schweineunglücklich. Anschließend hörte man von ihr, sie wolle nun endlich mal das Leben genießen, aber dann schrieb sie doch lieber einen Roman. Irgendwie wurde man den Eindruck nicht los, daß sie jetzt die ideale Partie für Björn Engholm gewesen wäre. Beate und Björn, die hätten sich was erzählen können.

Beate und ich haben uns hingegen nie mehr wiedergesehen, und Achim hat bis heute keine Magnetwand.

Tätertränen und Schlagerquallen
Das Blatt des guten Ostens, die *SUPER ILLU*

Mathias Wedel

Durch die SUPER ILLU *geschehen immer wieder Wunder.* Oskar Wiesche, Bad Dürrenberg,
in: *SUPER ILLU* 50/1998

Ja, Wunder geschehen! Der ostdeutsche Mitläufer hat eine Stimme bekommen. Es ist die Stimme von Jochen Wolff, einem Münchner in Berlin, einem Nasentier. Ausgestattet mit einem beachtlichen Rüssel, den es mehrmals pro Ausgabe präsentiert, hält das Wolff die Witterung, um zu erriechen, was die Ostler beglücken könnte.

Seit Wolff agiert, hat die Phantasmagorie der vor und nach der Wende Zukurzgekommenen, daß sie nämlich eine »Identität« ihr eigen nennen können, Gestalt angenommen. Wolff gab ihnen ein Selbstbild, mit dem sie sich in jeder Lebenslage zwar stets als Opfer und Verlierer imaginieren dürfen, aber nie als vollends Geschlagene erleben müssen. Wer weiß, ob es den Stamm der Ossis noch gäbe, brächte ihn Wolffs *SUPER ILLU* nicht Woche für Woche hervor.

Wolffs Masche ist der größtmögliche gemeinsame Nenner. Was es auch sei, ob es um tote Ossis oder um lebendige geht, um Gescheiterte oder um Gewinner, um Täter oder Opfer, Gysi oder Gauck, um Verirrte oder Geradlinige, um arme oder etwas weniger arme Zonis, um die Oststars oder die Nobodys: Sie alle sind immer die Guten. Sie sind gut von ostdeutschem Blute – und weil Jochen Wolff es so will.

149

Auf geschichtsphilosophische Exkurse, wie man sie zuweilen aus der ostdeutschen Linken vernimmt (»zwei Gesellschaften erlebt«, »Mangelwirtschaft durchgestanden«, »dritten Weg versucht«), ließe sich Wolff gewiß nicht ein. Ostdeutsche sind gut, insofern sie durch das einigende Merkmal der moralischen Auserwähltheit eine geschlossene Lesergruppe bilden und eine Gemeinschaftspower erzeugen, die in dem einfachen, aber leider wahren Kreuzschluß gipfelt: Wer *SUPER ILLU* liest, ist Ostler, wer Ostler ist, liest *SUPER ILLU*.

Wolff hat dem Boulevard instinktiv etwas Neues dargebracht. Bisher peilte der Journalismus stets recht vage definierte Zielgruppen an. Geographische, geschlechtsspezifische, soziale Kriterien binden Leserkreise nicht fest genug. Selbst eine Zeitung »für Ostdeutsche« wäre zum Nischendasein verdammt – es gibt Gewinner und Verlierer, Ausgestiegene und Einsteiger in die herrschende staatliche Ordnung. Wolff aber fesselt sie: Er will nur die Guten. Und wer ist kein Guter?

Von der Botschaft »Wir sind die Guten« bleibt die Machart des Blattes vollkommen unabhängig. Deshalb entzieht sich die *SUPER ILLU* jeder Analyse, die Inhalte oder journalistische Techniken untersuchte. Ob *SUPER ILLU* Heimat- oder Busenbilder bringt, ob Stasiopfer oder Stasitäter leiden, eine Brustamputierte durchhält oder ein Existenzgründer aufgibt – egal. Hauptsache, *SUPER ILLU* sagt »Wir«.

Eine Zeitung, die »Wir« sagt – Westler, die einigermaßen bei Sinnen sind, würden sich angewidert abwenden. Anders der Ostler: Er empfindet sein Leben als Teil eines verläßlichen Kollektivs. Da wird ihm warm ums Herz, die Bangigkeit schwindet. Die *SUPER ILLU* ist antiwestlich und wahrscheinlich von ewiger Dauer. Denn jeder fünfte Ostler über vierzehn Jahre liest die *SUPER ILLU*. 600.000 Exemplare finden wöchentlich grundgute, grundgütige, strunzdumme Abnehmer, Tendenz steigend.

Es dauerte eine Weile, bis Wolff die Fährte aufgenommen hatte. 1990 registrierte er nur gehetzte Ossis, die alles »von früher« abzuschütteln und rasch unerkannt in den Westen zu entkommen versuchten. Gierig konsumierten sie den üblichen Boulevardverschnitt. Hätte man sie Westler werden lassen, *SUPER ILLU* existierte nicht mehr. So aber bombte man sie in den Osten zurück, ökonomisch, politisch, ideologisch. Kurz bevor das Blatt mit dem Titel *Die Neue Freiheit im Bett* die Millionengrenze erreichte (die Party war schon vorbereitet), brach die Auflage zusammen. Die Ossis hatten die Wessifaxen dicke.

Wolff schwenkte sofort auf das Eigentliche um: Stasi. Er tunte die Gazette zum denunziatorischen Zentralorgan der Gauck-Behörde. An seinem Nierentisch brachen Täter in Tränen aus. Verräter flehten um Gnade. Er ließ Pfarrer Eggert und dessen Verfolgungswahn freien Lauf. Der Knödelbass Emmerlich durfte sich als von der Stasi geschundene Kreatur präsentieren. Jede Nummer ein Abschuß, hieß die Redaktionsdevise. Wolff suchte seine Leser unter denen, die rundum »sauber geblieben« waren. Doch sie hielten auf die Dauer den Münchner Ansprüchen an die Moral nicht stand und flohen das Blatt. Es folgte die nächste Kehrtwende.

Heute firmieren Stasigeschichten »unserer Ost-Stars« als »die bösen Stasi-Verdächtigungen«. Comebacks werden gefeiert (»Nach bösen Stasi-Verdächtigungen: Wieder ganz der Alte!«), Karrieren nach entsprechenden Gauck-Bescheiden bewundert (Tenor: »Trotz alledem!«), in die Storys über »Mielkes Lieblingsspione« mischt sich Bewunderung: Die Ossis, das waren schon Kerle. Wolff ist seinen Lesern gefolgt. Dieser Tage meinen fast siebzig Prozent der Ostdeutschen, die DDR sei ein ehrenwerter Versuch gewesen.

Leute, die den ideellen Gesamtossi geben könnten, sind *SUPER ILLUS* Knuddelfiguren: Regine Hildebrandt und der kalauernde Spaßmacher Eberhard Kohrs, Manfred Stolpe und der alte Herr des DDR-Schlagers Frank Schöbel, Gregor Gysi und die »Rocklegende« Tamara Danz – Schauspieler und Gesangsvirtuosen auf dem Altenteil, eben alles, was DDR ist. Erich

Honeckers gedenkt man mit einer Doppelseite in der Reihe »Legende und Mythos des 20. Jahrhunderts«.

Gregor Gysi hat Wolff gar zum Blattmaskottchen erkoren. Neckisch verkündet der PDS-Boß: »Ich lese *SUPER ILLU*, weil ich im Ratgeber die besten Rezepte für Gänsebraten finde.« Er öffnet schon mal sein Familienalbum und ist Wolffs begehrtester Interviewpartner. Auf der Seite »Sterne und Schicksale« wird er als »Geburtstagskind der Woche« geführt: »Er ist eine Kämpfernatur – wie alle Steinböcke. Der zwar unbequem ist, doch immer ein Ohr für andere und ihre Belange hat. Auch typisch für Steinböcke: das sichere Auftreten und die jugendliche Ausstrahlung.«

Wir sind die Guten. Das *SUPER-ILLU*-Credo, insgeheim das Parteimotto, rührt die PDS-Klientel. Leser- und Wählerschaft fallen weitgehend zusammen. Überschriften wie »Ich war ein SED-Kader. Ich stehe dazu« sind Balsam für einheitswunde Seelen. Langt Wolff gelegentlich aus Versehen daneben, folgt prompt die Entschuldigung: »Als ich mich jüngst an dieser Stelle kritisch über die Personalspielchen der PDS äußerte, waren mir etliche Leser böse. Aber wir müssen es alle miteinander aushalten, daß es zum Thema Aufarbeitung der DDR-Vergangenheit nun mal die unterschiedlichsten Auffassungen gibt [...]. Also kann ich Sie auch in Zukunft nicht davor schützen, auf eine Meinung zu stoßen, die Ihnen absolut gegen den Strich läuft.«

Gutsein allein jedoch reicht dem Leser nicht. Er will endlich, gütig, wie er ist, in der Demokratie ankommen. Menschen, die von Westlern geschurigelt wurden und »es doch geschafft« haben, Ossis, die unfähige Westler auf Leitungsposten ablösten und ein »Firmen-Wunder-Ost« zustande brachten, oder Mädchen, die ein Wessi niedermähte (»Der eiskalte Todesfahrer von Torgau kommt aus Hessen«), sind die stillen Helden der Postille. Das Recyclingsystem SERO, welche Schurken haben es auf dem Gewissen? »Die Löbert-Brüder, preisgekrönte Manager aus dem Westen«. Der »Kopf der Woche«, der Intendant des Friedrichstadtpalastes, setzte sich gegen

ignorante Amerikaner durch, und – haste nicht gesehn!
– »der alte Revue-Zauber ist wieder da«. Kurzum, so ein
Leserbrief: »Wie lange wollen wir uns eigentlich noch
gefallen lassen, daß Abzocker unsere Betriebe ausplün-
dern?«

Trotz aller Feinde: Das *SUPER-ILLU*-Land ist ein
Gefilde der Hoffnung. »Unser Jan«, »der Tourminator«,
»der Mädchenschwarm«, sei »einer von uns, der es geschafft hat«. »Unsere neuen Sieger-Frauen« spürt Wolff
auf (»Nach drei Jahren Arbeitslosigkeit habe ich es geschafft. Ich mache sauber in einem Frisiersalon«), er
publiziert einen »Atlas der Hoffnungen«, vergibt einen
»Future-Preis« für ostdeutsche Erfinder von Flaschen-
verschlüssen und besucht Gemeinden, die an den Steu-
ergeldern von Westfirmen reich wurden.

Wenn die Hoffnung dennoch auszugehen droht, läßt
man Ingrid Biedenkopf erklären, wie schön es 1948 war,
»da hat man sich über alles gefreut«. Reporter besuchen
Museen, die Ostprodukte aufbewahren. Jeder Keks aus
»unserer Produktion«, der den heimischen Markt zu-
rückerobert, wird gefeiert, als habe die Bevölkerung vor
dem Verhungern gestanden. Tausende Traditionswäch-
ter erzog sich die *SUPER ILLU*, Aufpasser, die auch
richtig sauer werden können, wenn die eigenen »Ost-
Stars« mal danebenliegen: »Die Bemerkung von Emmerlich zu den Weihnachtsbäumen zu DDR-Zeiten (›kahl
wie ein Besenstiel‹) finde ich schlicht und einfach ge-
schmacklos. Ganz im Gegensatz zur *SUPER ILLU*, die
das Beste ist, was es auf dem Zeitschriftenmarkt gibt.«

Mittlerweile ist jedoch selbst nach Ansicht des völki-
schen Führungsorgans die »Einheit« geringfügig vor-
angekommen. Ausnahmsweise hievt man nun ein paar
»Fernsehlieblinge« des Westens ins Blatt. Den Titel
allerdings beherrscht nach wie vor das Breitwandgrin-
sen der Lausitzer Schlagerqualle Achim Mentzel. Und so
soll es bleiben.

327.000 Käufer monatlich können nicht irren
Forum frei für *fit FOR FUN*!

Gerd Fischer

fit FOR FUN – *für mich das Beste. / Leicht und lok-
ker, die Muskeln werden feste. / Schmökern, kochen
und trainieren, / was kann einem denn Schöneres
passieren. / / Jeden Monat beim Zeitungsmann /
stehen viele Leute an, / denn ein jeder will es haben, /
das* fit-FOR-FUN-*Heft zum Lesen, Leben und Laben.*
fFF-Leserin Manuela Wodzak, Berlin

Mal ehrlich und Hand aufs Herz: Was soll das Gelächter
über obenstehendes Gedicht, wieso das dauernde Ge-
nöle? Wissen nicht ans Blatt gebundene Leserinnen und
Leser viel besser Bescheid über »ihr Heft« als die Kritiker? Sprechen ihre Federn nicht weitaus ehrlicher und
authentischer und zumal i. S. Schillers berückender
über das Objekt der Reflexion, freier von vorgefaßten
Ansichten als Lohnskribenten jedweder Provenienz, die
obendrein lediglich reproduzieren, was alle Welt von
ihnen erwartet, und sich auf diese Weise selbst zensie-
ren? Ganz abgesehen von den »Lektoren, Herausgebern,
Umarbeitern, ghost writers in- und außerhalb der Ver-
lagsbüros«, die ausnahmslos jeden literarischen Text
einem Prozeß unterwerfen, der »an Gründlichkeit noch
jede Zensur« überbietet (Max Horkheimer/Theodor W.
Adorno: *Dialektik der Aufklärung*)? – Eben. Zitate sind
echt, und Echtes darf kein Lektor dieser Welt be- und
umarbeiten, egal ob im Spätkapitalismus, in »der global
agierenden Infotainment-Industrie« (Hugo Bütler, Chefredakteur der *NZZ*) oder in der Gut-drauf-Gesellschaft.

Lassen wir deshalb die 327.000 Käufer von *fit FOR FUN* selbst zu Wort kommen, die 1,2 Millionen, die jeden Monat *fFF* zur Hand nehmen, und bilden wir uns eine eigene, vorurteilsfreie Meinung über eine der erfolgreichsten Newcomerpublikationen auf dem deutschsprachigen Zeitschriftenmarkt, über ein lässig 300 und mehr Seiten starkes Blatt, von dem sein Herausgeber und früherer Chefredakteur Ulrich Pramann – soviel darf an dieser Stelle verraten werden – zu Recht behauptet: »*fit FOR FUN* ist wie seine Leser.«

fFF erschien erstmals im Mai 1994. Alle folgenden Zitate sind Originale und entstammen der Leserbriefseite »Feedback«. Sie wurden gemäß den übrigen Heftrubriken geordnet. Der Erhebungszeitraum reicht von Ausgabe 2/1994 bis Nummer 10/1998. Leider mußten wir aus Platzgründen empfindliche Kürzungen in Kauf nehmen. (Orthographische Mängel haben wir stillschweigend behoben.)

Sport & Fitness
»Da ihr fit seid's, wird euch hoffentlich nicht so schnell ›der Schnauf‹ ausgehen. Da ihr fun seid's, wird es sicher auch in Zukunft ›major‹ Spaß machen, *fit FOR FUN* zu lesen. Macht weiter so – you're right on track!« (Christian Maria Herles, PBA-Präsident)

Fit im Job
»Im März stellte ich meinen Alkoholkonsum ein, und im Mai beendete ich meine zwölfjährige Raucherkarriere. Ferner begann ich eine Ausbildung als Dressman. Im Juni lief ich meinen ersten Marathon in weniger als drei Stunden. Mein Gewicht hatte sich inzwischen von zweiundneunzig auf siebzig Kilo verringert. Im Juni schloß ich mit Erfolg meine Dressmanausbildung ab.« (Holger Rauhut, Scherfede)

Gesundheit
»Sicherlich sind ihre hoch informativen Beiträge Konsequenz eines differenziert recherchierenden Mitarbei-

terstabes, aber auch ihres hervorragenden Experten-
teams.« (Priv.-Doz. Dr. med. J. Ennker, Ärztlicher Direk-
tor Herzzentrum Lahr/Baden)

»Ich kann – dank ihnen – nun Lippen küssen, auch
Hände oder Wangen.« (Marco Fischer, Coburg)

»Ich bin vom *Spiegel* zu ihrem Heft gewechselt. Jetzt
geht's mir besser.« (Ralf Gossner, Hannover)

Gesünder essen

»Denn das erste, frisch gezapfte Bier schmeckt hervorragend, das zehnte wird dann aber mit Sicherheit
›schlecht‹ sein.« (Henning R. v. Traubenberg, Boden-
heim)

»Mit *fit FOR FUN* kann jeder Leser sein eigenes Ernährungsprogramm entwerfen und bekommt dazu wis-
senschaftlich fundierte und – was ich sehr wichtig finde
– detaillierte und verständlich dargestellte Informationen.« (Valdas Ivanauskas, HSV)

Brain

»Als begeisterter Anwender eines Brain-Systems muß
ich ihrer massiven Kritik an Mind-Machines widersprechen. Es ist mir eine wichtige Unterstützung bei der
Bewältigung der täglichen Herausforderungen. So gönne
ich mir regelmäßig eine halbe Stunde Brainlight.« (Dietmar Karweina, Bornheim)

»Speziell zu eurem Heft 7/1998 muß ich nämlich sagen, daß mich der Artikel ›Brain Service: Generations-
wechsel, Neues Lernen für Turbohirne‹ besonders interessiert hat. Vor allem das Tandemprinzip der Ruhr Uni
Bochum, von der ich auf Anfragen auch schon Rückant-
wort erhalten habe.« (Anne Meyer zu Holte, Damme)

»Hochinteressant fand ich ihr Schaubild, das erklärt,
wie der Speicherprozeß im Gehirn funktioniert.« (Uwe
Schüller, Darmstadt

»Der letzte Kick, der aus Fitness plus Fun den größten
Sieg macht, ist Psycho-Power.« (Peter Lauster, Psycholo-
ge und Buchautor, Köln)

156

Lust & Liebe

»Über eure Titelgeschichte ›Der Fitness-Quickie‹ war ich besonders erfreut, da sich nun endlich eine echte Gelegenheit bot, daß mein pummeliger ›Büro-Papi‹ aktiver in Sachen Sport wird. [...] Durch euch wird mein Vater bestimmt noch eine richtige Sportskanone werden!« (Maria Ebert, 16, Zeuthen)

»Ansonsten zuviel nackte Frauen.« (Thomas D., Die Fantastischen Vier)

»Eine prima Idee fand ich den Beitrag ›Sexercises‹ mit dem Beckenmuskeltraining. [...] In diesem Rahmen gehört für mich das PC-Muskeltraining ebenso zu einer fest durchgeführten Unterrichtseinheit wie das Warm-up und Cool-down, obgleich es anfänglich in den Übungsgruppen immer erstaunte Reaktionen hervorgerufen hat.« (Heike Nesterberg-Kern, Naumburg)

»Also, der Junge hat wirklich einen tollen Body und unglaubliche Augen. Aber nicht nur das.« (Claudia Jung, Bochum)

»Und es gibt auch jene Frauen, die durchaus schon mal mit einem ›Gehirn‹ schlafen. Das ist mehr verbreitet, als man glaubt.« (Ingo Seiff, Echzell)

Reise

»In der April-Ausgabe habe ich mich besonders über den vielseitigen Mallorca-Bericht gefreut. [...] Wir sollten dankbar sein, daß uns so ein schönes Fleckchen Erde zur Verfügung steht.« (Ilka Schreiter, Hainichen)

Shopping

»Was ich jetzt erst erfahren habe, ist bestens geeignet, ihrem Editorial noch eins draufzulegen. Ganz bestimmt wissen Sie nicht, daß Asylbewerber sich eine Waschmaschine ›verschreiben‹ lassen können und diese dann auch von der Krankenkasse bezahlt wird.« (Harald Schachtner, München)

Plus – Hier treffen sich Singles
»*fit FOR FUN* heißt fit zum Ficken. / Bettlektüre für die

Dicken, / die den eignen Körper hassen / und in keine Hose passen. // Fette Männer, runde Frauen / sollten diesem Heft nicht trauen / und dafür wie eh und je / zum Zeitungsmann sagen: ›Die *Blitz Illu* und die *Coupé*.‹« (Karl Langgans, Frankfurt/Main, erscheint voraussichtlich in Heft 4/1999)

Demnächst in *Journalismus als Klötenwalzer*: Thomas D. und Peter Lauster über die Frage, warum nackte Frauen mit blonden Busen voreilig die Ehe versprechen und man ihnen den letzten Arschtritt verpassen sollte, um seine Psycho-Wellness wieder fit zu machen; und ein Gastbeitrag von Valdas Ivanauskas (Sturm Graz): »Der Käsekrainer ist kein zeitgemäßes Ernährungsprogramm – Fit in den Kick«.

Der Leser darf »gespannt« sein.

HÖRZU
Die Sonne unseres Herzens

Thomas Palzer

Hör' zu, ich sage dir folgendes: Die Fernsehzeitschrift ist der Katechismus der Moderne, die ordnungsstiftende Kraft in einer Kultur ohne Zentrum. Ahnungslos betreibt sie die Rückkehr der Astrologie, und zwar ausgerechnet durch den Index, den sie Doppelseite für Doppelseite vom Programm erstellt. Die Fernsehzeitschrift strukturiert das Dasein – wichtig gerade in Zeiten der Arbeitslosigkeit, die bekanntlich jeden Tag zur Frage werden läßt: Wie bringe ich ihn hinter mich? Und sie erklärt die *Tagesschau* zu dessen Mittelpunkt: zur neuen Sonne einer täglich erneuerten, täglich morscheren alten Welt.

Unter dem ganzen gehefteten Blindtext und Bildsalat von *TV Hören und Sehen*, *TV neu*, *TV klar*, nur *TV*, *TV direkt*, *TV light*, *TV Movie*, *TV SPIELFILM* und *TV TODAY* besitzt die *HÖRZU* den zweifelhaften Status eines Klassikers: Sie wendet sich hartnäckig an alle und ignoriert das Idiotentum des bis zur Namenlosigkeit getriebenen fragmentierten Interesses.

Das Imperium des Axel-Springer-Verlags gründet auf der *HÖRZU*, auf der am 8. Juni 1946 von der britischen Behörde in Hamburg erteilten Lizenz Nr. 67. Was freilich noch unter dem eher pragmatischen Titel *Radio-Post* angefragt worden war, erschien dann – wohl mit Rücksicht auf das nachhaltige Echo des düstersten Kapitels deutscher Geschichte – doch besser unter einem Namen mit volkserzieherischem Anspruch. Die Selbstermahnung war unüberhörbar Programm.

Von vornherein wurde das Blatt als Familienillustrierte konzipiert. Es gab Geschichten rund um den Hörfunk, Geschichten über Stars wie Marlene Dietrich und Hans Albers, es gab Romanabdrucke und den legendären Redaktionsigel Mecki – und es gab Bilderrätsel, Sehhilfen fürs Volk, die sich der Aufgabe widmeten, die prekären Probleme der Kunst anschaulich in die Haushalte zu tragen: »Original und Fälschung«.

Die Zeitschrift erlebte einen, wie es damals hieß, »kometenhaften Aufstieg«, einerseits, weil das Kofferradio auf den Markt kam und zum Statussymbol gedieh, andererseits, weil der Rundfunkempfänger auch rasch die Armaturen der Autos eroberte. 1950 überschritt die Auflage erstmals die Millionengrenze. Als 1952 das Fernsehen startete, erhielt *HÖRZU* einen weiteren gewaltigen Schub, und sie wurde zur auflagenstärksten Zeitschrift Europas: über vier Millionen verkaufte Exemplare (O-Ton *HÖRZU* im Mai 1952 zur Einführung des Fernsehens: »Im Banne des Wunders: Der Zauberspiegel unserer Tage wird nun endlich Wirklichkeit«). Heute gehen von der *HÖRZU* jede Woche rund zweieinhalb Millionen Hefte über den »Ladentisch«.

Tatsächlich: In den sechziger Jahren war die *HÖRZU* endgültig zum festen Bestandteil der Wohnzimmereinrichtung geworden. Ich erinnere mich noch an den Teetisch meiner Großmutter – an das hellgrüne Drahtglas, die goldfarben eloxierte Metallborte und den aus dem Tischfuß geborenen Bücherständer, in dem später Reader's-Digest-Bände akkurat aufgereiht waren. Der Teetisch flankierte den Fernseher im Eck und paarte so großartig, was damals von führenden Designern gefordert wurde: »Sachlichkeitssinn mit Gefühlswerten« zu verbinden. Wie auch immer: Auf dem Teetisch jedenfalls lag die *HÖRZU*. Sachlich und gefühlvoll.

Im Januar 1999 schalteten die *HÖRZU* und Lufthansa (»Miles & More«) eine Anzeigenkampagne, mit der über ein Jahr Woche für Woche insgesamt drei Millionen Prämienmeilen verlost wurden. Miles & More? Allerdings. Es sind wirklich Programmeilen, die das Fernsehen den Leser täglich zu sichten nötigt; noch die verschwenderischste Ökonomie der Aufmerksamkeit ist da überfordert. Die Aktion offenbart, daß trotz aller ikonisierten und miniaturisierten Bewertungsversuche (Daumen nach oben, Daumen nach unten) den Serviceblättern angesichts des Überangebots lediglich eines bleibt: die Kapitulation.

Ja, der Zauberspiegel unserer Tage ist in tausend Sender zersplittert. Es bleibt: die *Tagesschau*. Und nur, weil wir im Herzen Melancholiker sind, nehmen wir die *HÖRZU* zur Hand und schauen nach, ob die Sonne auch heute wieder um 20.00 Uhr aufgeht.

Debakel programmiert
Das Ende von *max*

Michael O. R. Kröher

Am Anfang war das Wort. Aber ein Bild sagt mehr als 1.000 Worte. Und weil die Macher von *max* offenbar ein ungeheures Mitteilungsbedürfnis haben, drucken sie lieber Bilder, vornehmlich in sog. Strecken. Die können schon mal zu einem rund hundertseitigen »Foto-Special« aufgeblasen werden und dann knapp ein Drittel des Heftumfanges ausmachen. Damit dennoch zugleich der Eindruck großer Worte entsteht, druckt man diese Bilder groß genug, ganz gleich, was sie zu sagen haben.

Danach kam der »Zeitgeist«, eine Erscheinung, die eigentlich auf die achtziger Jahre beschränkt war. Da aber die Macher von *max* den Zeitgeist liebgewonnen hatten, verströmten die frühen Ausgaben jenes leicht stechend, grell wirkende Gemisch aus Genußsucht, Mode und Design, das seinerzeit in gewissen Kreisen noch für Geist durchging. Weil *max* in Deutschland jedoch erst 1991 Premiere hatte, als die Zeit dieses »Geistes« abzulaufen drohte, präsentierte ihn *max* als eine Art Turbolifestyle.

Das war vor allem das Verdienst des ersten Chefredakteurs Andreas Wrede, ehedem Hausbesetzer in Göttingen. Ein Photo aus den frühen achtziger Jahren ist legendär: Es zeigt den 1957 Geborenen im gestreiften Bademantel mit Hippiemähne beim morgendlichen Müslirühren in der Wohngemeinschaftsküche. Später, 1994, waren er und die Textilunternehmertochter Britta Steilmann Stilberater des Kanzlerkandidaten Rudolf Scharping. Dem redeten sie immerhin den betulichen Realschullehrerbart und das Brillenmodell aus, das damals bestenfalls noch der Stellvertretende Sparkassendirektor in Scharpings Heimatstädtchen Montabaur trug. Dennoch verlor Scharping hoch – was nicht ausschließlich an Wredes Beratertätigkeit gelegen haben muß. Als Qualifikation brachte Wrede ein abgebrochenes Soziologiestudium und Reportererfahrungen bei *Bild Hamburg* mit. Von dort engagierte ihn Dirk Manthey, Gründer des Hamburger Milchstraßen-Verlags, der gerade – zusammen mit dem Minderheitengesellschafter Gruner + Jahr – die deutschen Lizenzrechte für das erfolgreiche *max* von der italienischen Rizzoli-Gruppe gekauft hatte. Sein Ziel: dem deutschen Zeitschriftenmarkt ein weiteres Mal zu zeigen, wo der Hammer hängt.

Andreas Wrede griff in die vollen. Die erste Nummer begleitete eine bundesweite Plakatwerbekampagne, die wohl erstmals in der Geschichte des deutschen Druckgewerbes nackte weibliche Haut auf einer Fläche von mindestens fünf amerikanischen Bundesstaaten ausbreitete. Im Heft ging es nicht weniger entblößt zu. Für eine »Modestrecke« über Schlafanzüge hatte die Redaktion zwölf- bis dreizehnjährige Mädchen »gecastet« und in Pyjamas gesteckt, die eigentlich ihre männliche »Kernzielgruppe« anziehen sollte. Sämtliche Modelle waren viel zu groß – eben auf 1,85 Meter große, 75 Kilo schwere Männer zugeschnitten. So zeigten die »Nymphchen« scheinbar unfreiwillig Haut und wurden, ebenso scheinbar zwangsläufig, zu »Lolitas«.

Von da an galt *max* als das Zentralorgan jenes Journalismus, der statt Enthüllungen lieber Entblößungen betreibt. Das funktioniert besonders gut, seit Wrede herausgefunden hat, daß sich Promis – in der *max*-Liga: solche, die meinen, sie wären welche, und solche, die noch üben – sofort ausziehen und in möglichst lasziven Posen ablichten lassen, sobald man ihnen Zugang zu einem echten Loft-Photostudio bietet. Dort hängen dann flaumbärtige Tagträumer herum, sog. Assistenten, daneben »Stylistinnen« mit dickem Lidstrich und schwarzem Rollkragenpullover und möglicherweise sogar ein echter Koksdealer, der sich »Caterer« nennt. Total cool. Vor allem die weiblichen Darsteller aus den Soaps der deutschen Privat-TV-Kanäle, aber auch Talkmasterinnen, Comedy-Chargen und andere Knattermiminnen haben Haut gezeigt für *max*. Zum Teil stieg die Popularität aller Beteiligten sensationell an.

Generell bietet *max* unter der Rubrik erotische Photographie allenfalls noch die zweite Wahl, die man bei einem Copy-Preis von sechs Mark verlangen darf – oder Material mit abgelaufenem Haltbarkeitsdatum (Branchenspott: »Pin-Ups aus NATO-Restbeständen«). Auch sonst gilt: keine aufwendigen Reproduktionen auf dikkem Hochglanzpapier wie beim *PLAYBOY* (der die Hälfte mehr kostet), sondern Billigdruck auf durchschimmernder Recyclingware.

Im Textteil regiert gleichfalls der Flachsinn. Während der deutsche *PLAYBOY* als direkter Konkurrent um die Zielgruppe und die Kernkäufer Autoren von Truman Capote bis Tom Wolfe, von Joseph von Westphalen bis Christoph Ransmayr präsentierte, publiziert *max* vor allem Praktikantenprosa, etwa über einen Rapper: »Er schafft es, Themen locker zu verpacken, ohne den Zeigefinger zu heben. Sozialkritisch im Duett mit [...]« (10/1998); oder man macht hemmungslos von der Stußwaffe Gebrauch: »Tom Fords Denim-Interpretationen mit dem Salvage-Streifen in rot-grüner Gucci-Tradition sind die Topseller beim trendy Brit-Pack« (12/1998). Aufmerksamkeit erregt das nur, wenn, so geschehen in Heft 1/1999, der scheidende *stern*-Chefredakteur Werner Funk als »Arschloch« bezeichnet werden soll – was jener prompt unterbinden läßt.

Die Auflage stieg in der ersten Hälfte der neunziger Jahre rasch Richtung Viertelmillionenmarke, seit langem sinkt sie jedoch kontinuierlich und steht Ende 1998 – trotz dramatischer Höhepunkte, etwa einem »Jahreshoroskop« – bei 153.000. Somit ist *max* längst aus der Größenordnung eines drohenden Ärgernisses herausund in die Liga jener Geschmacksverfehlungen hineingeschrumpft, die man amüsiert betrachten darf.

Erlöse erzielen bei *max* die Anzeigen: großformatige Inserate für Handys, Sportgeräte, Direktbanken, Ober- und Unterbekleidung etc., die sich kaum von journalistischen Angeboten unterscheiden. Die redaktionelle Gestaltung ist auf Stromlinie gebracht, wirkt jedoch nicht ausschließlich mittelmäßig, weil sie die Ästhetik und die Kommunikationsformen der Werbung imitiert und auf Exklusivität, zumindest auf Effekte abzielt.

Gleichwohl sind Sorgen um *max* angebracht. Der Milchstraßen-Verlag trägt dem Rechnung, indem er die immer dramatischer sinkenden Auflagenzahlen durch sog. »Sonderverkäufe« zu kaschieren versucht. Pro Ausgabe gingen im letzten Quartal 1998 über 50.000 Stück in diesen rätselhaften Vertriebsweg, rund ein Drittel des Einzelverkaufs. Da jedoch keines jener Exemplare via Lesezirkel oder als »Bordexemplar« seinen Weg zu den bei Werbern und Markenartiklern begehrten Zielgruppen findet, darf man getrost von einem baldigen Debakel ausgehen.

Die Modebranche rechnet sogar mit dem zügigen Ableben. »Das Blatt steht für nichts mehr«, sagt die PR-Managerin eines größeren Modehauses. »Die Beiträge über Sex und Klamotten, Stars, Reisen und Unterhaltung sind in *AMICA* längst genauso drall und prall. Und seit dort der Markt paarungswilliger Singles durch eine aufwendig produzierte Kontaktanzeigen-Beilage aufgerollt wird, seither kaufen oder lesen auch Männer immer öfter *AMICA*.«

Das Magazin aus demselben Haus, das mit ähnlichem Konzept ursprünglich weibliche Käufer ansprechen sollte wie *max* die männlichen, kannibalisiert sein Vorbild.

Innen schminkbar
Annabelle, ach *Annabelle* ...

Peter Schneider

»Braucht eine moderne Frau eigentlich eine Frauenzeitschrift? Eine ketzerische Frage an dieser Stelle.« Angela Oelckers, Chefredaktorin der in den dreißiger Jahren gegründeten Schweizer Frauenzeitschrift *Annabelle,* hat sie zum sechzigsten Geburtstag ihres Blattes dennoch gestellt und damit bewiesen: Die neuen starken Powerfrauen, solche, von denen und für die *Annabelle* schließlich gemacht wird, diese Powerfrauen schrecken vor gar nichts zurück, selbst vor den ketzerischsten Fragen nicht, für die sie früher als Hexen verbrannt worden wären. Kein Wunder, daß das den meisten Männern in unserer Gesellschaft immer noch angst macht und die meisten sich darum immer noch nicht trauen, *Annabelle* zu abonnieren.

Dabei könnten sie so viel lernen: »Zuviel Fernsehen ist für das Liebesleben tödlich. Rebecca, eine 27jährige Lehrerin, erzählt, dass sie und ihr Ehemann sich in regelrechte TV-Zombies verwandelt hätten und ihr Sexleben wie eine vernachlässigte Pflanze verwelkt sei. Die Lösung? ›Wir trafen eine Vereinbarung, so wie wir es aus der Kindheit kannten: Kein TV, bevor wir nicht miteinander Sex hatten.‹« Jetzt haben sie beim Orgasmus das beglückende Gefühl, endlich mit den Hausaufgaben fertig zu sein.

Schon immer zeichnete sich *Annabelle* durch eine »Vielfalt an Ideen, zahlreichen Serien und Aktionen« aus, die »Engagement, Zivilcourage, aber auch Spass zum Ziel hatten: ›Frau 2000‹ etwa, ›Chance 40‹, ›Courage 92‹, ›Anti-Frust‹ oder die ›Traummänner‹ sind einige

Beispiele, welche grosse Beachtung fanden, manches bewegten und bewirkten.« Und seit neuestem gibt es *Annabelle* sogar mit einer Beilage: *annabelle creation*, »das Heft für die aktiven, kreativen Seiten des Lebens. Damit haben wir die Palette unserer Themen gewaltig erweitert, sie ist jetzt so vielfältig wie das Leben einer modernen Frau.« Denn das Leben einer modernen Frau ist so was von bunt, besonders in den aktuellen Farben Schwarz und Anthrazit. Moderne Frauen wollen sich nicht länger mit Stricken begnügen. Auch das Häkeln gehört für sie selbstverständlich dazu. Die Freiheit nehm' ich mir. »Sicher, Sie bleiben im Kern dieselbe. Aber mit jeder Lebensphase werden Sie reicher an Erfahrungen. Sie möchten sich weiterentwickeln, verborgene Talente entdecken und entfalten. Zum Beispiel das zum Gestalten oder Dekorieren, zum Nähen oder Kochen. Darum haben wir [...] die *annabelle creation* konzipiert.« Für Powerfrauen, die wirklich alles vom Leben verlangen: Kochen *und* Dekorieren!

Manchmal indessen kollidieren auch in der *Annabelle* Anspruch und Wirklichkeit – etwa wenn eine Magersuchtreportage Seite an Seite mit magersüchtigen Models präsentiert wird. Dann schreiben die Leserinnen Leserinnenbriefe: »Sie schreiben, Sie seien sich der Verantwortung bewusst und würden darauf achten, eine natürliche und frische Note in ihre Modeaufnahmen zu bringen. Welch ein Hohn, wenn man ein paar Seiten weiter die magersüchtigen Models sieht.«

Na, *Annabelle*, wat nu? »Wir haben immer noch die Absicht, Models zu präsentieren, die zwar schlank, aber gesund und natürlich sind. Bei den langen Produktionszeiten von Modegeschichten (teils mehrere Monate) klappt das nur nicht immer auf Anhieb.« Ein paar Monate dauert's nämlich schon, bis die Models mit Hilfe der gesunden und natürlichen *Annabelle*-Diät die erforderlichen Kilos wieder zugenommen haben.

»Jeder Mensch hat etwas Schönes«, berichtete *Annabelle*, als sie die Body-Shop-Kampagne »Selbstachtung und wahre Schönheit« ideell unterstützte. Manche haben z. B. eine schöne Warze auf der Nase, andere wiederum einen megageilen Fettring um die Hüfte. »Wie gut, dass wir Frauen endlich vom normierten ›Barbie‹-Image wegkommen (dürfen).« Und seit es Barbie im Rollstuhl gibt, ist endlich auch dieser Druck weg, selber zu laufen. »[...] nicht zuletzt kommt wahre Schönheit auch von innen heraus.« Darum stehen jetzt in *Annabelle* auch immer häufiger Tips, wie man sich vorteilhaft von innen schminkt.

Es braucht Spaß
Brigitte riecht nicht

Martin Kahl

Das Leben kann so unkompliziert, fröhlich und frisch sein – wie die modischen Pullis für den Alltag. So leicht, so lang, so angenehm. *Brigitte* zeigt die schönen, die entspannten Seiten des Weiblichen. Sie nimmt Frauenfragen ganz versöhnlich und läßt auch Männer schreiben. Nicht nur deshalb ist *Brigitte* von all jenen, die immer noch *EMMA* lesen, vorgeworfen worden, gar nicht die Interessen der Frauen zu vertreten. Stimmt. Das übernehmen nämlich die auflagenstarken »unterhaltenden Frauenzeitschriften« wie *FRAU im Spiegel, das neue, tina, bella, frau aktuell, ECHO der Frau, Frau mit Herz* oder *Neue Post.* Die kaufen immerhin mehr als 6,5 Millionen Frauen – wöchentlich. *Brigitte* rangiert mit 942.000 verkauften Exemplaren alle vierzehn Tage offensichtlich am oberen Ende eines Frauen zumutbaren Niveaus.

Und so spricht sie für Frauen, die sich nichts mehr vormachen wollen, die – zwischen Cabrio und Kinderwagen pendelnd – auf ihre ganz persönliche Art und Weise versuchen, die modernen Alltagsprobleme in den Griff zu bekommen. *Brigitte* stattet die Unübersichtlichkeit des weiblichen Daseins mit Wegmarken aus – oder, um bei der den Leserinnen geläufigen Frisurensprache zu bleiben, mit »flexiblem Halt«. Dafür bürgt schon das Inhaltsverzeichnis, das sich stets nur saisonbedingt verändert. *Brigitte* berät »Nicht-nur-Hausfrauen«, wie sie rechtschaffen und im Wandel der Jahreszeiten eine Idealdiät versuchen können, zeigt, wie sich Urlaub, Mode, Trendfrisuren oder kreatives Wohnen mit tollen Ideen individuell gestalten lassen, und gibt darüber hinaus stark homöopathieverdächtige Gesundheitstips.

»Es ist wohltuender, eine Kniewunde mit Ringelblumensalbe zu bestreichen als mit einem Mittel, auf dessen Tube unverständliche Formeln und Begriffe aufgeführt sind. Eine Ringelblume löst angenehme Phantasien von sonnigen Sommertagen und bunten Blumenwiesen aus.« Das ist die Sprache, die skeptische und selbstbewußte Frauen von heute hören wollen und verstehen. Aber *Brigitte* bleibt mißtrauisch:»Esoterischer Unfug oder ein sinnvoller Ansatz für eine Behandlungsmethode?« Da wollen wir uns gar nicht entscheiden müssen.

Gekonnt hält *Brigitte* auf diese Weise die Balance zwischen Therapie und Schwachsinn. Wenn die Ringelblume schon nichts nutzt, tut sie wenigstens gut. Außerdem: Wenn schon in Anzeigen für allerlei Cremes geworben werden muß, deren Inhaltsstoffe uns genauso schleierhaft sind wie die Ersatzstoffe in der Lätta, wollen wir im redaktionellen Teil wenigstens wissen, welcher Lack uns auf den Nägeln brennt. Wichtiger noch als die Natur ist uns jedoch, daß wir überall sauber gewaschen auftreten und keine Körperöffnung unbetupft, unbemalt und unabgewischt bleibt. Am Ende darf nur das Hakle feucht sein.

Frau kann es schaffen. Sie muß bloß träumen können, sich wohl fühlen und durchsetzen. Zwei Drittel der *Brigitte*-Leserinnen verfügen über kein eigenes Einkommen oder nur über eines bis zu 2.000 Mark. Da gibt's reichlich Spielraum nach oben. Und was sich viele Frauen in den letzten Jahren nur angelesen haben, *Brigitte* zeigt, wie es funktioniert: Freche, selbstbewußte Mädchen kommen überall hin, z. B. zur Fältchenkur nach Ischia. Ansonsten im Beruf auch manchmal: Wenn sie Hotelmanagerin geworden sein sollten oder Kamerafrau, kurz: Berufe ergriffen, von denen nicht allein die Zahnarzthelferinnen unter der *Brigitte*-Kundschaft träumen – dann haben sie sich ein Powerfrauenportrait verdient.

Oder wenn sie einen Bestseller geschrieben haben. Dann läßt *Brigitte* schon mal fünf Buchstaben Literatur sein, nennt sogar Susanna Tamaro eine Schriftstellerin und geht großzügig darüber hinweg, daß jene ohne Hemmungen das tat, was moderne Frauen nun wirklich nicht dürfen: in den Schmalztopf greifen.

Nun gibt es trotz aller Fortschritte in Frauenfragen nach wie vor ein paar Dinge, über die sich *Brigitte*-Leserinnen zu Recht aufregen. Rupft *Brigitte* ein Hühnchen dazu, dann mit silk-epil. Ungerechtigkeit wird im Fünfzeiler-Kästchen verhandelt. Mit der unterschwelligsten Verachtung, zu der *Brigitte* fähig ist, notiert man da, welcher Politiker die Frauenquote nicht eingehalten hat. Das »Dossier« aber ist für die wirklich harten Probleme von Frauen reserviert: »Wahnsinn, was in mir steckt«, »Hilfe, die Gäste kommen«, »Natürlich gesund mit Blutwurz und Melisse«. Heikle Themen aus aller Welt werden frauenspezifisch aufgearbeitet und umgesetzt, etwa der »neue Ethno-Touch«, nein: nicht im Kosovo, sondern zum Selberbestellen.

Denn welche das Selbermachen nicht beherrscht, kann es auf jeder Seite kommen lassen, per Nachnahme plus Versandkosten. Ob Haushaltsgeld oder selbstverdient, *Brigittes* exklusives Brokatkissen, das die märchenhaften Farben des Spätsommers festhält, macht diesbezüglich keine Unterschiede. Ein glücklicher Zufall desgleichen, daß *Brigitte* vom Make-up her, was in der professionellen Zeitschriftensprache »Layout« heißt, dem IKEA-Katalog entspricht – allerdings mit mehr Leuten drin.

Und endlich: An Hand der *Brigitte* lernt frau nicht allein, schöner zu wohnen, sondern auch, schöner zu stöhnen. Denn Sex kommt durchaus vor – manchmal. In solchen Fällen schreckt *Brigitte* partout vor lauwarmbitteren Themen nicht zurück.

Muß frau beim Sex eigentlich alles mitmachen?

Jetzt breitet *Brigitte* ihr ganzes Repertoire an geschmackvoller Prosa aus: »Sie rollt sich zur Seite und fühlt sich schwach und leer. Es war Sex, wie er ihn mag.

Erst hat er sie mit dem Mund verwöhnt, dann sie ihn. Nun will sie schnell ins Bad, Zähne putzen, den bitteren Geschmack loswerden.« Sex zum Kotzen – irgendwas macht sie falsch. In derart ausweglosen Situationen kommt die dringend benötigte Hilfe von erfahrenen Diplompsychologen. Hier darf ein ganzer Berufsstand zeigen, was aus dem Vertrauen, das man in ihn setzt, gemacht werden kann. Wozu weiteren Rat, welche Fragen bleiben nach einer therapeutischen Anregung wie dieser? »Guter Sex braucht nicht so sehr die raffinierte Praktik, sondern den Spaß, den zwei miteinander haben.« Heißt wohl: Es schmeckt ihr nur, wenn sie es mag.

Brigitte setzt der Beliebigkeit des Postfeminismus klare Antworten entgegen. Zweiflerinnen, die fragen, ob sich Frauen mit ihrem Lebensgefühl in der *Brigitte* ohne Schwierigkeiten wiederzufinden vermögen, ruft der große Psychotest selbstbewußt zu: »Ich find mich gut!«

Meist verraten die Kleinanzeigen von Zeitschriften recht unverstellt, was die Leser wirklich umtreibt. Niemanden wundert es, daß man in der *ADAC Motorwelt* weit hinten Annoncen findet für Potenzpillen, Hämorrhoidensalben, Muskelaufbaupräparate und Chromfelgen. Laut *Brigitte* erstrecken sich die echten weiblichen Interessen auf: Heilfasten, Trennkostkurse und, für alle Fälle, kosmetische Chirurgie.

Das nächste Heft ist immer das schwerste
Aus der Tiefe des Raunens kommt der *kicker*

Thomas Schaefer

Immer schon stand Nürnberg im Schatten Münchens. Während Nürnberg vor tausend Jahren die »Stadt der Reichsparteitage« war, galt München als »Stadt der Bewegung«. Deshalb erscheint der *kicker* nicht in München, sondern in Nürnberg – und feiert 1999 bereits seinen 54. Geburtstag. Beinahe möchte man behaupten: Solange es Fußball gibt, Deutschen Fußball, so lange gibt es den *kicker* (resp. das *sportmagazin kicker*). Und daran wird sich auch nichts ändern: Solange Deutscher Fußball sein wird, wird *kicker* sein.

Das verwundert nicht, denn der *kicker* ist das Zentral- und Parteiorgan des Deutschen Fußball-Bundes, die *Prawda* des runden Leders. Das beweist schon der Umstand, daß *kicker*-Chefredakteur Rainer Bolzschuh, sorry: Holzschuh am unmöglichsten Ort den verbalen Umgang mit der Öffentlichkeit beigebogen bekam, in der DFB-Zentrale. Wer bei einer Partei groß geworden ist, die u. a. von den Herren Gösmann, Neuberger und seit geraumem Egidius Braun »geführt« wird, kann nur so lächeln und schreiben wie eben Rainer Holzbein.

Es bedürfte aber gar nicht erst dieser symptomatischen, diabolisch dementen Karrierefigur, um die Deckungsarbeit von DFB und *kicker* zum harmonischen Zusammenspiel zu bringen, steht doch der knorzkonservative und abstauberhaft verschnarchte *kicker* seinem biederen Dachverband kein Jota nach. Ob im Managementstil des DFB oder auf den Seiten des sich selbst als »aktuell«, »fachlich« und gar »kritisch« abfeiernden *kicker*: alles fünfziger Jahre. Der *kicker* war

Avantgarde, da Sepp Herberger sel. ihm seine nie veraltenden Publikationsdevisen auf den Anstoßpunkt legte: »Die nächste Ausgabe ist immer die schwerste« und »Das Blatt ist eckig.« Fortan: Stillstand.

Seit Äonen dasselbe Layout, derselbe druckerschwärzesabbernde Innenteil mit seinen grundsätzlich bei Nebel geknipsten Photos, derselbe Hochdruckteil, der, blättern wir um, augenblicklich taube Finger verursacht. Und natürlich dieselben Inhalte, Rubriken, Berichte. Wenn der *kicker* 1998 ein Länderspiel bespricht, steht dasselbe drin wie, sagen wir, 1973; lediglich die Aufstellung hat sich geändert (der Mannschaften, die des *kicker* ist geblieben). »7. Minute: Kirsten auf Heinrich, der von der linken Seite flankt. Van der Sar kann den Ball nicht festhalten, Bierhoff kommt zu spät«, rapportiert das Fachblatt am 19. November 1998 anläßlich des Länderspiels Deutschland – Niederlande (1:1) packend – minutiöse, liebevolle Nacherzählung.

Kritik findet sich allenfalls auf der Leserbriefseite, Verzeihung: auf dem »Leserforum«, wo heiße Eisen angefaßt werden, indem etwa Sven T. aus Burhave lospault: »Was zur Zeit zwischen dem 1. FC Kaiserslautern und dem VfL Bochum passiert, ist doch wahrlich unangebracht im Sport«; oder Stefan L. aus Dortmund völlig berechtigt fragt: »Liegt Magdeburg etwa im Westen?« Derartige wahrlich angebrachte Volksmeinung besteht hier ebenso catenacciohaft fort wie die Fanseite, auf welcher man mit Gleichgesinnten Anstecknadeln tauschen, »100% echt«-Autogramme beziehen oder verzweifelt Mitleidende suchen kann: »Hallo Fans des 1. FC Köln: Wir kommen wieder in die 1. Liga! Nur gemeinsam sind wir stark.« (Ein wenig bedenklich stimmt die Vielzahl von Inserenten, die »Kick. 69-97«, »Kicker 1975-97« oder »Kicker 75-98 Jg.« abstoßen wollen.)

Zugegeben: All das hat ja auch was. Gleich dem Fels im Sturm des Zeitgeistes steht der *kicker* und hält, Treu, Redlichkeit und Hausbackenheit übend, die Bude Deutscher Fußballmentalität sauber. – Andererseits machte das Fachblatt zuletzt durchaus Zugeständnisse an den

174

Wandel der Spielsysteme, im kleinen durch sprachlich anbiedernde Tops (»Facts + Trends«), im großen durch das Aufgreifen hipper Journalismusformen, vorneweg das Interview. Bevorzugte Gesprächspartner sind Franz Beckenbauer, Uli Hoeneß, Franz Beckenbauer, K.-H. Rummenigge, Franz Beckenbauer und Franz Beckenbauer. Manchmal O. Rehhagel. Da erörtert man dann die Lage der Fußballnation, indem man vorher einen Leitartikel von Theo Sommer auswendig lernt, wobei lediglich der Begriff »Deutschland« durch »Deutscher Fußball« ersetzt werden muß – sofern Grund zur Sorge besteht. Gilt es, über Erfolge nachzudenken, wird »Deutscher Fußball« durch »Wir« ersetzt, also etwa: »Der Deutsche Fußball muß von den Franzosen lernen«, aber: »Wir sind Europameister geworden, weil ...« Chefredakteur Hohlschuh gelingt es mustergültig, beide Perspektiven in einem einzigen Kurzbeitrag zusammenzuzwingen, so in seinem Kommentar »Die zwei Bundesligagesichter« vom 30. November 1998: »Deutsche Mannschaften blamieren sich im Jahre 1998 allenthalben«, beginnt das Resümee zutreffend, um nur sieben Zeilen später vollgas die patriotische Kurve zu kriegen: »Doch in der Champions League führen wir die Nationenwertung, würde es so etwas geben, mit Längen an.« Was es nicht alles gibt, gäb's es nur.

Bei *ran* kupfert man die Statistikgeilheit ab. Präsentierte Deutschlands Sportzeitschrift Nr. 1 früher Bundesligatabelle und -torschützenliste und fertig, füllen sich itzo mehr und mehr Seiten mit hochrelevanten Zahlenkolonnen (die bislang dem alljährlichen Standardwerk *kicker-Almanach* vorbehalten waren, das Freunde gänzlich zweckfreien Wissens auf Monate zu glücklichen Menschen machte). So wird die Torschützenliste in die Rubriken »rechts, links, Kopf, Elfer« diversifiziert. Fehlt noch die Unterteilung »Hinterkopf, Mittelscheitel, Geheimratsecke halb links«, gleichfalls »Hintern« vermisse ich heftig.

Alles belanglose Tricksereien für die Galerie – denn im Herzen spielt der *kicker* unverändert nach dem guten alten 4-4-2-System: 4 Anteile *Bild*-Zeitung, 4 *BRAVO*, 2 *Spiegel*. Sprachkritik würde den *kicker* unbedingt zwischen *Bild* und *Spiegel* verorten, nähme sie sich endlich dessen so ganz eigener Rhetorik an. *Bild* – das ist das brüllende Pathos und Ausrufezeichenhissen der Schlagzeilen: »Glückliches Remis!«, »TeBe feuert Gerland!«, »Reimann schmeißt drei raus!« – drei wahllos herausgepickte Aufmacher der Nummer 95/1998. Darüber hinaus herrscht, wieder Vorbild: *Bild*, geradezu obsessiver Reimzwang, der sich primär in Jandlkompatibler Minimalpoesie wie »O weh VfB« manifestiert und zum gepflegten Weiterdichten anstachelt: »Auau HSV«, »O weia Bayer« oder »Nix da Borussia«. Fußball ist halt ganz einfach, auch sprachlich.

Spiegel – das ist der rührende Versuch, nebenbei mal kreativ zu werden und assoziativ-brasilianisch loszudribbeln: »Funkel sucht nach neuen Glanzlichtern« kann schon stark gefallen (obschon etwas zu subtil komponiert). Politische Detailkenntnisse setzt die Headline »Lautern und der Marschall-Plan« voraus (die, damit nichts umkommt, im Innenteil desselben Heftes gleich noch mal verwurstet wird: »Olaf Marschall wieder im Plan«). Daß das Niveau der Wortspiele zumeist jenem der Nationalelf entspricht, stört wenig: Man pfeift eine Story über den Frankfurter Bernd Schneider mit der Überschrift »Mit Bernd aus dem Schneider« an, Anthony Yeboah wird flugs der Kampfname »Torminator« verliehen, oder irgendein Herr Engels läßt »die Flügel hängen«. Gut zu gefallen wußte auch die Überschrift »Krieg mit sich in Frieden«, nur knapp übertroffen von »Caruso hat Gold in der Knie-Kehle«. Äußerst dürftig demgegenüber »Lange macht kurzen Prozeß«, zu schweigen vom arg einfältigen »Eintracht bei der Eintracht«.

Ein weiteres eminent beliebtes, unverzichtbares Stilmittel bei des Flachblattes Powerplay auf den Leserintellekt ist der Stabreim. »Die Lage der Liga«, »kickerKolumnistenKreis« oder »kicker-kulisse« heißen regelmäßige Kolumnen, ihren Ausheckern zweifellos einen lebenslänglichen Stammplatz im kicker-kalauer-klub sichernd.

En détail wird so was unübertrefflich getoppt: »Grassers krasser Patzer« ist l'art pour l'art pur, »Schalke schielt auf die Schale« nicht minder. »Der Sieger von Siegen« fällt hingegen erheblich ab.

Dieses unnachahmliche verbale kick and rush funktioniert auf ewig. Und die Ewigkeit hat einen Namen: Karl-Heinz »Nannen« Heimann. Kurz nachdem Gott sagte: »Es werde Schrift«, begann Heimann für den *kikker* zu dichten. Später wurde er Chefredakteur, und inzwischen, mittlerweile Rentner, ist er Herausgeber jenes Blattes, in dem er aus dem Fundus all seiner Erfahrung und Kompetenz predigt, wo's ganz grundsätzlich langgeht. Das tut er via seine Chefrubrik »Karl-Heinz ›Augstein‹ Heimann dreht den Scheinwerfer«. Aus der Tiefe des Raunens kommend, bringt er lauter fürchterlich fundamentale Erkenntnisse mit und hält sie uns in sein nie verlöschendes spotlight: »Es stimmt, Fußball gehört nicht zu den Wintersportarten. Aber unter winterlichen Bedingungen sind schon millionenfach Fußballspiele ausgetragen worden«, erklärt Heimann unter der hochspekulativen Überschrift »Eine hochspekulative Angelegenheit« am 30. November 1998 und macht seine Leserschaft demütig schweigen angesichts dieser an jahrzehntelang gesättigter Empirie hochrankenden, nur durch schärfstes analytisches Denken ermöglichten Einsicht, die jedoch keinesfalls bei kognitivem Frost verharrt, sondern das ja gerade dem Sport so wesenseigen anheimelnd Menschliche nie aus den Augen verliert: »Sicher, es ist nicht jedermanns Sache, auf hartgefrorenen oder aufgeweichten Plätzen spielen zu müssen.« Hier fühlen wir uns alle verstanden. Allerdings trifft Heimanns heißer Scheinwerferstrahl schließlich eiskalt die bockelharten Leistungssportler, denn: »Bei ihnen ist es eher eine Willensfrage, gegen Kälte und Nässe anzukämpfen.« Die »Mimöschen im VfB-Trikot« gehören freilich nicht zur rechten Sorte.

Gegen die Sprache anzukämpfen, hat Karl-Heinz »Jens« Heimann nicht mehr nötig. Er ist nicht nur jederzeit in der Lage, instinktsicher den direkten Weg zum

Tor zu finden, er versteht sich auch aufs schöne Spiel und bietet etwas fürs Auge, das nicht trocken bleiben kann angesichts eines solchen Sonntagsschusses: »Die Lanzenreiter fegen wieder über die Spielfelder. Der Schalker Eijkelkamp streckte so im Ruhrderby den Dortmunder Freund nieder.« That's Fußball.

Was auch künftig geschehen mag, der *kicker* bleibt. Ein kleiner Ausblick:

2005: Der Fußball wird aus den Stadien verbannt und eine rein virtuelle Angelegenheit. Karl-Heinz Heimann dreht den Scheinwerfer.

2010: F. Beckenbauer reißt durch einen Putsch den *kicker* an sich und macht ihn zur Vereinszeitschrift des FC Bayern. Keinem fällt es auf. K.-H. Heimann dreht den ...

2015: Alle Vereine außer dem FC Bayern werden verboten, weil von F. Beckenbauer aufgekauft. Heimann dreht ...

2020: F. Beckenbauer kauft Heimann. Heimann merkt's nicht. Er dreht gerade den Scheinwerfer.

2050: Der *kicker* hat nur noch einen Leser. Heimann schreibt jetzt inkl. Leserbriefe alles selbst. Und dreht den Scheinwerfer.

2099: Karl-Heinz Heimann stirbt und schreibt in seiner Kolumne »Karl-Heinz Heimann drehte den Scheinwerfer« einen anrührenden Nachruf.

Aber so weit ist es zum Glück ja noch nicht gekommen.

Arsch und Eimer
Erwägungen zum Erfolg von *cinema*

Kay Sokolowsky

Der elende Zustand des deutschen Kinos darf nicht beklagt werden, ohne zugleich sein Publikum anzurempeln. Das verheerende Geschmäcklertum, das nirgends so verbreitet ist wie hier, bei simultan gleichfalls einmaliger Geschmacklosigkeit, die nahezu komplette Absenz von Wissen um Filmproduktion und -technik gleichwie das endlose Blechgerede rund um die entweder »tolle« oder »schwache« Geschichte, auf die es angeblich ausschließlich ankommt, die, kurz, grauenhafte Dummheit der hiesigen Kinobesucher hat ihnen Faßbinder und Wortmann eingetragen und eben auch das Pseudofachblatt *cinema*. »Europas größte Filmzeitschrift« konnte nur deshalb so groß werden, weil es hierzulande keine, buchstäblich keine Konkurrenz kennt. Während in England, Frankreich, den USA, zivilisierten Territorien also, wenigstens ein Dutzend durchaus disparater Journale die interessierte Gemeinde bedient und ihre Autoren sich selbst nicht selten ausdrücklich für klüger als den Lesermob halten, schätzt der eingeborene Multiplex-Kunde die luzide Analyse und den berechtigten Snobismus so wenig, daß er neben dem äußerst industrie- und blödmannfreundlichen *cinema* schlicht nichts dulden mag. Es wäre freilich auch sinnlos und vertanes Geld, Leuten, die Til Schweiger und Katja Riemann zu Stars gemacht haben, eine deutsche Fassung von *Empire* oder *Entertainment Weekly* anzubieten.

Vor gut einem Vierteljahrhundert als mit der Garamondkartoffel gesetzte und mit den Füßen geschriebene

Bierzeitung gestartet, gelang *cinema* der Durchbruch, da die Kassen der großen Kinoschachtelketten es ins Verkaufssortiment aufnahmen. Die penetrante Hudelei und röhrende Betriebshörigkeit des Blattes, die ihm seinerzeit das Wohlwollen der Mogule eintrugen, hat es zwar weitgehend ablegen können. Dennoch wird lange suchen müssen, wer in *cinema* den Verriß eines heftig gepushten Major films finden möchte. Ihre Beißwut tobt die Redaktion vornehmlich an Stücken aus, die weder über einen großen Verleih noch einen nennenswerten Reklameetat verfügen. Zwar wird der Sprache inzwischen weniger Leid zugefügt als in den Gründerjahren; aber die Anbiederei an die Kundschaft sorgt weiterhin für die Vermeidung von Gedanken, die mehr denn einen Nebensatz erfordern. Im aktuellen Layout unentschieden, jedoch professionell zwischen Portfolio und Briefmarkenalbum hin- und herzitternd, gibt die Produktion sich immerhin Mühe, die Farben der Photos halbwegs heil durch den Digitaldruck zu bringen; und zuweilen findet sich sogar ein Interview im Heft, das man noch nicht öfter als dreimal woanders gelesen hat.

Fast nichts riskierend, greifen die Macher um so öfter in die Tonne: Stets auf der Hut, es dem Lesertrottel recht zu machen, werden regelmäßig Porträts und Themen gefahren, denen der lange Zahn der Zeit schon nach wenigen Monaten heftigst zusetzt. Wer derart fixiert aufs Herausschreien neuester Vorlieben und zumal den monetären Erfolg eines Films ist wie die *cinema*-Redaktion, irrt zwangsläufig fortwährend. Solide Halbbildung und ein investigativer Ehrgeiz, der sich im Abschreiben aus amerikanischen Filmmagazinen und deutschen Pressemappen erschöpft, besorgen den Rest. Die folgenden Beispiele, willkürlich den letzten drei Jahrgängen entnommen, bilden keine Ausnahmen, sondern die Regel für einen Filmjournalismus, der viel zuviel Angst vor dem Publikum hat, um jemals gescheiter sein zu können als ein Thema.

Die Titelgeschichte von Heft 6/1996 – »Hollywoods junge Wilde« – führt »elf Newcomer« vor, die angeblich die Stars von morgen sind. Leider resp. zum Glück weiß schon heute keiner mehr, wer denn diese Natasha Henstridge war; beide Spielfilme mit Pamela Anderson sind gnadenlos gefloppt; und Thandie Newton hat hoffentlich eine Familie, die sich noch an sie erinnert (sonst tät's niemand). Auch in der Heimat beweist die Zeitung nicht den besten Riecher. Nummer 12/1996 präsentiert eine »Nina Hoss« als »Frau, von der man im nächsten Jahr noch viel sehen wird«. Seit *Das Mädchen Rosemarie*, ein Fernsehfilm, 1996 aufgeführt wurde, hat Nina »Who?« keine Hauptrolle mehr gespielt. Ausgabe 5/1997 hievt folgerichtig eine Dame auf den Titel, die mit dem Metier überhaupt noch nie ernsthaft zu tun hatte, das Mannequin Tyra Banks. 11/1997 zeigt wieder Sinn für den Nachwuchs und freut sich über die »erotischen Newcomer« der Saison. Floriane Bleibtreu, Nicolette Krebitz, Jeanette Hain und die anderen blassen Tanten, die nun aufgefahren werden, verschonen uns derweil und erfreulicherweise mit Präsenz im Filmtheater.

Heft 3/1998 gräbt für den Umschlag ein ziemlich scharfes Bikinibild Kim Basingers aus dem Archiv und fordert sogleich, vor Testosteron wie von Sinnen: »Gebt Kim Basinger den Oscar!« Das bißchen Veronica-Lake-Abklatsch in *L. A. Confidential*, auf das der Tagesbefehl sich bezieht, wird dann aber doch nicht reichen. Und die kühne Behauptung, »der Regisseur von *Knockin' on Heaven's Door*«, Thomas Jahn, »schuf« mit *Kai Rabe gegen die Vatikankiller* nicht etwa einen unerträglich platten Klamauk-, sondern »einen deutschen Kultfilm« (oder ist das tatsächlich dasselbe?), rundete im Dezember würdig ein Erscheinungsannum ab, dessen alleradanebenster Titel bereits im Februar am Kiosk lag und also lautete: »Deutsches Filmwunder '98«. Wenig später bereits zeichnete sich ab, daß einheimische Produktionen finanziell einbrechen würden wie seit Jahren nicht mehr.

Das unablässige Scheitern des Journals beim Talentscouten und Trendsetten wird im Textteil gespiegelt von einem »Service«, für den wahrlich Geldstrafen verhängt gehören, so beliebt ist er mittlerweile unter der Preß-brut. Dem Leser, der besonders schnell nix wissen will, bietet *cinema* Minikritiken an, in denen je ein bis drei Punkte für »Humor«, »Anspruch«, »Action«, »Spannung« und »Erotik« vergeben werden und zwölfeinhalb Worte ein Resümee ziehen. Auf dieses subterrane System, das den waltenden Analphabetismus besser bedient als selbst Verona Feldbusch, ist natürlich nur sehr, sehr bedingt Verlaß. *Air Force* beispielsweise erhielt einen »Anspruchs«-Punkt, *Godzilla* deux points für »Spannung«, *Flubber* zwei betr. »Humor«, *Starship Troopers* einen »Erotik«-Zuschlag und *Das 5. Element* eine Top-wertung für »Action«.

Wo aber nichts mehr stimmt, da wächst das Plättende auch: Seit der Augustnummer 1998 vergnügt sich die Redaktion damit, ihre Kurztips durch Verweise auf gewesene Erfolgsstreifen zu schmücken. Nun rumpelt endlich alles durcheinander und wird so egal, wie einem dergleichen übrigens auch sein sollte: »Dieser Film könnte Ihnen gefallen, wenn Sie *Außer Atem* und *Myste-ry Train* mochten« (*Lola rennt*); »[...] wenn Sie *Garp* und *Forrest Gump* mochten« (*Die Truman Show*); »[...] *Schindlers Liste* und *Die Brücke* [...]« (*Der Soldat James Ryan*). Es gibt Schädel, in denen möchte man nicht und nie, keine fünf Sekunden lang, gleichgültig um welchen Preis, stecken.

Das elende deutsche Kino und seine adäquate Print-fassung sollten jedoch, ich muß es wiederholen, nie ver-flucht werden, ohne das zugehörige Publikum zur Hölle zu wünschen. Bzw. – mit anderen Worten: »Inhaltlich hat sich [...] einiges getan: Wir haben das Medium Film neu definiert.« (Editorial zu Heft 2/1997)

Immer an die Nackten denken!
Gute Laune mit *TV SPIELFILM*

Martin Kahl

Dieser Umbruch war unvermeidlich: Als die entfesselten Produktivkräfte des Fernsehens immer mehr Sender hervorbrachten und immer neue Programmformate entwickelten, drängten sie auch auf eine Änderung der Verhältnisse vor dem Gerät. Doch wer fühlte sich gewachsen, die innovative Darstellungsweise in den Printmedien ohne Verlust an avantgardistischem Schwung rüberzubringen?

»*TV SPIELFILM* ist der Revolutionär unter den TV-Zeitschriften«, verkündet die Milchstraßen-Verlagsgruppe auf ihrem »Ad-Server« im Internet. Dirk Manthey nennt sich schließlich auch nicht einfach Verleger, sondern »Blattmacher«. Denn er überwindet viele starre Strukturen und hat immer neue Einfälle und Zeitschriften. Das kommt, weil er sich nicht für das Kaufmännische berufen fühlt, sondern für das Unkonventionelle und Kreative. So produzierte er als erster ein Magazin, das ganz dem »modernen Leben, Großstadtfieber und Wellness« gewidmet war. Weil er keinesfalls so bescheiden wirken möchte wie die verkaufte Auflage von *max*, hat er sich von seinen Mitgesellschaftern (Rizzoli, Burda Holding, Gruner + Jahr) ausbedungen, vier Monate im Jahr abwesend sein zu dürfen. Zeitzonenüberschreitend nimmt er dann die fälligen Kündigungen seiner Chefredakteure und -redakteurinnen via e-Mail, Internet-Phone, Bildtelephon und Handy vor.

Wer der Zukunft dermaßen zugewandt lebt, weiß natürlich, wie man mit televisionärem Elan die Traditionsblätter unter den Fernsehzeitschriften um ihre

Auflagen bringt und deren Werbeumsätze halbiert: nur die schlechten Angewohnheiten der Privatsender übernehmen und jeden Haufen, in den man tritt, als frisch gefundenen Klumpen Gold verkaufen. Die etablierten TV-Wochenblätter wirkten angesichts des wilden Jungseins von *TV SPIELFILM* plötzlich bieder und weit hinter der Zeit. Das konnte nicht ohne Folgen bleiben. Selbst die *HÖRZU* definiert ihre Kernzielgruppe neu und nennt sie »Winning Generation«.

TV SPIELFILM dagegen war sich der Bedeutung, zur rechten Zeit am rechten Ort zu sein, von Anfang an bewußt: »Top in der Auflage und weit vorn in Sachen hoher Zielgruppen-Qualität. So liegt *TV SPIELFILM* gerade bei den anspruchsvollen, gebildeten und einkommensstärkeren Lesern bis 39 Jahre besonders häufig neben der Fernbedienung.« Wäre zu fragen, was bei den Anspruchs- und Bildungslosen über vierzig daneben liegt und ob Dirk Manthey auch seine Werbetexter öfter mal rausschmeißt. Gleich nach dem Start ist der Revolutionär jedenfalls das Opfer von Epigonen geworden. Der Bauer-Verlag hat *TV SPIELFILM* imitiert und *TV Movie* auf eine verkaufte Auflage von über 2,7 Millionen gebracht. *TV SPIELFILM*, die »Zugmieze« der Mantheyschen Milchstraßen-Gruppe, hält bis heute nur einen zweiten Platz. Wie denn anders? »Anspruchsvoll, gebildet und einkommensstark« sind längst nicht alle – und außerdem ausschließlich Männer, auf deren Lebensgefühl *TV SPIELFILM* unmißverständlich abzielt.

Wenn etwas für Männer gemacht ist, kann es nur um eines gehen: Computer oder Autorennen oder Satellitenschüsseln oder niveauvolle Erotik. Weil *TV SPIELFILM* mit letzterem gleich per Titelbild beginnt, wurde boshaft bemerkt, Manthey decke statt Skandalen in der Fernsehbranche lieber die Blößen von Jungschauspielerinnen auf. Nun kann man nicht unbedingt behaupten, das Medium sei vom Kopf auf die Brüste gestellt worden, investigativ verfuhren die Konkurrenzblätter auch nicht gerade. *TV SPIELFILM* zeigt jedoch, daß sie geschmacklich differenzieren kann, wenn es darauf ankommt.

Obwohl sie als erstes »Programmie« Nackte via Titel präsentierte, verachtet sie hochnäsig jede Folge des *Schulmädchen-Reports*. Erotik für das gebildete Publikum sieht bekanntlich anders aus, eher wie die *Geliebten Schwestern* ohne Kittel. Und weil der Zuschauer nicht genug Nachhilfe in Sachen Geschmack bekommen kann, reicht ein Heft alle vierzehn Tage längst nicht mehr. Diesen Mangel kompensiert das Internet, wo es erfahrungsgemäß ohnehin viel schlimmer zugeht als im wirklichen Leben. Wähl' dein Erotikgirl, und gib ihm ordentlich Punkte – interaktiv nennt man das, sobald der Leser zwar nicht gleich zum Redakteur wird, aber wenigstens virtuell die Spalten vollmachen darf.

Wenn eine Fernsehzeitschrift schon nicht besser zu sein vermag als das Programm, das sie präsentiert, kann sie in ihrer Not jedenfalls so tun, als sei nicht nur die Debütantin auf dem Titelblatt, sondern auch das, was sich im Ankündigungsteil tut, knackig und taufrisch. Dabei ist alles unübersehbar Retusche, muß die »erstklassige Optik« die zahllosen Altersfältchen des Programms übertünchen. Aber Milchstraße verdirbt ja bekanntlich nicht den Appetit. Ist ein Film wirklich mal dermaßen geraten, daß er das Niveau der Redakteure nicht verdient hat, wird der Leser mit munteren Erklärtexten und Bildunterschriften so lange bequatscht, bis er's merkt. Man bildet sich bei *TV SPIELFILM* etwas ein, nämlich darauf, Schrott wenigstens ab und zu klipp und klar »trash« zu nennen. Statt die hedonistische Jugend aber verläßlich anzuleiten und ihr den dringend notwendigen Halt und die richtige Orientierung zu geben, bleibt *TV SPIELFILM* lieber bei des Zuschauers Leisten: Dann kriegen auch Arni- und Sylvester-Filme den Daumen hoch. Einem Medium zuzuarbeiten, in dem »jetzt« mit »nach der Werbung« übersetzt wird, verdirbt halt den Charakter.

Auf dem hart umkämpften Markt der Fernsehzeitschriften will die Werbekundschaft gepflegt werden, selbst die Revolution muß sich alle zwei Wochen am Leben erhalten. So bündelt man Kräfte und mobilisiert die

Massen. Reichlich »produktbezogene« Preisausschreiben und konglomeratartige Markengewinnspiele, bei denen geraten werden muß, was Sat.1 mit dem OBI wohl für eine Klasselotterie während der ganzen langen bierblonden Filmnacht anstellt, sollen den Leser erst zur Teilnahme und dann zum Frustkauf treiben, falls der Hauptgewinn ausbleibt. Weil niemand glaubt, daß derart der Abwehrreflex gegen Unterbrecherwerbung überwunden werden kann, tut *TV SPIELFILM* so, als gehöre sie zum Lifestyle einfach dazu. Die unerhörte Botschaft, Fernsehwerbung sei interessant, läßt sich die Revolution pro Heft eine ganze Seite kosten: Wähl' den TV-Spot, der dir am wenigsten langweilt, und die Marktforschung schenkt dich vielleicht für diesen Gefallen was. Geht es noch weiter mit dem »werbefreundlichen Umfeld«? Vielleicht so: Redaktionell aufgearbeitete Geschichten werden um Anzeigen herumgeschrieben – was aber nur ein böses Gerücht ist (in der Werbesprache: »It's a Sony«).

Gibt es daneben Platz für eigenes Profil? Nun, man schreibt nicht nur ab, was die Pressemappen hergeben, bisweilen prescht *TV SPIELFILM* direkt ins Minenfeld des eigenen Mediums und übt Frontberichterstattung. Eine Redakteurin läßt sich in eine Nachmittagstalkshow einschleusen und berichtet später, wie schrecklich es war. Sie hat vor Andreas Türck eine an Flachbrüstigkeit Leidende gemimt und viel davon für ihr Leben zurückbehalten. War dieses persönliche Opfer wirklich nötig? Jedenfalls wissen wir nun, daß bei Türck, Pilawa et al. alles nur Show ist und es bloß auf die Quote ankommt.

Wenn Helmut Markwort wiedergeboren würde, was sich niemand wünscht, und noch einmal Chefredakteur einer Programmzeitschrift, er machte eine wie diese: kurze Texte, massenhaft Kästchen, alles nicht zu schwer, ein bißchen zu bunt und überreichlich »Service«. Und würde er gar Chef der *TV SPIELFILM*, er riefe seiner Redaktion den ganzen Tag zu: »Leser, Leser, Leser – und immer an die Nackten denken!«

Eine Idiotenwelt
Kundenbetreuung bei *Computer Bild*

Sönke Jahn

Wer keinen PC hat, wird das nicht verstehen: So einen Apparat muß man um seiner selbst willen besitzen wollen. Und weil alle anderen schon einen haben. Oder die Kinder ganz wild darauf sind. So ein Computer ist nämlich eine Universalmaschine, für die es im eigentlichen Sinn keine Verwendung gibt, die vielleicht nicht mal einen Zweck erfüllt, die deshalb absolut wertlos und ganz schön teuer ist. Und die dennoch bald alles kann. Nur mit PC darf man sich Besitzer einer e-Mail-Adresse nennen, eine gemütliche Homepage einrichten, Homebanking praktizieren oder argentinische Nacktbilder sammeln und zum Tausch anbieten.

Personal Computer sind vor allem etwas für Liebhaber. Und wie für jede Liebhaberei existieren besondere Zeitschriften, wenn auch nicht unbedingt so ausladend viele, wie es Computermagazine gibt. Kioske und Zeitungsläden sind bis unter die Decke vollgestopft mit entsprechenden, zumeist haarsträubend gestalteten und lektorierten Titeln, als da u. a. wären *PC go!* und *PC Direkt*, *PC Praxis* und *PC WELT*, *PC SHOPPING* und *PC PLUS*, *PC ACTION* und *PC Player* und *PC OnLine*, *PC INTERN* und *PC VIDEO* und *PC MOBIL*, *PC knowhow* und *PC Games* und *Computer easy* und *win* und Co. Einige Hefte erscheinen in Lizenz weltweit grassierender Blätter. So hat etwa die US-amerikanische *PC WELT* sogar einen bulgarischen, einen maltesischen und einen ägyptischen Ableger.

Diese Fachblätter üben eine wichtige Funktion aus: Sie verrät dem rastlosen PC-Maniac, wann die Hersteller neue Computer und neue Software auf den Markt ballern und all das andere Zeug, das man dann gefälligst anstöpselt oder einbaut. Computerbesitzer leben mit einem selbstgewählten permanenten Nachrüstungsbeschluß; sie sind ganz wild auf Vergleichstests aller Art. Sämtliche Redaktionen lassen Geräte gegeneinander antreten, lassen Drucker drucken, Scanner scannen, Mäuse klicken, Bildschirme leuchten usw. usf. Die meisten Apparate gelten danach als »Kacke« oder »Geht so« – denn nur einer kann Testsieger sein. Und den darf der Leser hernach beruhigt kaufen gehen.

Manchmal aber ist ein Gerät bei dem einen Blatt »Kacke« oder »Geht so« und bei einem anderen Testsieger. Deshalb muß man sich immer mehrere Schwarten besorgen, um rundherum informiert zu sein. Ein PC, so geht die Legende, ist nie wirklich ausgereift, er will pausenlos aufgebohrt und erweitert werden. Falls es doch einmal nichts mehr zu frickeln gibt, emittiert die Firma Microsoft garantiert ein neues Windows-Betriebs-(sic!)System, das einen monatelang in Atem hält und den Zeitschriften jede Menge Aufmacher mit Tips und Tricks beschert. Die auflagenstärksten Blätter verkaufen jeweils um die 300.000 Exemplare pro Ausgabe, Marktführer *Computer Bild* setzt fast eine Million ab.

Computer Bild erscheint vierzehntägig, kostet 2,70 Mark und hat über 200 Seiten, eine Hälfte Anzeigen, die andere füllen umfangreiche Tabellen mit detaillierten Meß- und Testresultaten. Anfangs war *Computer Bild* zwanzig Pfennig billiger, aber da hockten auch noch keine fünfzig Mitarbeiter bis spätabends vor neuen, tollen Waren, die sie sezieren und montieren, begaffen und begrabbeln, um hinterher zu verraten, wie man sie in Betrieb setzt. So ähnlich jedenfalls begründete Chefredakteur Kuppek die Preiserhöhung. Die meisten anderen PC-Gazetten kosten zwischen fünf und zehn Mark.

Als *Computer Bild* vor drei Jahren lanciert wurde, befürchtete die Konkurrenz geschlossen, ihre Auflagen würden sofort in den Keller gehen, denn was *Bild* heißt, ist ein Selbstläufer. Mittlerweile schätzt man das Blatt

188

gleichsam als Durchlauferhitzer: Es führe über kurz oder lang den Etablierten neue Leser zu. Wo andere PC-Magazine von außen wie richtige Zeitschriften aussehen, im Heftinneren aber Insider-Speech pflegen, verspricht *Computer Bild* »verständliche Computer-Infos« und sieht aus wie *Bild der Frau.*

Die Gattenversion reizt und befriedigt tiefe Sehnsüchte: Die Beschäftigung mit dem PC ersetzt den Hobbykeller. Irgendwann fühlt sich der Angetraute wie ein echter Programmierer; ist reif für richtige PC-Zeitschriften, für *Computer Bild* verloren. Springers Fachblattmannschaft muß ständig Neulinge kobern.

Das fällt nicht leicht. Die PC-Anwendungsbereiche lassen sich darauf reduzieren, daß man irgendwas eintippt oder Bilder anguckt. Langeweile ist programmiert. Kurse wie »So sehen Texte schöner aus« und »Ich bastele mir Visitenkarten« bringen auch nicht wirklich Pfeffer rein. Da zieht schon eher eine »Strecke« zu Bildschirmschonern, Programmen, die immer dann bunte Graphiken zeigen – »Programm« machen –, wenn man gerade nichts mit seinem Computer anzufangen weiß.

Folgerichtig schreibt *Computer Bild* am liebsten darüber, daß irgend etwas nicht funktioniert oder den PC gleich komplett lahmlegt. Das nennt sich »Absturz« und ist richtig schlimm – schlimm genug jedenfalls für Titelstorys; nur schlechte Nachrichten sind gute Nachrichten: »Was tun, wenn der Computer abstürzt« oder »3-D-Grafikkarten: Achtung! Absturzgefahr«. Jetzt hilft *Computer Bild*, stellt »Absturz-Schutzprogramme« vor und bietet »Pannenhilfe für Ihren Computer« unter dem Motto: »Nicht ärgern – selbst helfen«. Solch ein Szenario schürt Angstlust, sorgt für PC-Begeisterung. Ein toll ausgeknobeltes Paradoxon: All die Crashkurse beweisen, daß der PC eine bescheuerte, unausgereifte Maschine ist, die einfach nicht funktionieren *kann*. Andererseits laufen anderer Leute »Rechner« meist anstandslos, nur der eigene nicht, was dann ja wirklich an der Doofheit des Anwenders liegen muß. Als echter Kerl nimmt man die Herausforderung an.

In der Überzeugung, der PC sei tatsächlich integraler Bestandteil des täglichen Lebens, verbraten Kuppek und sein formidables Team liebend gerne große oder kleine Katastrophen, wittern Skandale und tragen speckdick auf, rufen den »Smogalarm im Büro« aus oder zeigen einen lodernden Heimcomputer und titeln über der Feuersbrunst: »Im Brandfall: Risiko Seveso-Gift«. *Computer Bild* ist das Organ, das sich an jene unbedarften Hanseln wendet, die a) noch nicht wissen können, daß sie ihren PC nicht anzünden sollten; und b) wahrscheinlich bereits derart virusinfiziert sind, daß sie selbst bei einem Zimmerbrand den PC nicht im Stich lassen. Vollends konsequent annoncierte dieselbe Ausgabe zusätzlich einen Softwarecheck:»10 Löschprogramme – Viel Geld für wenig Leistung«.

Leider fehlte der Balken »Brandaktuell«; ein paar Ausgaben später zierte er die Ankündigung, man habe den ALDI-PC getestet und für gut befunden. Der Dosen-Discounter verscheuert halbjährlich handstreichartig und palettenweise billige Heimcomputer, weigert sich jedoch stets, die Fachpresse zu informieren. »Brandaktuell: So gut ist der ALDI-PC«, titelte der Branchenführer, der eins der begehrten Geräte hatte klemmen können. Und wie gut? »Macht beim Arbeiten richtig Dampf« und »Auch beim Spielen geht die Post ab«. Ein Heft später: »Alle gegen ALDI!« Zum erstenmal wurden eine Million Hefte verkauft. Bums.

Der *Computer-Bild*-Leser hat demnach entweder einen entsprechenden PC ergattern können oder keinen mehr abgekriegt. Auf jeden Fall interessiert er sich brennend für Computer, steht mit einem Monatslohn im Brustbeutel und einer Thermoskanne Kaffee seit dem Frühtau vorm ALDI und begehrt, einen großen lapprigen Pappkarton nach Hause zu tragen, der den VW Käfer des »Informationszeitalters« (Peter, Paul und Mary Pulitzer) enthält. Eine Idiotenwelt.

»Melf«
Die dröge neue Welt von *P.M.*

Kay Sokolowsky

Zu seinem zwanzigsten Geburtstag im November 1998
wartete *P.M. – Peter Moosleitners interessantes Magazin*
mit einem Titel auf, den es in 240 Nummern zuvor geschätzt kaum drei Milliarden Mal gefahren hatte: »So
leben wir morgen«. Denn mögen sich andere auch mit
Schaudern abwenden vor diesem ungewissen »morgen«
mit all seiner »Barbarei« (Jürgen Kuczynski) des »Ka-
sino-Kapitalismus« (Robert Kurz), mit seinen globaler-
wärmten Ozonsuperlöchern, ausgezehrten Petroleum-
quellen, erschöpften Rentenkassen, von Plutoniummüll,
Armutsmigration und Kloning ganz zu schweigen – *P.M.*
schaut unverzagt, ja topoptimistisch in die Future. »Die
erste Chronik der Zukunft« verheißt das Jubiläumsheft,
derart die zirka sechs Quadrilliarden »Chroniken«, die
in den vorangegangenen Ausgaben standen, der Zukunft
zugewandt kurzerhand vergessend; und der siebzig
Seiten dicke »Special«-Riemen enthält wahrlich alles,
wofür die Zeitschrift einsteht und was sie zu einem der
probatesten Dukatenesel des Gruner + Jahr-Konzerns
gemacht hat.

Als Gerhard Peter Moosleitner sel. beschloß, gegen
den waltenden Fortschrittspessimismus aktiv zu werden, hatte die Bundesrepublik die nassen Tage von
Brokdorf zwar noch vor, aber die Ölkrise und den auto-
freien Sonntag bereits hinter sich. Mit der Witterung
des Vollblutjournalisten, dem Stil und Form nicht gegeben sind, jedoch der tiefe Wille zum Verkauf, hatte er
die Lücke im Sortiment erfaßt. Nirgends gab es ein Blatt
für angehende Luftwaffenpiloten und Automechaniker,

für Chemielaboranten, Fernsehtechniker und Melkmaschinenwarte, für all die Dumpfnasen also, die ihren Mitschülern durch verschärfte Aufmerksamkeit in der Physikstunde auf die Nerven fallen und denen kein Buch ins Haus käme, das nicht verfilmt worden ist. Sein mehr populäres denn wissenschaftliches Journal sogleich als »interessant« auszuloben, war vermutlich Moosleitners genialster Trick: Wer von der Umgebung zumal als Riesenlangweiler, Axe-Benutzer und Pappredner wahrgenommen wird, der möchte wenigstens gegen Geld bescheinigt bekommen, sich für »interessante« Angelegenheiten zu interessieren.

Die technoromantische Ideologie von *P.M.* ward durch Tschernobyl so wenig erschüttert wie durch die »Challenger«-Explosion; sturheil begeistert zeigt das Blatt sich weiterhin über all die »Wunder«, die aus den Werkstätten und Hexenküchen der großen Konzerne auf die Hannover-Messe resp. das aktuelle Schlachtfeld im Vorderen Orient geliefert werden. Da kommt selbst *Bild* nicht mit: Während im Sommer 1998 das sagenhafte Tagblatt seine Leser mit der Meldung über einen »künstlichen Mond« verschreckte, den die Russen ins Weltall schießen wollen, um Licht in die ewige Nacht der Taiga zu bringen, aber auch Unruhe und Pestilenz unter Mensch, Tier und Flora, besingt das Novemberheft von *P.M.* die »Sensation«, die »Notbeleuchtung in Katastrophengebieten«, die Erlösung von »Winterdepression, Alkoholismus und Selbstmord«. Tutti va bene! »Dem Ingeniör ist nichts zu schwör« (Erika Fuchs)! Und eine halbe Million *P.M.*-Käufer kriegen den Hals partout nicht voll von dem regressiven Gequake.

Da der Zeitschrift wie ihrem Publikum bereits geringere ökonomische und soziopolitische Einwände suspekt sind, vielmehr der Kapitalismus für eine Supersache gilt und der Hinweis auf Wachstumslimits als Anarchogequatsche, tut sich die »erste Chronik der Zukunft« nicht ein bißchen Zwang an und findet einfach alles klasse, was in »Labors, Entwicklungsabteilungen und ›Denkfabriken‹ auf der ganzen Welt« ausgebrütet wird. Und natürlich darf man sicher sein, daß »im Jahr 2018« nahezu keine einzige Vision des »Specials« so verwirklicht sein wird, wie die zahllosen, mehr bunten als ansehnlichen Graphiken sie präsentieren. Weder wird irgend jemand außer Bill Gates oder dem Sultan von Brunei Schotter genug haben, um »seinen persönlichen Gen-Code auf einer CD abspeichern zu können«, noch wird Pflegestufe III ausreichen, um Roboter zu mieten, die »so feinfühlig« sind, daß sie »Kranke und Senioren« zu windeln und füttern vermögen. Kekse mit »eingebauten Antibiotika« und »Nanoroboter für die Magenschleimhaut« werden zwar an keinem Gesundheitsministerium vorbeikommen, aber dafür können wir auch ewig warten auf das Konzertstück »Betonblock«: »[...] ein Musiker [muß] einen Betonblock mit einem lautlosen Hochenergie-Bohrer so bearbeiten, daß der Block beim Ertönen des Schlußakkords in sich zusammenfällt. Dazu dröhnen Staubsauger, Stichsäge und Küchenquirl, digital so aufbereitet, daß sie wie Stimmen von Außerirdischen klingen.« Man kann sich die Phantasie eines *P.M.*-Redakteurs offenbar nicht beschränkt genug vorstellen.

»Lula ist bereit« – so hebt das bizarrste Stück der »Chronik« an, Überschrift: »Maschinensex: Computer und Internet zeigen neue Wege zum Genuß«. Friederike Storz, die hoffentlich nur so heißt, weil sie ihren Eltern keine Schande machen möchte, sabbert weiter: »Lajos aktiviert sein Lieblingsprogramm: ›Hyper-Orgasmus‹, Kopulationsstufe 3.« Dem Leser schwellen da nicht bloß die Ohren. »Fasziniert streicht er über die glatten Silikonbrüste der Liebesandroidin.« Mehr, Baby, mehr! »Ein Surren geht durch Lulas Körper, und schon öffnet sich ihre glänzende Chromscham.« Ja, ja, jaa! »Dahinter verbirgt sich eine technisch perfekte Vagina aus sterilem Polyethylen.« Aus was denn sonst, du Luder! »Sie saugt sich dicht um Lajos' Lenden und fährt ihre High-Speed-Mikrovibratoren langsam hoch.« Sirr, quietsch, schprotz!

Offenbar kennt der dumpfe Kunde, dem diese Wildschweinprosa gewidmet ist, nicht mal Kastrationsängste

– und hat, wie es sich unsereins immer schon dachte, tatsächlich nur eine einzige erotische Phantasie, die aber unentwegt: mit seinem Auto zu vögeln. Die »Robokopulation«, der »elektronisch übermittelte Geschlechtsverkehr«, das »Cyber-Fummeln« haben ihre Anhänger bereits lange vor der Serienreife; die Fans von *P.M.* sind nämlich noch zum eigenhändigen Wichsen zu dämlich. Die Utopie des durchschnittlichen Atomkraftwerksmonteurs, das muß man dem »Special« lassen, wird deutlich genug, um vor Sympathie für den Homo faber weiterhin gefeit zu sein: Statt Sozialhilfe soll es Sachleistungen geben, statt Straßenbahnen Transrapid, statt Frühstück »Müslipackungen mit Multivitamin-Rundumschutz«. Aber warum tragen die Helden der »Chronik« so eierabschreckende Namen wie »Lajos Futura« und »Melf Künftig«? Resp.: Spricht sich hier evtl. das »Es« von *P.M.* aus, ist am Ende die Essenz des unglaublich interessanten Magazins schlicht und schlaff – »Melf«?

Das Editorial des Jubelheftes, sozusagen geschrieben von Chefredakteur Hans-Hermann Sprado, sieht selbstschreddernd alles ganz anders. So wird der Titel, ein sagenhaft unansehnlicher Infokasten- und »Teaser«-Salat, wie ihn schätzungsweise 84,6% aller deutschen Zeitschriften anrichten (»Kein Layout, sondern Benutzeroberfläche« hat Hermann L. Gremliza dergleichen mal genannt), munter abgefeiert als »neu« und »multifunktional«, signalisiere er doch »die ungeheure Themenvielfalt von *P.M.* bereits auf den ersten Blick kompetent und plakativ«. Wer's glaubt, wird Dipl.-Ing.

Sprado feiert sein Blatt mit der Bescheidenheit und Noblesse eines Fischverkäufers: Das krötenblöde »Special« sei »so spektakulär, wie es« seinesgleichen »in der an Highlights gewiß nicht armen Geschichte dieses Magazin noch nie gegeben« habe. Den Pfeifen, die er adressiert, muß Imponiergehabe fast so wichtig sein wie simultanes Anschleimen (»grandioser Erfolg [...], allein Ihrer krisenfesten und kritikfreudigen Treue zu verdanken«); der Kosmos von *P.M.* kann Tiefenpsychologen, denen Anschauungsmaterial betr. Analfixierung fehlt, nur empfohlen werden. Fraglich übrigens, ob das Zeug irgendwo anders als in der Bierschwemmen- und BMW-Hauptstadt München produziert werden könnte. Stuttgart? Zugegeben, Stuttgart ginge auch.

Nun bekommt der Gründer sein Fett, i. e. die letzte Ölung: »Peter Moosleitner hat das Konzept von *P.M.* sofort als Chance des sofortigen Erfolgs begriffen; er hat die versteinerten Unsitten und Kalkablagerungen der Wissenschaft hinweggeblasen und zum ersten Mal verständlich erklärt, was in der Welt ist und sein kann.« Newton, Einstein, Hawking – subalterne Dumpfbacken, verglichen mit Jahrtausendgenie Melf-, Pardon: Moosleitner, dem Titanen, vor dem Sitten zu Kalk und Konzepte zu Chancen wurden und der zu blasen vermochte wie selbst Lula auf Kopulationsstufe 10 niemalen! Wiewohl oder eben weil praktisch keine andere Zeitung *P.M.* zitiert, geschweige abschreibt (aus Rücksicht auf die begriffslahme Klientel und die kümmerliche Zwanzig-Mann-Redaktion werden bei Moosleitners grundsätzlich Themen behandelt, die in der restlichen Presse bereits vor Jahresfrist abgefrühstückt waren), jubelt Sprado über »Berichte von so zeitüberdauernder Wirklichkeit und Aktualität, daß man viele davon heute am liebsten zum zweiten Mal drucken möchte«. Was heißt denn »möchte«? Seit 1978 stehen doch praktisch immer die gleichen acht Artikel im Heft!

Dies aber, Wiederholungszwang und Überraschungslosigkeit, hat – neben forciertem Infantilismus, schamloser Maschinengeilheit und einem ungescheuten Bekenntnis zur freizeitlich-dämelkratischen Grunzordnung – eine Leser-Blatt-Bindung geschaffen, die nachgerad' einem Betonblock gleicht, unerschütterlich selbst durch den lautlosesten Hochenergiebohrer. So teilt Kunde Erik Schoett via e-Mail mit: »Nehmen wir an, Reisen in die Vergangenheit wären tatsächlich möglich. Man würde also zurückreisen und seinen Großvater umbringen.« Wahrhaftig, es wär' das erste, was einem da einfiele. Gudrun Grüb schreibt aus Pforzheim: »Zu diesem spannenden Artikel möchte ich gern noch einige Informationen hinzufügen, die ich darin vermißt habe: Sie vergaßen zu erwähnen, daß die Menschen-Nasen mit zunehmendem Alter länger werden.« So geht's dem *P.M.*-Dackel dauernd: Man vermißt, was eins sowieso schon wußte. Frau Feige aus Roetgen hat nichts vermißt, sondern zu danken, weil irgendein Geschmarre im Septemberheft »einige meiner bisher unformulierten Gedanken und Vorstellungen beschrieben hat.«

Und so soll es bleiben bei *P.M.* in Ewigkeit oder wenigstens bis 2018, wenn die nächste »erste Chronik der Zukunft« fällig wird: Der Abonnent pflegt seine gammligen »Gedanken« und käsigen »Vorstellungen«, und der Redakteur beschreibt den »Melf«, unformuliert. »Denn die Leser, die wir riefen, haben wir nun!« (H.-H. Sprado)

Handke lebt
Der deutsche *Rolling Stone*

Michael Sailer

»Like a rolling stone« fühlte sich jemand in einem Song des amerikanischen Folkgestrüpps Bob Dylan vor vielen hundert Jahren. Kein besonders tolles Gefühl, eher fad. Lieber nicht.

Wir können die Geschichte auch anders erzählen: Es war einmal eine englische Band, die nannte sich, weil ihr nichts Besseres einfiel, nach einem Blues-Lied Rolling Stones. Prompt tauften die US-Amerikaner ihre führende Musikzeitschrift nicht besonders einfallsreich *Rolling Stone*. Und weil es praktisch überhaupt nichts gibt, was den Deutschen je selber eingefallen ist (von Heinz Rudolf Kunze zu schweigen, der in jedem anderen Land höchstens als Hydrant zum Einsatz käme), mußte irgendwann ein *Rolling Stone* auf deutsch erscheinen.

Man kann natürlich mal ein bißchen hinterfragen: Warum soll es in Deutschland keine Zeitschrift geben für gute, alte Rockmusik und alles, was damit zu tun hat, z. B. Politik und Umwelt und solche Sachen, hä? Natürlich: weil in Deutschland nichts etwas mit Rockmusik zu tun hat, außer Geld, Stadionevents unter Beteiligung von Joe Cocker, Tina Turner und Phil Collins, noch mehr Geld und – der Alltag? Der hat allerdings mit Rockmusik zu tun, und zwar in ihrer grauenvollsten Form (Wir sagen nur: Starship!), die durch zirka 16.000 gleichformatierte Radiosender ununterbrochen in die Gehirne gepeitscht wird und die Arbeitsfähigkeit erhält, indem sie das Protestpotential mindert. Aber die Rockmusik hat mit dem Alltag nichts zu tun, mit dem Leben nicht, mit dem Sterben nicht, nichts mit Sehnsüchten,

Gefühlen, mit Bedürfnissen noch weniger, mit überhaupt nichts – abgesehen von blödsinnigen Klischees, Verhaltensmustern, von, in summa, Simulation.

So betrachtet ist die Idee eines deutschen *Rolling Stone* andererseits beinahe genial. Was ist schon eine so erbärmliche, in den Anfangszeiten zudem aus Holland importierte und teilweise aus dem Niederländischen nicht mal übersetzte Veranstaltung wie der verzweifelte *musikexpress* gegen das Original »aus den Staaten«? Das hatte auch Bernd Gockel erkannt, ein sog. »Urgestein« des deutschen Hobbymusikjournalismus, und daher zur Krönung seiner Laufbahn beschlossen, keine Zeitschrift für, besser: über Rockmusik (und alles, was damit etc.) zu machen, sondern sie zu simulieren. Nichts paßt besser zur deutschen Imitationsszene als eine imitierte Zeitung, die man am besten auch noch mit markigen Sprachbohlen wie diesen in die sog. Öffentlichkeit brettert: »Wir haben uns vorgenommen, eine deutsche Identität zu bekommen, denn wir wollten nicht wie der verlängerte kulturimperialistische Arm der Amerikaner wirken.« Solch Gebolze schreit geradezu nach Heinz Rudolf Kunze, und nicht von ungefähr war es im Grunde eine Art Heinz Rudolf Kunze in Broschürenform, was im November 1994 unter dem kulturimperialistisch identitätischen Titel *Rolling Stone* an die deutschen Kioske flatterte. Die Idee hatte Anfang der achtziger Jahre schon mal jemand. Damals war allerdings die Wahl zum ersten Titelhelden ausgerechnet auf Yoko »Luftschutzsirene« Ono gefallen, und die Zeitschriftenhändler konnten deshalb gar nicht so schnell schauen, wie die angepeilte Leserschaft wieder den Laden verließ.

Der zweite *Rolling Stone* fand, um ähnlichen mißlichen Phänomenen vorzubeugen, ein Rezept, dessen zur Grundeinstellung der Dumpfbolzenrockmusik passende Ehrlichkeit erneut beinahe genial war. Das erste Titelbild zeigte einfach niemanden, nur die Ausstattung, die man sich in entlegenen Dörfern des ehemaligen Zonenrandgebiets umhängt, wenn man wochenends mal so richtig auf Rock machen tut. Klamotten prangten da, und die sahen derart schnittig nach ranzigem Rock-'n'-Roll-Klischee aus, daß die Anspielung zunächst kaum zu verstehen war: Nicht etwa nackt ist der Kaiser, sondern er hat sich unbemerkt geschlichen, geblieben ist die leere Verkleidung – eine geniale, ja ingeniöse Metapher für den Zustand des Rock 'n' Roll zu Beginn der neunziger Jahre, und deshalb dürfen wir getrost davon ausgehen, sie sei garantiert nicht so gemeint gewesen. Eine simulierte Zeitschrift für ein simuliertes Publikum startet mit einem simulierten Titelbild – eigentlich zuviel der Ironie. Da kriegt man ja den Drehwurm.

Mit der Genialität war es dann auch schnell vorbei. Der Versuch, neben den Texten obendrein die »inhaltliche« Mischung zu übersetzen (Promotexte über US-Hammerrockbands, »Schnappschuß«-Photostrecken zu Springsteen, Turner, Cocker, Elton John, Prince, den Stones und – als echtdeutsche Einrührsel – BAP, Kunze, Westernhagen und Grönemeyer sowie ein bißchen davon, was man in den USA für Politik hält), schlug fehl. Das pseudobetroffene Problematisierungsgewese von Ebermann/Trampert war bald wieder draußen. Statt dessen litt der Leser an den redaktionellen Translationkursen. Stammgast Courtney Love tönte: »Die Folter lag darin, daß ich so gar keine Entscheidungsfreiheit mehr hatte. Mein Leben war total paranoid und schräg. Der Feind war diese frenetische Welt draußen, die ich so entsetzlich fand.« Und wir wundern uns, wieso der Deutsche um die Dreißig von hundert Adjektiven, die er benutzt, ganze zwei dem Sinn nach kennt. Der Rest wird einfach so gesagt: »Die Party gestern war dermaßen frenetisch, schräg und paranoid, Mann, entsetzlich, daß du nicht da warst.« Natürlich will hier niemand behaupten, Courtney Love sei eine intelligente Frau oder der US-*Rolling Stone* ein Hort intellektueller Freuden. Im Original klingt das aber doch anders: »The limbo was because my choices were so narrow and myopic. The paranoia of my life was so weird. The frenetic outside world was the enemy, horrifying.«

Abseits solch konstanter übersetzerischer Großleistungen durfte sich im kotzfarbenen Textlayout der deutsche Urgesteinsmusikjournalismus richtig rasend austoben. Das folgende Beat-Poem des berüchtigten Jörg Gülden über eine Platte der Frantic Flintstones erschien leider als Fließtext. Um seine geballte poetische Potenz zu bergen, erscheint es hier erstmals korrekt umgebrochen: »›Superlabare Rotz – Kotz – Fotz – Fresskapott‹: // (Covertext) – na, alles klar? / Denn nur wo ›geballter Humor‹ draufsteht, / ist auch ›geballter Humor‹ drin. / Auf diesem Album steht und ist er in einer mindestens 60 Cicero-Schlagzeilen-Größe / drauf und drin / (Das ist etwa der Schriftgrad) / des genialen *Bild*-Headline-Klassikers, / der da lautete: ›Hitze! Honka! HSV!‹ / Anyway, der langen / Rede kurzer Sinn: / Für uns alle, / die wir das Pralle, / Prollige, Verspoilerte, Tiefergelegte und Alufelgenbreitgereifte inbrünstig lieben, / sind die Frantic Flintstones die musikalische Pflicht und Kür. / Mit dem einen / kleinen / heftigen Unterschied allerdings: / This is not Wanne-Eickel- / oder Castrop-Rauxel-Manta-Country, / this is Proll-Town USA! / Was aber machen / die Frantic Flintstones denn, / daß man sie hören / oder gar kaufen müßte? / Rockabilly, so die Antwort. / Und dieser recht simplen, relativ leicht durchschaubaren / und für halbwegs Talentierte instrumental schnell / reproduzierbaren Stilrichtung hat das Quartett / mittels amerikanischer Dummfunk-Einschübe / – Werbung, Wetter, Wettbewerbe – / derart werbewetterwettwahnsinnige / Spitzen aufgesetzt, daß man dem Album / hundertprozentige Lachgarantie bescheinigen kann.«

Soweit der Workshop »Anwendungsdichtung«. Ein weiterer Autor namens Arne Willander läßt die Verleihung eines »Handke des Monats« verführerisch plausibel erscheinen: »Wer spricht in diesen Liedern? / Der unbewegte Beweger? / Oder doch der Hund aus ›Come A Little Dog‹?«

Wir wissen, wer hier spricht: jemand, der ahnt, was passiert, wenn Willander dereinst seine vor Urzeiten begonnene Handke-Magisterarbeit als Artikel über Heinz Rudolf Kunze im *Rolling Stone* veröffentlicht.

Der Deckel überm Unrat
Understanding *spex*

Jürgen Roth

Sei Schwätzer – und du wirst sehen, alle Schwierigkei-
ten verschwinden!

Sören Kierkegaard

Für die *spex*, das zu Köln am Rhein verfertigte Mittei-
lungsblatt der stolzen Schwätzer und ahnungslosen
Laffen, fehlt jeder medienwissenschaftliche Begriff. Was
dem Kleinkunstbetriebswesen der Off-Bühnen und Vor-
stadtkabaretts das betörend unaufhaltsame Theater-
gemsengeschnatter, ist der musikalischen Subkultur
und ihren Wächtern das Szenegeraune. »Das Magazin
für Popkultur« liebt die Kultur und singt das – wenn
auch schwer kakophonisch-kokoloreshafte – Hohelied
auf die ästhetischen Revolutionen des Alltags seit zirka
1973, als laut Diedrich Diederichsen, vor seiner *spex*-
Regentschaft bei *Szene Hamburg* und *Sounds* tätig,
Doors-Sänger Jim Morrison starb, obwohl der bereits
1971 die Kurve gekratzt hatte. Immerhin: »Morrison ist
geil tot.« (Diederichsen)

Mit der Wirklichkeit und den Tatsachen hat man es
bei den Subkulturarbeitern nicht so. Sie werkeln am
und im eigenen kleinen publizistischen Reich, wo Geset-
ze herrschen, die kein Außenstehender kennt. Nur zu
erahnen ist, worum es sich da Monat für Monat dreht:
um Platten, Kino, mal um Malerei, mal um bedeutende
Theorie und Bücher und immer um alles zugleich und
kreuz und quer, Hauptsache, die Autoren verstehen sich
selbst nicht mehr.

»Kunst macht unser Leben reicher« (Bawag, Bank für Arbeit und Wirtschaft), lautet ihr Motto, und deshalb bewertet und bekakelt man, was zum Kanon der Gegenkultur oder der Dissidenz, der Subversion oder des »Andersseins« (Diederichsen) zählt – resp. dazu bestimmt wurde.

»Mir sann mir!« dröhnt es aus jeder überbordenden Spalte, aus jedem unredigierten Riemen, aus jedem finsteren Traktat. Wohl geht es der *spex*-Mannschaft seit Jahren darum, ihrer Gefolgschaft »ein neues Paradigma einbleuen« (*Süddeutsche Zeitung*, 5. Dezember 1998) zu wollen, obschon die zügigen »Paradigmenwechsel« des Blattes selbst seine Macher schier bekloppt werden lassen. Die *spex* zu verstehen, übersteigt des Normalsterblichen Kräfte bei weitem. Wir versuchen es trotzdem.

Die unvergleichliche Jutta Koether, *spex*-Herausgeberin und Vorsteherin des »Büros New York«, möchte »ein paar Zeichen für kulturelle Differenzen ohne die Festschreibung ihrer Analyse« (1/1999) setzen, also einfach mal daherkäsen von »Transformationsdreh« und »Backdrop-Dekorations-Existenz«. Kollege Tom Holert reflektiert, ohne zu merken, daß er den Jargon der *Bild*-Zeitung benutzt, den sog. »Berlin-Sog«: »Das Kunst-Köln, wie es einem gelegentlichen Besucher von Ausstellungseröffnungen wie mir atmosphärisch entgegenwirkt, machte 1998 keinen übermäßig zerknirschten, verunsicherten Eindruck, gemessen an der angstmachenden öffentlichen Aufmerksamkeitskonzentration in Richtung Berlin.« Das ist schön. Noch schöner ist Holerts jüngster Hymnus auf die – ganz Michael Stürmer – »Persönlichkeit der Zeitgeschichte« George Michael (1/1999), eine Apologie des Starsystems und des Massenereignisses, die so gar nicht zu den gewöhnlich propagierten »subversiven Politiken« passen will. Um den Schwurbel »korrekt« zu trimmen, mimt Holert zunächst den Kritiker des Überwachungsstaates: »Der Trick, mit dem George Michael ›überführt‹ wurde, gründet auf einer absichtlichen Nicht-Beachtung von Systemgrenzen, oder genau-

er (und mit Luhmann): in einer mißgünstigen Interpre-
tation symbiotischer Symbole.« Anschließend reißt er
der Semantik die Maske der Bedeutung vom Gesicht:
»Es geht hier im traditionellsten Sinn um Repräsentation, um die Wahrnehmung von Interessen, um Pop als
Medium der Rache. Und das alles zu einem Zeitpunkt,
an dem der Appell, diese repräsentativen Funktionen
von Musik und die durch sie hervorgerufenen metapho-
risch-allegorisch-politischen ›Lektüren‹ endlich hinter
sich zu lassen, immer lauter wird. Aber: Ist Repräsentation wirklich die Geißel des Pop? Oder: Was wäre Pop
ohne Identitätspolitik?« Früher hieß es in *spex*, »Identitätspolitik« sei »Faschismus« (Diederichsen); heute
schlagen die Priester, die sie immer waren, den richtigen rechten Ton an: »George Michael rettet. Uns. Alle.«
Warum? »Bei George Michael dient die Stimme nicht als
Vehikel eines wie auch immer gearteten In-Your-Face-
Expressionismus, sondern als elegant-existentiell ver-
winkelte Einflugschneise für private Probleme und alar-
mierende gesellschaftliche Bedingungen.« Denn: »Die
furiose Dehnung der Stimme ist [...] nicht bloß Teil eines
faszinierenden High-Pop-Kompetenzdiskurses. Das Aus-
reizen und Auskosten der vokalen Möglichkeiten markiert den Preis des Privilegs, ein Superstar zu sein, aber
zeichnet auch die Route vor, die er noch gehen kann. Die
Codierung der öffentlichen Passion in punktgenau pla-
zierten ›Yeahs‹ und ›Hhhms‹ ist dabei nichts zu Dechif-
frierendes, sondern die Voraussetzung dafür, daß Leidenschaft überhaupt massenhaft hörbar wird.«
  Der Typ spinnt einfach. Oder er will Joachim Kaiser
werden. Zumindest hat er zu allem Mitteilung zu machen – in Heft 11/1998 z. B. über »das goldene Vereins-
wappen auf dem grotesken Blazer« des Winnie Schäfer,
welches »die Einrichtung des Dekorums« nicht weniger
als »nicht unheikel« erscheinen lasse; über Michael
Rutschky: »[...] dieser Anti-Stil der Durchblickerei bei
gleichzeitiger Nicht-Beachtung jeden Dekorums« unter-
mauere »einen Rutschky-Eindruck, über den es sich aus
Gründen der Selbstbeherrschung (s. o.) dann doch eher

zu schweigen gebietet«; und über – in einem einzigen Zweispalter unschweigend fortzufahren – den »Charakter einer Transgressivitäts-Gebrauchsanweisung in Re-Search-Manier«, um »sich mit diesen Autoren [Th. Meinecke usf.] auf die nächste Stufe der Popularisierung von Eugenik-Kritik, Gender-Debatte, Außenseiterdiskurs u. v. m. zu begeben«, v. a. u. v. m., an gleicher Ausgabenstätte etwa auf der Stufe des »kulturkritischen Essays« (Inhaltsverzeichnis) über Glamour, das angeblich fast wichtigste »Attribut der letzten Jahre«, und den »Glanz der Interface-Popkultur«, der aber wahrscheinlich nichts zu ringen hat mit der These, daß »das Theater zum Schlachtfeld der heißen Zeichengefechte, die wir Pop nennen«, wird.

Wir müssen mal eben auf den Abort.

Womöglich ist *spex* halt nur ein Betriebsnudelblatt wie alle anderen auch und behandelt »Kultur als den Deckel überm Unrat« (Adorno), allerdings mit bis zur Demenz ausgeprägtem Distinktionsbedürfnis, das allenthalben in die Apologie des Bestehenden umschlägt: Man berät die Galeristen, man berät die Plattenfirmen, man berät die Filmverleiher. Am liebsten baute man die herrschende Kultur selbst. Da der Zugang zu entsprechenden Instituten fehlt, dengeln und quengeln Redaktion und Mitarbeiter weit jenseits der Grenze des gesundheitlich Vertretbaren. Mixta composita sind so beliebt wie angeberische Substantivketten: »Vertrackte Rhythmen, verwirrende Gesangsarrangements, verwegene Produzenten und verzauberte Stubenhocker«; Fragen über Fragen werden aufgeworfen, und der Unverstand kleidet sich in die apokryphsten Abschweifungen.

Manch einer nennt das den Stil des wahren Pop. Wer nicht durchblickt, gehört zum blöden Rest. Abstruse Welterklärungsmodelle, rotierende Paranoia und die ungebrochene Rhetorik der Überredung und Belehrung konstituieren ein hermetisches System aus pathologisch anmutendem Sermon, Geprotze und dem Dilettantismus jener Streber, die das Proseminar Germanistik zu dominieren versuchen. Frei von Selbstironie, paukt die *spex* den Fans und der Kundschaft die angesagten Werte vor: Habitus, Musik, Diktion. Mit ihr wurde ein Medium für esoterischen Servicejournalismus geschaffen, die denkbar verlogenste Version der »Hypertrophie des Schmockthums« (Karl Kraus), der schlodderigste »Schlamm der schmierigsten Halbweltanschauung« (ders.) – ein *manager magazin* ex negativo unterhalb der Finesse von *Rheinischer Post, RÄTSELKAISER* und *Hunde & Hündchen*.

Wer in *spex* zu Wort kommt, kennt kaum anderes als »Milieus«. Nicht über Musik wird geredet, sondern über deren »Kontexte« oder Surroundings. Daß man seinen eigenen Kopf herumtragen kann, ist unbekannt. Den »Vulgär-Bourdieuismus« (eieiei), den Diederichsen in Heft 1/1997 bei der »Kulturlinken« (gemeint sind, soviel man weiß, die Stalinisten, Trotzkisten und Faschisten aus dem »Umfeld« der Zeitschrift *konkret*) dingfest zu machen meinte, pflegen wohl eher die Dirigenten der »Poplinken« bzw. »Diskurslinken« (*Texte zur Kunst, spex* und etwas, das sich *Die Beute* nennt), so daß die »Experten des Universalverdachtes« (Diederichsen) weniger jene als vielmehr diese wären, insofern sie lediglich danach trachten, »symbolisches Kapital« (Bourdieu) zu akkumulieren. »Die Selbstmarginalisierung« ist nicht nur heuchlerisch, weil sie mühsam den sehnlichen Wunsch kaschiert, akademische Weihen zu erringen; sie »beginnt schon mit der arroganten Abgrenzung, man sei cooler und ›mehr sexy‹« (Martin Büsser), schaukle ergo entweder imposantere Klöten als die Weicheier der eingebildeten »linken« Konkurrenz oder hantiere mit der Sprache halt nach schlechtem Gusto. Kurzum: »Was indirekt so tut, als wären *spex*, Diederichsen und Co. die Neger des deutschen Akademiebetriebs, die einzig coolen, aber auf Grund ihres Negerdaseins von den entscheidend dotierten Posten ausgeschlossenen Intellektuellen« (Büsser), ist eine glatt zweifache Lüge – betr. »Ausschluß« (Foucault et al.) und betr. Intellekt.

Wenn man denn überhaupt begreifen kann, wozu die *spex* seit Jahren initiiert wird, dann dürfte ein zentrales

Motiv die Geilheit ihrer Protagonisten nach Gefolgschaft sein. Auf den eng bedruckten achtzig Seiten tummeln sich lauter Meisterdenker. Deren dem Publico vor die Füße gesabberte Exegesen – ob zu Luhmann (»Das Frivole oder auch einfach Lustige, das bei Luhmann immer wieder zum Zuge kam, war nie die Simulation von Distanz, die man bei so vielen AutorInnen findet, sondern immer eher eine Distanz, die sich noch von sich selber distanzieren kann und trotzdem nicht damit angeben muß«, faselt eine Barbara Kirchner) oder über »die befreiende Kraft von Beats und Bässen« – schreiben fort, was Diedrich Diederichsen einst begann (freilich gibt es keinen *spex*-Autor, der *nicht* seinem Papi explizit huldigt; die Rubrik »backissues« feiert gar dessen imbezilste Auslassungen: »Ein Artikel über Zeichentheorie und Popmusik von Diedrich Diederichsen, der mit Geld nicht zu bezahlen ist«): den Text in ein Sammelsurium aus Paradoxien, Schwafelei, Originalitätsgespreize, verstrupptem Szenesprech und mutwilliger Idiotie zu verwandeln.

Währenddessen reitet der Ausbilder unvermindert voran und ernennt die Zeichentrickserie *The Simpsons* in aberirrwitziger Narretei zum allerneusten Paradigma der Postmoderne: »Sie sind [...] vorbildlich in Leiden und Freuden, exemplarische Figuren der Kunst.« Weshalb sie das sind, erklärt der Döspaddel so: »Ein ewiges laterales Apropos verknüpft alle Gegenstände der Welt als immer schon Kunstgegenstände, Kunstwerke und Bedeutungsspeicher endlos miteinander.« Rotzdoof weiter: »Kein Sinn wird hervorgepopelt, es wird eher Traumarbeit geleistet. Jedoch: was man da sieht, ist eben nicht nur postmodern, nicht nur Traum, nicht nur Verschiebung und Verdichtung. Es ist postmoderne Aufklärung – alle Verknüpfungen geschehen durchaus im Lichte politischer, ethnischer, generationeller, kultureller, klassenspezifischer Interessen und Kämpfe.« Er will uns töten. »Es wird bei der Lektüre immer ein aufklärerischer Gewinn erzielt, es gibt eine Lüge und eine Wahrheit. Nur sind beide immer in oft kleinsten und manch-

206

mal größeren Rahmen geframet.« Und manchmal in oft mittleren Frames geramat. »Doch dem modernen Einklagen der harten Folgen« – wir befinden uns im Abschnitt »Semiotische Leitdifferenz hart/weich« – »harter Dinge setzen die *Simpsons* nicht die totale Folgenlosigkeit entgegen.« Sondern, wir springen etwas: »Das aber ist kein bloßes Verknüpfen um des Verknüpfens willen, sondern soll noch mehr durchaus konturiertes Wissen und neue Zusammenhänge rund um die fiktiven oder aus anderen Fiktionen (*Akte X*) oder der Geschichte (Richard Nixon) bekannten Personen produzieren. Die scheinbar entlastenden Itchy-&-Scratchy-Inserts, die unmotivierten Nebengeschichten, entlasten nicht wirklich durch Kontingenz-Spritzer, sondern türmen noch mehr Welt und System und Weltsystem auf.« Bald können wir nicht mehr. Einen noch: »Aber sie [die Sendung] fühlt sich auch der Realität des durchschnittlichen postmodernen zwangsassoziativen Alltagskulturwissenschaftlers [Wen meint er – sich?] verbunden, mit seinen sisyphoiden Zwischenschritten, die immer nur in neue Verwirrungen und Zwangsassoziationen führen.« Bitte einweisen.

Null Wort stimmt. Wirklich: kein Komma wahr. Aber alles ziemlich »derridaid« (Diederichsen) und diederesk. Egon Friedell und Alfred Polgar, die Schöpfer der Zeitungssatiren *Böse Buben-Presse*, hätten kapituliert. Der immer noch größere Wahn und Wust und Wustwahn der *spex* ist nicht mal nach Maßgaben des schlechtesten Kabaretts parodierbar. »Seit Jahren schärfen sie ihre Brillanz in der Darstellung von Kommunikationsdesastern, Codemischungen, Ebenenverwechslungen«, schreibt Diederichsen im *tip* 25/1998 über die Berliner Volksbühne. Oder erneut über sich und sein Heft? Martin Hecht (*Unbequem ist stets genehm – Die Konjunktur der Querdenker*, Reinbek 1997) charakterisierte das Gesplonz der Betriebskrakeeler als »wasserdichte Unkontrollierbarkeit [...], verbunden mit einem unstillbaren Geltungsbedürfnis« und dem »»Entre-nous-Gestus der Eingeweihten««, die »das Ersetzen von Sinn durch Geschmack« praktizieren »im Kreise des Klüngels der Kultur- und Kulinaresoteriker«. Er meinte die »Nonkonformisten« von Jürgen Fliege bis Gertrud Höhler. Wir meinen die *spex*-Sturmtruppe. Und dergestalt sollte der Schrott ruhen.

Dann aber kam Dath, Dietmar Dath, der Bubi mit Pudel und Mütze, unter der es beständig qualmt statt denkt. Seit Heft 12/1998 lenkt er die *spex*, und seine erste Amtshandlung als neuer Chefredakteur bestand darin, eine Titelgeschichte über Black Metal inkl. »Face-Paint« und »Grundsatzgegrübel« zu veranstalten, die, wie Alfred Schobert (*konkret* 1/1999) zeigte, das »Musikgeschichtswunderwerk« des Nazis Michael Moynihans abfeierte. Daß Dath wahnsinnig ist, stellte er spätestens 1995 mit seinem als »Roman« bezeichneten, im Wortsinn unlesbaren Pubertätsprosapopel namens *Cordula killt Dich! oder Wir sind doch nicht Nemesis von jedem Pfeifenheini* (Verlag unbekannt verstorben) unter Beweis. Allerdings prädestinierte ihn jenes Schriftstück für einen Posten, den er nun a) zur Abfassung rarer Editorials, b) zur hundertfachen Plattenbesprechung auf Tremensniveau (»unpräzise hingeduselte [...] Streichelphrasenausschüttung«, »Instrumente, die der Untertitel als Körperextensionen der Protagonistinnen ausflaggt«), c) zur Zitation und Belobigung des alten Arschlochs Aleister Crowley und d) zur Emission hochstringenter Essays nutzt, die bescheiden die Lemmata Frauen, Elektrosphäre, computing, Hypertext-Strukturen, feminine Praktiken, Blut und Börse und Spätkapillarismus (gekürzte Fassung) verkrauten und von uns aber leider nicht mehr Zeile um Endloszeile zur Kenntnis genommen wurden.

Neben Wehrwalt Daths erhabenem, weil längst jenseitigem Wirken verblassen seine Knechte immer stärker. Freilich wäre noch zu klären, wie vieler Pseudonyme sich der heißlaufende Bauernbursche eigentlich bedient. Vielleicht macht's der Laden nicht mehr lange. Die »Zeichen« (*spex*) stehen gut, »die Lunte läuft« (Werner Neugebauer, IG-Metall-Bezirksleiter Bayern).

Strictly verkehrt herum
Müncnner Journalismus à la
musikexpress/SOUNDS

Michael Rudolf

Jede Ausformung unserer ganz alltäglichen Idolatrien hat ihr eigenes Zirkular. Das gilt insbesondere für kulturelle Hervorbringungen, die gesungen und/oder teilweise auf Instrumenten dargebracht werden. Selbst der unbedarfteste Beobachter erkennt sofort, daß dieses Feld sehr weit, sehr unübersichtlich sich gestaltet. Und ein wenig Orientierung im Spartenblätterwald täte dringend not. Bitte sehr.

Für Leute mit langen Haaren, die gern rülpsen, gibt es *Rock Hard*, für Briefmarkensammler den *Oldie-Markt*, für komplett Bekloppte die Monatsschrift *spex*, die Vorruheständler lesen den *Rolling Stone*, und Leute, die sich überhaupt nicht für Musik interessieren, kaufen den *musikexpress*.

Natürlich heißt er richtig ausgesprochen *musikexpress / SOUNDS*. Warum das so ist, behandeln wir heute nicht; darüber wurde schon zu viel geschrieben. Wir Medienprofis dürfen aber ab und an auch mal *ME / SOUNDS* sagen. Cool, nicht? Damit hat sich die Coolness in Sachen *musikexpress / SOUNDS* im wesentlichen auch erschöpft.

Okay, die ganze Angelegenheit ist viereckig, mehr hoch als breit, hat einen bunten Umschlag, Buchstaben stehen vorn drauf, ein Ladenpreis vor allem, hinten ist eine Anzeige, ganzseitig. So. Drin setzt sich dieses Gestaltungsprinzip in etwa fort: Buchstaben, bunte und schwarzweiße Bilder und Anzeigen. Die einzelnen Seiten sind, so es das Layout zuläßt, paginiert. Sie haben eine logische Reihenfolge und sind – dieser folgend – mit Klammern aneinander geheftet. Manchmal ist auch eine CD beigelegt. Kenner werden jetzt spontan einwerfen: »Das ist ja eine Zeitschrift!« Nicht ganz unwahr. Aber auch nicht ganz richtig. Denn wir müssen in unsere Überlegungen einbeziehen, daß diese Papierversammlung in München verantwortet wird.

Dort sitzt nämlich eine Schar handverlesener Beatles- und Stones-Addicts, die seit über fünfhundert Monaten den lieben langen Tag nichts anderes zu tun weiß, als die ihr zur Verfügung stehenden Seiten mit ihrem Wortschatz zu füllen. Na, Wortschatz ist jetzt vielleicht eine Spur zu dick aufgetragen, egal. Das Ergebnis ist ohnedies erschütternd: Durchschnittlich ein Drittel handelt – richtig – von den Beatles und ihren Abkömmlingen, ein weiteres Drittel ist der Stones-Hofberichterstattung vorbehalten, und das restliche, bei weitem winzigste Drittel verteilt sich kläglich über ein Inhaltsverzeichnis, die Michael-Cretu- oder Heinz-Rudolf-Kunze-Obsessionen der Praktikanten, das Impressum sowie die Konzert- und Plattentips, bei denen sich die Redakteure auch noch ablichten lassen.

Damit ihnen keiner ins Handwerk pfuscht und sich u. U. ein wahres Wort ins Blatt verirrt, wird von den freien Mitarbeitern nahezu Unmögliches verlangt. Mal müssen die Reviews ganz kurz und bündig sein, manchmal auch einfach nur unter fünfzig Druckzeichen bleiben. Der Presserat hat das schon mehrfach gerügt.

Die Redakteure wechseln zwar sehr häufig, doch Nachforschungen haben eindeutig ergeben, daß selten mehr als sechs Mann gleichzeitig beschäftigt sind. Und mit dem Posten des Chefredakteurs gibt man kompromißlos zu verstehen, daß selbst in München schon die Vorzüge der Arbeitsteilung verstanden worden sind. Nun, nicht gleich so, wie wir das tun. Da verrichtet man schnell des Guten zu viel. Einen Chef vom Dienst muß es nämlich genauso geben wie einen Stellvertretenden Chefredakteur oder aber einen Berater des Chefredakteurs – bzw. eine Redaktionsleitung und einen, der für

210

die redaktionelle Planung verantwortlich zeichnet. Die Aufgaben im Sextett sind also verteilt. Einen Art Director und einen für Design hat es zusätzlich. Beide halten sämtliche Gitarristen für Linkshänder und bilden diese dementsprechend falsch rum ab. Eigentlich müßte man die von der Rückseite gegens Licht betrachten, aber dann stehen die Buchstaben wieder seitenverkehrt. Sie sehen, jetzt wird es kompliziert. Wir können wohl an dieser Stelle ruhigsten Gewissens abbrechen.

Do the Pop!
jetzt – das Jugendmagazin der
Süddeutschen Zeitung

Bela Stern

Diese eine Lektorin. Hat die selber staubgesaugt in
ihrem Büro? Sieht so aus. *Sie* sieht so aus. Nennen wir
sie K., der Diskretion halber. Schreibtisch von Inter-
lübke. Kein Stäubchen, nur dieses dünne DIN-A-4-Heft.
Hey, *jetzt*, die Jugendbeilage der *Süddeutschen Zeitung*.
»Lesen Sie das auch?« Schulterzucken; erst mal hören,
worauf sie hinaus will. »So müßten wir unsere Cover
gestalten« – sie hebt den Zeigefinger –, »dann fangen die
Zwanzigjährigen wieder an zu lesen.« Keine Einwände;
K. hat schließlich immer recht. Vom Cover blickt ein
bleiches Girl mit rotem Mädchenmund. »Der Look ist
in«, sagt K. »Also, die wissen wirklich, was ihre Zielgruppe will. Die haben sogar einen Designerpreis gewonnen.«

Dem möchte man nicht widersprechen. *jetzt* – das
klingt ein bißchen nach hektographiertem Freizeitorgan
der FDJ, aber das darf man als Understatement werten.
Hier schreibt nämlich die Elite von morgen, die sich
schon mal in Meinungsbildung übt und dabei seltsamerweise genau das gleiche hört/liest/absorbiert, was die
schon etwas reiferen Kollegen vom Feuilleton kanoni-
siert haben. Das nennt sich DJ Culture, garniert mit
Kate Moss, Joghurt-Mixgetränken, Drum 'n' Bass, Fünf
Sterne Deluxe und Rainald Goetzens Internet-Tagebuch.
Gar nicht so leicht, jung und hip zu sein. Aber irgendwo
muß man ja anfangen.

»Nur träumen wollte es. Nur träumen. Selbst ein Held
sein. Für immer. Das wollte es. Nun ist es tot – das Kind

212

in mir. Ist gewachsen. Ist geworden. Das wollte es«, spricht sich Benjamin Lebert im jährlichen Tagebuchheft aus. Ein bißchen traurig wird man da schon; Lebert ist schließlich erst sechzehn. Ja mei, seufzt man da am Elternabend, hat er denn wirklich solche Sorgen? Nein, der junge Autor ist nur sympathisch, so wie auch Moritz, Anne, Zoë und der andere Benjamin – auch wenn Alexa letztens auf dieser Party etwas ganz anderes erzählt hat. So unpeinlich melancholisch, so liebenswert bescheiden, schüchtern und versonnen ist noch keine Generation gewesen. »Ich liege auf dem Bett und warte, bis es Morgen wird« (Zoë), »reibe mir die Augen« (Benjamin 1), ganz »toll müde« (Moritz), »in meine Decke eingemummelt« (Anne). Da braunzt der Teddybär, und Mom bringt noch eine warme Milch. Und wenn dann alle schlafen, blättert sie noch ein bißchen im *jetzt*, dem einzigen Jugendmagazin, das nur von Erwachsenen gelesen wird.

Wir fühlen. Wir haben Handys, aber auch Emotionen. Und wir haben den Baukasten, um unsere Träume auf der großen Öffentlichkeitsfolie zu verkaufen. Frei komponiert geht das etwa so und entweicht den Gedanken so selbstverständlich wie die warme Luft dem Kaufhausschacht: »Ich höre dem Regen zu und kuschle mich ein. Morgen ist alles wieder gut, und dann schreib' ich ein Buch über die Scheidung meiner Eltern, und dann leg' ich eine gute Platte auf. Ich fühl' mich besser, und abends geh' ich mit Saskia auf diese Party. Sara hat ein neues Tattoo. Lässig. Tobias küßt mich, und ich küsse ein bißchen zurück. Im Radio läuft Oasis, als ich nach Hause fahre. Fast hatte ich vergessen, daß Sommer ist. Manchmal ist es schön, sich wieder daran zu erinnern.«

Versuchen Sie's selbst mal. Vielleicht kennen Sie ja auch ein paar andere Menschen, die Massive Attack hören und gern schreiben. Obwohl es einen immer wieder wundert, daß nur fünf Prozent der Leser unser Gratisangebot annehmen.

Dieses unnachahmlich authentische Lebensgefühl heißt Pop. Es ist so infektiös, daß alle daran teilhaben wollen; Pop bringt wieder Übersicht in das Love-Parade-Gewimmel, indem es alles und nichts bezeichnet, eine längst fällige semantische Prothese für all diejenigen, die vor langer Zeit ein bißchen »Irre« geworden waren und sich unlängst im »Rave« neu erfinden durften. Vor allem gestandene Väter machen da gerne mit. Der Preis an den größten journalistischen Popstar – sozusagen den Joe Cocker der Branche – geht an Michael Althen, der auch unter den Pseudonymen Claudius Seidl, Hans Schifferle und einem guten Dutzend weiterer Namen jede Gelegenheit nutzt, das kulturdemokratische Kürzel an den Leser zu poppen. Neben einer Reihe anderer Blätter selbstredend auch in *jetzt*, was man getrost als generationenverbindend auffassen darf.

Verständlich. Schließlich will man gut drauf sein, gerade wenn man im Expreßtempo auf die Vierzig zubraust. Was uns zu dieser Lektorin zurückbringt, Frau K. »Die Welt wird jung«, sagt sie, und es klingt ein bißchen beschwörend, als könnte sie sich durch diese vier Worte mit einem Mal in Franka Potente verwandeln. Aber das wird wohl nichts. Sie sieht auf die Uhr; sie hat noch den Termin mit diesem jungen Redakteur. »Wir müssen die Kids wieder zum Lesen bringen. Ich seh' das als Auftrag, verstehen Sie?« Immerhin haben Moritz, Benjamin und Anne schon mal die Eltern dahin gebracht. Die Kids sind okay, und zeitig zu Bett gehen sie auch. *jetzt* ist der beste Beweis, daß es mit dem Erziehungsauftrag am Ende doch noch geklappt hat.

EMMA kämpft für Sie!
Heute:
Die verlorene Ehre der Florence Griffith Joyner

Roberta Thomma

»Zu männlich?

Nie wieder lief eine so schnell wie sie vor genau zehn Jahren: 100 Meter in 10,49 Sekunden. Ihr Herztod mit 38 spült die alte Frage nach dem Doping wieder hoch. Keine wurde so oft getestet wie Florence Griffith Joyner, keiner konnte ihr etwas beweisen. FloJo stand, wie auch jetzt Uta Pippig, wegen ihrer ›unweiblich‹ hohen Leistung im Verdacht, keine ›richtige‹ Frau zu sein, also mit männlichen Hormonen gedopt – und hielt mit zehn Zentimeter langen Fingernägeln und extravagantem Sport-Outfit dagegen. Zurück blieben: ein Ehemann, eine siebenjährige Tochter – und ein Verdacht, der ihr nach ihrem Leben auch noch ihren Sieg nehmen will.« (*EMMA* 11-12/1998)

Sie war schön, und sie war erfolgreich. Für Männer eine unerträgliche Kombination. Kaum war ihr Körper erkaltet, bekam Florence Griffith Joyner das zu spüren. »Rekord ist Mord«, titelte die *taz*; »Zweifel über den Tod hinaus«, schrieb der *stern*; »Live fast – die young«, lautete die Überschrift des *Independent*. Wundert es eine, daß es sich dabei ausnahmslos um männliche Autoren handelt? Autoren, die uns sagen wollen: Diese Frau war so gut, das konnte nicht mit rechten Dingen zugegangen sein! Also nur: mit Doping!

Wir kennen die Melodie des Patriarchats. Sie wird gepfiffen, sobald im Sport Hervorragendes geleistet wird – von Frauen geleistet wird. Stets folgen Geraune, Gerüchte, Getratsche. Diese Infamie läßt sich durch die

gesamte Geschichte verfolgen; und da viele *EMMA*-Lese-
rinnen wegen unserer Meldung im letzten Heft des Jahres 1998 an die Redaktion schrieben, wollen wir das
Thema »Starke Frauen im Sport« noch einmal vertiefen.

Da war beispielsweise Tamara Press. Wie sie die Ku-
gel stieß! Wie sie den Diskus schleuderte! Weltrekord
auf Weltrekord sammelte die Sowjetrussin in den sechziger Jahren, Medaille auf Medaille. So kräftig war sie, so
voller Wucht und Dynamik, allen derart überlegen, daß
sie selbst noch gewonnen hätte, hätte man ihr als Sport-
gerät eine Abrißbirne gegeben und ihren Gegnerinnen
einen Schlagball von 75 Gramm Gewicht. Oh, unvergeßliche Tamara!

Unvergeßliche Tamara? Geschmähte Tamara! »Mann-
weib«, so tuschelte man (weil sie mit ihrer Statur das
Lolita-Bedürfnis der Journalisten nicht befriedigte).
»Rasieren« müsse sie sich (als würden nicht viele von
uns gelegentlich einen Lady-Shave benutzen). Ihre Karriere habe sie nur beendet, weil kurz darauf bei großen
Wettbewerben sog. Geschlechtstests durchgeführt wurden (als hätten ihre Eltern einem Buben nach der Geburt den Namen Tamara gegeben).

Und die Wahrheit? Die Wahrheit liegt viele, viele
Werst nordöstlich von Moskau – zwischen Tundra, Taiga
und ewigem Eis. Dort, in dem ärmlichen Sprengel namens Krawdstov, wurde Tamara Press geboren, Tochter
der Bäuerin Ana und des Traktorfahrers Jiri auf der
Kolchose. Schon in frühen Jahren hieß es, wenn der
Vater wieder mal die Rubel für seine Dieselration in
Wodka umgesetzt hatte und der Traktor stillstand:
»Tamara, zieh' den Karren aus dem Dreck!« Oder: »Tamara, trag' sofort die gefällten Bäume nach Hause!« So
wuchs ein Mädchen heran, zäh und groß und schwer,
das mit vierzehn Jahren bereits den besten Weizenmä-
her des Orts beim Armdrücken im Dorfkrug auf den
Tisch knallte.

Dies ist das Geheimnis der Tamara Press. Und doch
ist ihr Anerkennung für ihre sportlichen Großtaten nie
zuteil geworden.

Da war, um ein jüngeres Beispiel zu wählen, Yong Zhuang, Schwimmerin in der Disziplin Freistil, Olympiasiegerin in Barcelona. Wie ein Delphin schnellte sie durchs Wasser, wie ein Piranha fraß sie Meter um Meter, flink wie ein Königspinguin wirbelte sie an der Wende. Und wie Ardene, die vergessene Göttin der Schmiedekunst, zertrümmerte sie auf dem Amboß der Geschichte alle Rekorde. Und?

Applaus? Ehre? Nichts davon.

»Schaut diesen dreieckigen Rücken an, wie Arnold Schwarzenegger!« spottete die Presse (die sonst schmale Hüften sexistisch bejubelt). »Tiefer als der San-Andreas-Graben« sei Yongs Stimme (was man bei Jean Moreau »sexy« findet). »Das Erbe der DDR«, wurde gemunkelt (nur weil einige ostdeutsche Trainer in China neue Arbeit gefunden hatten).

Und die Wahrheit? Die Wahrheit läßt sich in Junren finden, am Oberlauf des Jangtse-Flusses. Hier wuchs Yong Zhuang auf, Tochter der Rotarmistin Yunxia und des Netzfischers Jiong. Tag um Tag verbrachte die kleine Yong auf dem Boot des Vaters, sprang über Bord, planschte lustig in den Wellen und tauchte flink wie ein Räucheraal. Jedes Frühjahr trat der Jangtse über die Ufer, schwoll und schwoll an, weshalb Familie Zhuang ihre Habe auf einen Karren lud und weit weg in höher gelegene Regionen flüchtete.

Die kleine Yong aber schwamm hinterher, immer gerade so weit, wie der Jangtse gerade stieg, denn Gehen fand das Kind ganz greulich. Ach, was war Mutter Yunxia vergeßlich! So oft bekam Yong zu hören: »Schwimm' zurück nach Junren, und hole den Reistopf!« Oder: »Du mußt noch einmal nach Hause kraulen und im ersten Stock die Fensterläden zumachen!« Yong war das egal, denn Wasser war ihr Element. Nur bekam sie nach und nach eine Figur wie ein Muskatkürbis, was aber nichts machte, weil dieser in der Provinz Arezhuan als Delikatesse gilt.

Und wenn es dann dunkel wurde, spielte die ganze Familie mangels Legokästen und Nintendo das Bärenspiel.

Wer am besten brummen kann, hat gewonnen! Und Yong brummte ihr »Booaaaar, booaaaar« so prima, daß sie meist als Siegerin die Sauer-Scharf-Suppe auslecken durfte. Was machte es da, daß ihre Stimmlage immer bäriger, immer tiefer tönte?

Dies also ist das Geheimnis der Yong Zhuang. Was aber steckt wirklich hinter der starken FloJo (weich gesprochen: Flouhdschouh), wie ihre Freunde sie nannten? Wie kommt es, daß auch einige unserer Leserinnen verunsichert sind?

So schreibt uns Susanne S. aus Stuttgart: »Carl Lewis behauptete zu wissen, daß Florence Griffith Joyner Anabolika verabreicht worden ist. Und der Läufer Darell Robinson erklärte öffentlich, FloJo habe ihm 2.000 Dollar für eine Zehnkubikzentimeter-Ampulle mit Wachstumshormonen bezahlt. Warum hat sie die beiden nie verklagt?«

Carl Lewis, liebe Susanne, soll ganz ruhig sein. Er hat noch nie die Frage beantwortet, wieso er im reifen Alter von mehr als dreißig Jahren eine Zahnspange tragen mußte. Es ist schließlich bekannt, daß sich bei der Einnahme von Wachstumshormonen die Knochen verschieben. Und was die Klage angeht: Es gibt eine Lücke zwischen Recht und Gerechtigkeit, in die besonders Frauen häufig fallen. Hätte FloJo das riskieren sollen? Schließlich brauchte sie ihre Zeit zum Training.

Aus Washington erreichte *EMMA* ein Brief der Leserin Michaela S.: »Was mich so wundert, liebe *EMMA*-Redaktion, ist eure Bemerkung, Florence sei so oft getestet worden wie keine. Versteht mich nicht falsch, auch ich liebte sie, denn sie war eine glamouröse Diva. Aber ich schreibe als Sportstudentin gerade meine Diplomarbeit über die US-Leichtathletik, und Fakt ist nun mal: Die USA haben nie unangemeldete Trainingskontrollen auf anabole Steroide durchgeführt (solche also, bei denen Katrin Krabbe erwischt wurde); inoffiziell galt das, um die Chancengleichheit gegenüber dem Ostblock nicht aufzugeben. Selbst vor den Spielen von Atlanta wurde ein lange geplantes Anti-Doping-Programm verschoben

– die Imperialisten brauchten Medaillen im eigenen Land.«

Nun, liebe Michaela, wir *EMMA*-Frauen sind der Ansicht, daß die USA heute lieber Bündnispartnerinnen genannt werden sollten und nicht Imperialisten. Sonst hast du natürlich recht. Die Amerikaner haben nie anständig auf Doping kontrolliert. Aber das ist ja gerade das Heimtückische für FloJo! Wie hätte sie denn beweisen sollen, sauber zu sein – ohne je untersucht zu werden? Sie wäre sicher immer dazu bereit gewesen, glaubst du nicht?

»Hallo, ihr tollen *EMMA*nzen«, heißt es auf dem Fax unserer Leserin Simone K. aus München, »toll, daß ihr noch einmal an die starke FloJo erinnert habt! Aber als Deutschlehrerin setze ich mich sehr ein für eine korrekte und weibliche Sprache. Deshalb kann ich euren Schlußsatz ›[...] und ein Verdacht, der ihr nach ihrem Leben auch noch ihren Sieg nehmen will‹ nicht gelten lassen. Da stimmen leider die Bezüge nicht, denn: So, wie ihr schreibt, heißt es, ein Verdacht habe FloJo das Leben genommen! Dabei hatte sie doch nach dem Obduktionsbericht einen epileptischen Anfall während des Schlafs; und zwar in Laguna Beach/Kalifornien.«

Wir sind stolz, liebe Simone, auf so kompetente Leserinnen wie dich. (94 Prozent aller *EMMA*-Leserinnen sind kompetent, ergab die neue Befragung, die wir im letzten Heft veröffentlicht haben. 1994 waren es erst 91 Prozent.) Wir wollen nur das Andenken an eine starke Schwester nicht beschmutzen lassen, von Männern etwa wie Pat Butcher, der vorgibt, FloJo gekannt zu haben, und der in *The Wednesday Review* am 23. September 1998 notierte: »Als ich sie 1985 traf, war sie eine der schönsten Frauen, die ich je gesehen hatte. Drei Jahre später, in Seoul, war sie wie verwandelt. Abgesehen von den überall wuchtig definierten Muskeln und einem Rückgang der Brüste hatte sich ihr Kiefer verlängert, eine typische Nebenwirkung von Wachstumshormonen. Ihr Gesicht war dick mit Make-up bestrichen, um die grobe Akne zu verbergen, die als Effekt männlicher

Hormone gilt, und ihre Stimme war wesentlich tiefer.« Soweit Pat Butcher. Was aber ist das wirkliche Geheimnis der Florence Griffith Joyner? Sie hatte Talent, und sie hatte Kraft! Sie wurde als siebtes von elf Kindern in einem Ghetto von Los Angeles geboren – da lernte sie früh, sich durchzusetzen. So einfach kann die Wahrheit sein. Deshalb freut es uns besonders, daß die siebzehnjährige Nachwuchsrapperin K-WUMM (kommt von: Kraft-Woman) aus Soest für *EMMA* ein Lied für FloJo geschrieben hat. Es ist eine fetzige Remix-Rap-Version von Michael Holms »Tränen lügen nicht« aus dem Jahr 1974. Wir sagen, auch im Namen von Florence Griffith Joyner: Danke!

»Sie hatte Nägel / glitzernd-lang wie Schlangen. / Und wer sie sah, / war vom Charme gefangen. / Nun ist sie tot, / es lebt nur ihr Gesicht / in der Erinnerung und sagt: / (alle zusammen:) / Frauen dopen nicht!«

Wo gibt's Riesen-Brüste?
Wissenswertes über *Piep!*, *keck!* und *pfiff!*

Gerhard Henschel

Zur unendlichen Menge des nutzlosen, aber pikanten Wissens gehört die Information, daß innerhalb des Mopsheft-Marktsegments zur Zeit neben dem Branchenriesen *Blitz Illu* vor allem die Fachblätter *Piep!*, *keck!* und *pfiff!* giftig miteinander konkurrieren. Zielgruppe: Arschgeigen.

Piep! – *Die freche Erotik-Illustrierte* (Klaus Helbert Verlagsgesellschaft Wiesbaden, DM 1,90) bietet laut Kopfleiste folgende Delikatessen: »Kinder-Tragödien + Rätsel-Spaß + Traum-Reisen + Knaller-Witze«. *keck!* – *Das freche Magazin* (Heinrich Bauer Verlag Hamburg, DM 1,90) offeriert »Sex-Spaß satt * Fußball-Report * Heiße Action * Viele Infos«, und *Das pfiff! Magazin* (Delta-Verlag Gernsbach, DM 2,20) verspricht an gleicher Stelle ausdrücklich »PFIFF PFIFF PFIFF PFIFF PFIFF PFIFF PFIFF PFIFF PFIFF« – ein Versprechen, das auch gehalten wird.

In allen drei Zeitschriften geht es um »Traumautos«, Urlaubsreisen, Karambolagen, Mobbing, Videos, Kriminalität (»Eiskalter Mord mit heißem Gift-Cappuccino!«), soziale Mißstände (»Das tabulose Sex-Doppelleben hemmungsloser Hausfrauen!«), schonungslose Enthüllungen (»Die Bi-Sexspiele der hemmungslosen Lesben-Huren!«) und immer wieder um das Eine, das die Leserschaft jedoch nur so lala zu kennen scheint, vom Hörensagen, ohne jemals genauere Kenntnisse von der Angelegenheit erworben zu haben. Deshalb müssen *Piep!*, *keck!* und *pfiff!* erst einmal umständlich erläutern, was unten herum nun eigentlich Sache ist.

»Kommt gut an: Lippen-Liebkosungen«, verrät *keck!* in der Rubrik »Schlafzimmer-Geheimnisse«, und *Piep!* liefert gleich einen kompletten Lustzonen-Baedeker: »Zu den stark erregbaren Lustzonen der Frau zählen z. B. die Brüste und Brustwarzen, Schamdreieck, Klitoris, Liebes-Lippen und Vagina.« Allein mit Wurzel rein, Wurzel raus ist es nicht getan, lieber *Piep!*-Leser.

Auch *pfiff!* leistet Aufklärungsunterricht: »Der beste Trick für das Glück zu zweit: Schöner Sex!« Ja, da schau her. Als Kundenservice hat die Redaktion »mit Sex-Experten«, die freilich anonym bleiben, »4 superheiße Sex-Tricks für unbeschwerten Orgasmus-Genuß« gewissenhaft »erarbeitet«. Die Tricks tragen die Namen »Busen-Schmusen«, »Intimküsse«, »Lust-Streicheln« und »Make a Break«: Man solle »einfach eine Pause machen«, wenn einem danach sei – Tricks und Schlafzimmergeheimnisse, die dem durchschnittlichen Mopsheftkäufer vorher offensichtlich nicht geläufig waren.

Er hat tatsächlich von Tuten und Blasen keine Ahnung. »Wo lerne ich eine Frau mit Riesen-Brüsten kennen?« fragt der verzweifelte *pfiff!*-Leser Marcell K. aus Kellinghusen, und die patente *pfiff!*-Sexualwissenschaftlerin Dr. Angela Brockmann antwortet ihm: »Man kann solche Frauen eigentlich überall kennenlernen. Denn große Brüste lassen sich ja schlecht verbergen.«

Und wenn erregte Frauen in Rätseln sprechen, hilft *keck!* mit Dolmetscherdiensten aus: »Stoß zu mit deinem Ofenrohr – soll heißen: Dein Riesending füllt mich richtig aus.«

Was sind das überhaupt für Menschen, die auf Kindertragödien und Knallerwitze kaputtgehen, aber vom »Einfoppen des Bumm« (Eckhard Henscheid) und den damit verbundenen Faustregeln und Usancen so erschreckend wenig wissen?

Einige von ihnen sind im traditionellen Adamskostüm in der Zeitschrift ihrer Wahl zu bewundern; in *keck!* beispielsweise der tätowierte Eisenflechter Jens aus Hamburg und in *pfiff!* der jeweilige »*PFIFF*-Mann der Woche«. In *pfiff!* 8/1997, S. 7, ist es »Henry (25), Monteur

222

aus Wismar« (»Sex: Bisher mit 5 Frauen, Auto: Audi 80«), ein schnurrbärtiger Purks, der sich bereitwillig um Kopf und Kragen redet: »Eine Ex hat mich mal ›Häuptling Schnelle Zunge‹ genannt. Stimmt, ich habe einen flinken Schlecker.« Pudelnackt in *Piep!* 9/1997 präsentiert sich ein Bankkaufmann namens Nils (19), der als Hobbys »Computer« und »Mountainbiking« angibt und auch mit seinem »Sex-Motto« nicht hinterm Berg hält: »Seh' ich 'ne scharfe Maus, fahr' ich mein Lust-Rohr aus!«

Der ideale Leser von *Piep!*, *keck!* und *pfiff!* ist zeigefreudig, unbeleckt und spitz auf Witze, deren Pointen sich nur Eisenflechtern, Monteuren und Bankkaufmännern erschließen können. Die Witze in *keck!* beziehen ihre Komik vornehmlich daraus, daß ausgezogene Männer in Schränken herumstehen und Frauen nicht Auto fahren können. Die Witzseite in *Piep!* heißt »Hi, hi, hi, zum Piepen!«, regt aber eher zum Grübeln an: »Was ist der Unterschied zwischen einer Nonne und einem Pinguin? Der Pinguin vermehrt sich!«

Was allerdings *pfiff!* in der Rubrik »Die pfiffige Lach-Parade« aufmarschieren läßt, ist weder Grübel- noch Piepstoff, sondern bloß noch zum Fürchten: »Kommt eine Frau auf die Wache gestürzt: ›Ich bin von einem Doofen vergewaltigt worden!‹ – ›Wieso war er denn doof?‹ – ›Tja, dem mußte ich alles erklären.‹«

Da lacht er, der Grundwehrdienstleistende, für den die ganze Scheiße letzten Endes ausgetüftelt wird. Die Truppenbetreuung in *Piep!*, *keck!* und *pfiff!* beweist es. »Da lacht die Bundeswehr!« lautet der Titel einer ständigen Kolumne in *pfiff!* (»Unterm Tisch ging die kesse Sekretärin dem Leutnant ans Kanonen-Rohr ...!«). *Piep!* hält mit der Serie »Scharfe Sex-Abenteuer beim Bund« dagegen, während *keck!* den Wahnvorstellungen der Hängolinjunkies mit dem Photoroman »Beim Bund geht's rund!« auf breiter Front entgegenkommt.

Der Photoroman in *Piep!* (»Die knister-scharfe Foto-Story«) heißt wiederum »Station 69 – Heiße Sex-Abenteuer im frivolen Krankenhaus«, eine Idee, die auch den *pfiff!*-Knalltüten eingeleuchtet haben muß; bei ihnen heißt der Photoroman »Liebesabenteuer im Salon 69 – Waschen, legen, bürsten im frivolen Haarstudio«. Im Salon 69 geht es drunter und drüber. Die kreuz und quer auf die Photos gedruckten Tuwortstummel sprechen eine deutlichere Sprache als jede Nacherzählung; hier folgt die komplette Liste aus *pfiff!* 8/1997: »Stutz!«, »Bibber!«, »Stammel!«, »Knuff!«, »Lächel!«, »Strahl!«, »Jubel!«, »Plumps!«, »Hechel!«, »Reib!«, »Schlabber!«, »Überleg!«, »Schütt!«, »Brodel!«, »Doing!«, »Boing!«, »Spann!«, »Grabsch!«, »Knet!«, »Massier!«, »Schmatz!«, »Schwing!«, »Peil an!« und schließlich: »Ziel!«

Wer wen vom Schmatz- und Schlabbermarkt verdrängen wird, ist offen. Die in *keck!* zur Schau gestellten Modelle sehen zwar insgesamt noch etwas abgekämpfter und verlebter aus als die in *Piep!* und *pfiff!*, aber das sind Feinheiten, die den generell und auf Teufel komm raus an kessen, ofenrohrverrückten Lesben-Huren mit Riesen-Brüsten interessierten Soldaten, Eisenflechtern und Mountainbikern kaum ins Auge fallen dürften. Noch spannender dürfte es werden, stürzten sich in die Kioskschlacht ums Überleben und Unterbieten weitere mutige Grabsch- und Reibverleger; Platz im Regal wäre immerhin noch für *Furz!*, *Fick!*, *Wichs!*, *Schmutz!*, *Kack!*, *Schlitz!*, *Spritz!* und *Po!*

Und für *Glubsch!* und *Glotz!* und *Grass!* und *Gross!* und *Goetz!*

Das gute alte Magazin *Dreck!* aus Bielefeld hat sein Erscheinen leider schon lange vor dem aktuellen Boom einsilbiger Hechelheftchen eingestellt. Zu dumm!

Blödboy
Der deutsche *PLAYBOY*

Tom Wolf

Für ein Vierteljahr war ich berufsmäßiger *PLAYBOY*-Käufer und -Leser. Vor drei Monaten hätte ich formuliert: Es gibt Schlimmeres. Heute wäre ich behutsamer in der Wortwahl.

Will man über den *PLAYBOY* schreiben, dürfte das Beste sein, ihn erst mal mit einigen Eisenkrampen an der Wand zu befestigen. Aber ich will mir meine Wohnung nicht versauen. Lieber hacke ich etwas ins Laptop, das auf den *PLAYBOY*-Heften steht. Ich schreibe sozusagen über dem *PLAYBOY*. Damit keine falschen Vorstellungen entstehen: Ich habe mein Laptop nicht auf einer dieser rotzglänzenden Prospektseiten abgebildet gesehen und mir dann für 8.000 Mark gekauft, es ist weder von Marc Chagall bemalt noch von Karl Lagerfeld in Brüsseler Spitze eingenäht worden, seine Tasten sind nicht mit Tigerfell besteppt, und es hat auch keinen Bildschirm aus handgeblasenem Marienglas. Mein Laptop stammt aus der Bronx. Es haßt die *PLAYBOY*-Welt, und seine kleinen harten Gumminoppen treten und treffen sie. Es würde alles darum geben, mit einem edelsteinbesetzten Golfschläger eines dieser Scheiß-Chagallbilder zu zerdeppern.

Die *Bild*-Zeitung hat offensichtlich eine geheime Abmachung mit der hiesigen Redaktion des *PLAYBOY* getroffen, die besagt, daß alle dummdeutschen Promimiezen, egal ob Eistüte oder Rockerbraut, im Prollmodus vorangekündigt werden. Hinterher gehen die entsprechenden Nummern ratzeputz übern Kioskbalken. Dafür darf *Bild* vielleicht auch mal einen flachen Quadratzentimeter Jungmädchenhaut erstveröffentlichen. Wer nicht *Bild* liest, kuckt bisweilen dumm aus der Designerwäsche. »Tut mir leid«, quallt es dann am Zeitungstresen, »die Witt ist ausverkauft!« Oder es nölt: »Es hat sich ausgenaddelt!«

Der *PLAYBOY* eignet sich wunderbar als homöopathisches Brechmittel. Am besten kotzt man noch immer nach der Lektüre der Gespräche mit männlicher deutscher Fernsehprominenz. Die Übelkeit, die ein Schäuble-Interview im *PLAYBOY* erzeugt, wird durch die Übelkeit, die ein Geißler-Interview im *PLAYBOY* hervorruft, freudig erwidert. Nichts geht über Hauser und Kienzle im *PLAYBOY*. Das genügt ferner, um dem Bund deutscher Kriegsblinder als förderndes Mitglied beizutreten. Es wird heißen: Er fiel schneeblind auf den glitschigen Eisfeldern des *PLAYBOY*-Massivs. Oder: Er ward geblendet von einer Zeile im *PLAYBOY* und verschluckte ein Glied seiner Playmobilbarbie. Oder: Er brachte sich um sein Augenlicht durch die Lektüre des *PLAYBOY* in praller Höhensonne. Oder schließlich: Es wurde ihm so anders, als der *PLAYBOY* mit dem Hochstand über ihm zusammenschlug.

Endlich endgültig ausgelesen, diesen Krampf über neue deutsche Sitten auf der Jagd und im Verkehr. Mein grimmiges Laptop möchte jetzt jemanden zusammenschlagen – am liebsten den nächsten, der durch die Tür des Kiosks vis-à-vis geht und den *PLAYBOY* verlangt. Blödmänner gehören mit allem, was ihnen Spaß macht, gefüttert und verprügelt: Sssst! Peng! Dotz!

Kein Wort mehr davon. Doch ich hör' es tönen bis hierher: »Neun Mark!«

Mobilmachung mit Heimo Schwilk
Gegengift streitet für eine neue Streitkultur

Jürgen Roth

Preßerzeugnisse gibt es, über die sollte man besser schweigen. Einen wahrlich beeindruckenden Dreck aber fabriziert der Pfaffenhofener Druckereibetreiber Michael Ludwig mit seinem zweiwöchentlich erscheinenden Unterprimanerheft *Gegengift – Zeitschrift für Politik und Kultur.* Wohl weil die Zahl der kleinen bis mittleren, semiprivaten Kulturzeitschriften rasant im Abnehmen begriffen ist, wird das Geschmiere von der *FAZ* immer wieder freudig begrüßt – ein Akt neonationaler Presseamtshilfe.

Daß Ludwig regelmäßig rührige Cut-up-Devotionalienhändler wie den umtriebigen, via »Vision zur Ahmadiyya-Bewegung des Islam gelangten« Hadayatullah Hübsch ins 32 Seiten starke Heft hineinflanscht, mag nicht weiter von Bedeutung sein, sofern ja auch die etwas ziseliertere, etwas infantilere Besinnungsliteratur irgendwo publiziert gehört. Daß der simultan das Amt des Chefredakteurs bekleidende Herausgeber Ludwig unflätige Zehnpfennigessayisten wie Herrn Karsten Sturm gegenwartsdiagnostisch Stellung beziehen läßt – es macht nichts.

Und daß selbst ein vergleichsweise devoter Kommentar zum Kruzifix-Urteil wie jener dazumal der *taz* (»Kruzifix! Bayern ohne Balkensepp«) in den Augen des kuttendoofen Pastoralzeitzeugen Michael B. Fink letzter Anstoß und Anlaß zur Umkehr ist, weil Satire – man ahnt es – nicht alles dürfe (»Satire hört [...] dann auf, Satire zu sein, [...] wenn sie beispielsweise die christliche Religion wüst beschimpft«) – das will man zwar weder hören noch lesen, aber gedruckt werden kann es durchaus.

Der Herr Ludwig selbst jedoch nutzt sein Käseblättchen weidlich für ausgedehnte Diskurse, die »Kommentar« heißen oder lose in der feinen Art des Kommentars gehalten sind. Ganz befeuert wettert er da gegen all das, was sich der knarzige Stinkstiefel als »Linke« und »links« zurechtlegt. Beherrschte er wenigstens die Kommasetzung, wir wären entspannter. So aber, nachdem er wiederholt Syntax und Semantik geknechtet und etwa die Bundesrepublik dahingehend charakterisiert hat, »das Leben im wohligen Windschatten bedrückender Schuld« führe noch heute zu einer quasi »Vergiftung« der »Streitkultur dieser Republik«; nach solchen und ähnlich erheblich debilen Sentenzen über en passant »serbo-kroatische Gangster« sowie das ausgezeichnete »realistische Menschenbild« seiner offenkundigen Lieblingspartei, der rechtsextrem gestimmten CSU, demzufolge der Mensch ein Raubtier mit entsprechenden Instinkten sei, die nur in die richtige Richtung gelenkt werden müßten, damit nicht »das blutige Geschehen weiter in die falsche Richtung«, sondern in die richtige Richtung galoppiere; nach, kurzum, der genuin Ludwigschen Frage, was denn »der Dollar-Segen, den die Westmächte auf den Balkan pumpen werden«, künftig (»zu viele unbekannte Karten hält die Geschichte in ihrem weiten Ärmel versteckt«) bringen werde, da fragen wir uns: Was will er?

Nach rechts will er. »Diese Position ist in diesem Land nicht besetzt.« Aha. Denn der Geist der Linken herrsche ungebrochen resp. ungeschoren, meint: »daß die Geschichte den theoretischen Ansatz der 68er längst widerlegt hat, sein nachhallender Geist aber, wenn auch leicht verkleidet in der Konfektion des Feminismus und der political correctness, weitgehend ungebrochen davongekommen ist.«

Ludwigs arg verspätet gefaßter Vorsatz dürfte sein, sich nachdrücklich dem *BAYERNKURIER* anzuempfehlen, aber daraus wird nichts mehr. Andererseits spricht einiges dafür, der Tölpel könnte evtl. doch reüssieren, und zwar als Feuilletonredakteur in der Abteilung »Zeitgenossenschaft in Alarmbereitschaft«.

Was *Gegengift*-Macher Michael L., der den aufgedunsenen Gesellschaftsleib mit nachhaltigen Interventionen und ja Injektionen wieder ans Trapsen bringen will, unter »Debatten-« oder gar »Streitkultur« versteht, zeigt besonders anschaulich die Ausgabe vom 1. Februar 1996. Heimo Schwilk, Co-Herausgeber des Bandes *Die selbstbewußte Nation*, wurde eingeladen, und nun wünscht man sich: eine Debatte, eine Streitkulturdebattendebatte, in deren Verlauf einer der wuchtigsten Neonazidenker neuerlich glänzen soll und *Gegengift*-Leser »die Gedankengänge der Neuen Rechten« diskutieren, weil: »Es darf, wieder einmal, diskutiert werden« (Ludwig).

Leider gibt es dazu keinen Anlaß, denn Schwilk hat einen Sack brummender Flöhe, wo gemeinhin der Kopf des Menschen sitzt. Eine derart drängende Arschfaltigkeit wie die hier vorgestellte ist der Öffentlichkeit seit den einschlägigen »Manifesten« des neudeutschen intellektuellen Gangsterwesens nicht mehr untergekommen. Schwilk, der sein Exposé zur Frage, wer »die 89er« seien und auf welchen Pfaden sie strategisch (Haiderisierung, FDP-»Umpolung«) vorzurücken gedenken, als ausgiebige Belobigung der eigenen publizistischen Meisterfeldzüge anlegt, fällt natürlich neben der üblichen Stilisierung zum »Nonkonformisten«, der dem angeblich geschlossenen hegemonialen Linksblock mutig entgegentritt, auch sonst nichts Neues ein – außer einigen Walsers Amoklauf antizipierenden Bemerkungen hinsichtlich des Historikerstreits, der deutlich gemacht habe, wie Nationalsozialismus und Auschwitz, in Schwilks Worten: wie dieses »Kapitel deutscher Geschichte [...] seit dem Kriegsende für politische Zwecke instrumentalisiert bzw. zu ›volkspädagogischen‹ Zwecken mißbraucht worden war.« Und nicht nur »Rainer Zitelmanns bahnbrechende Studie über das revolutionäre Selbstverständnis Adolf Hitlers« möchte einmal mehr gelobt werden, sondern gleichfalls Syberbergs »Schrift *Vom Unglück und Glück der Kunst in Deutschland nach dem letzten Kriege*, die den kulturellen Identitätsverlust seit 1945 als Ergebnis amerikanisch-jüdischer Umerziehung beschreibt« und nicht von ungefähr den »letzten Krieg« im Titel führt. Beim nächsten Waffengang dürfte Schwilk vornehmlich auf »die Deutschen in der früheren DDR« setzen. Sie »gelten« ihm »nicht zu Unrecht als die ›echteren‹ Deutschen.« Summa summarum heißt die Hoffnung Zone: »Werte wie Pflichtbewußtsein, Fleiß, Sauberkeit, Höflichkeit, Sparsamkeit und Pünktlichkeit [...] sind dort noch so relevant wie in der Bundesrepublik der 50er Jahre.«

Schön für *Gegengift*, das Sturmgeschütz Oberbayerns.

PS: Diskutiert hat man in der Folgenummer über Schwilks Exegese zwar nicht, jedoch zügig nachgelegt: mit zwei brandaktuellen Poemen des Schwilk-Kompagnons Ulrich Schacht, der seinerseits von Schwilk besagte zwei Wochen zuvor als »Ausnahmeerscheinung« eingestuft worden war.

Auf den 7. November 1995 datiert ist »Sonntagnachmittagsleere«: »Schild. Wappen. Helm. / Schwert: Ach, die alten / Geschichten von morgen gestern / geübt verlernt und wiedergelesen die / Biologen glauben mehr als die / Soziologen wissen ich liebe / den Pazifismus eine // Sonntags Nachmittags / Lehre zwischen Fünfuhrtee und / Nachrichten gegen sieben zu Früchten / Gelee Sahne auf hellem Bisquit das / Ganze in Stücke / geschnitten das / Tortenmesser muß scharf / sein in warmes Wasser / getaucht: Ach.«

Ach nö, nicht mal ihrem Benn können sie das warme Wasser reichen.

Wo Bayern Spitze ist
Der *BAYERNKURIER*

Rüdiger Kind

Wenn jedes Jahr wieder Anfang Januar die CSU-Spitze in Wildbad Kreuth zu ihrer traditionellen Klausurtagung zusammentritt, kracht es für gewöhnlich in den bayerischen Bergen. Erwin Huber gibt dann den Bavarian Werwolf und zeigt den versammelten Medienvertretern der Republik mit markigen Worten, wo der Hammer der C-Parteien hängt, während Edmund Stoiber ganz auf Elder Statesman macht. Unter Franz Josef Strauß sel. trieb das CSU-Politbauerntheater die bizarrsten Blüten, aber auch seine Zöglinge bemühen sich nach Kräften, an historischer Stätte etwas vom Kraftmeiermythos des Großen Vorsitzenden wiederaufleben zu lassen.

Wer am 9. Januar 1999 den *BAYERNKURIER*, die Parteizeitung der CSU, zur Hand nahm, bekam von den Powersprüchen, die eine Woche lang durch alle Kanäle und alle Blätter gerauscht waren, so gut wie nichts mit. Dafür empfing den Leser ein Photo der tiefverschneiten Kreuther Bergeinsamkeit, Bildunterschrift: »In gewichtiger Tradition politische Akzentsetzung für das neue Jahr.« Auch der Aufmacher, Theo Waigels »Herausforderung in Zeiten der Wende«, der fast die ganze Titelseite füllte, bot vorhersehbare CSU-Positionen, bis er zum Schluß wie unter Zwang auf den Übervater der CSU zu sprechen kam: »Ich habe nach dem plötzlichen Tod von Franz Josef Strauß am 3. Oktober 1988 [...] die Führungsverantwortung für die CSU und damit ein großes und verpflichtendes Erbe übernommen. Ich habe gemeinsam mit unserer großartigen und unvergleichlichen

Partei dieses Erbe gewahrt und gefestigt.« Das klang beinahe schon wie der Rechenschaftsbericht Kim Il Jongs während des Parteitags der großartigen und unvergleichlichen KP Nordkoreas.

Derlei Selbstbeweihräucherungsprosa zeigt an, daß man dem *BAYERNKURIER* nicht vorwerfen kann, er ließe sich zum Sklaven der Tagesaktualität machen. Auch der frühe Redaktionsschluß (Montagabend) der samstags erscheinenden »Deutschen Wochenzeitung für Politik, Wirtschaft und Kultur« sorgt dafür, daß die Leserschaft nur mit gut abgehangenen Texten in Berührung kommt. Der *BAYERNKURIER* sieht sich dabei stark ewigen Werten und ehernen Prinzipien verpflichtet: »Diebstahl bleibt Diebstahl«, »Ein Leben der Pflichterfüllung«, »Bayern 2000 – Erbe und Auftrag«, »Wem gehört die Zukunft?« Hier wird Grundsätzliches verhandelt. Ein Blick ins Impressum belehrt uns, weshalb. Als Herausgeber firmiert dort: Dr. h. c. Franz Josef Strauß.

Ein Toter als Herausgeber – die Redaktionskonferenzen dürften spiritistische Sitzungen sein, Séancen mit einer händchenhaltenden Journalistengemeinschaft, die in tiefer Trance Anweisungen aus dem Jenseits empfängt. So wird auch verständlich, warum Jargon und politische Feindbilder der Mottenkiste des Kalten Krieges entstammen. Als wäre die Zeit stehengeblieben, geht's wie Anno 1988 zur fröhlichen Hatz auf Sozis, Linksterroristen, Chaoten und ähnliches Gschwerl. Reflexartig zieht man gegen allerlei »fatale Irrwege« vom Leder. Ein paar Überschriften: »Rot-grün und PDS – Früchte der Verharmlosung«, »Rot-grüner Super-Gau in der Energiepolitik«, »Rot-grüne Kernspaltung«, »Rotgrünes Flickwerk«. Einzig die CSU steht als »Fels im ›Roten Meer‹« und wird dafür sorgen, daß »Europa das neue Jahrhundert nicht als sozialistischer Kontinent der Gängelung, des Neids und des Niedergangs« beginnt.

Ein Kernanliegen ist selbstredend die sog. innere Sicherheit; da erklimmt das Verlautbarungsdeutsch des *BAYERNKURIER* ungeahnte poetische Höhen, etwa anläßlich eines Kommentars zur Lage in Hamburgs

232

Schanzenviertel: »Draußen belagern schwerst Heroin-abhängige die Bürgersteige, während sich drinnen ge-waltbereite Militante aus dem linksextremen Milieu der sogenannten autonomen Szene Tag für Tag im Dunst umstürzlerischer Parolen zusammenrotten. Seit langem wagt sich die Polizei nur noch in Truppenstärke in den heruntergekommenen Altbau.« Überflüssig zu erwäh-nen, daß die regierende SPD »im engen ideologischen Schulterschluß mit den Grünen dem Treiben der Anar-chos tatenlos zusieht.«

Der alles beherrschende Wunsch nach geordneten Ver-hältnissen spiegelt sich auch im Erscheinungsbild des *BAYERNKURIER* wieder. Äußerst zurückhaltend bebil-dert, kaum Anzeigen, vermittelt er den Eindruck guß-eiserner Gediegenheit. Mag Edmund Stoiber noch so wortreich den spezifisch bayerischen Spannungsbogen von der Tradition zur Moderne, vom Schnaderlhüpferl zur High-Tech beschwören – im *BAYERNKURIER* ist die neue Zeit nicht angekommen. Die Textgebirge des Parteiorgans scheinen immun gegen jedweden Re-launchversuch modischer Zeitungsdesigner. Altväter-liche Betulichkeit herrscht vor, angesiedelt irgendwo zwischen *Prawda* und katholischer Kirchenzeitung.

Es stellt sich die Frage: Wer liest den *BAYERNKU-RIER* eigentlich? Als Parteiblatt ist er natürlich Mit-gliederzeitung, die in keinem gestandenen CSU-Haus-halt fehlen darf. Auch Funktions- und Entscheidungs-träger aus Politik, Wirtschaft (Mittelstand!) und Hoch-kultur bekommen die »Zeitung aus Bayern – Zeitung für ganz Deutschland« wahrscheinlich auf den Schreibtisch. Die blaugrün umrahmte Seite drei bietet ihnen »Infor-mationen und Argumente für die politische Diskussion«. Man sollte meinen, bei einer Verkaufsauflage von 150.000 und knapp 15.000 Abonnenten müßte durchaus das eine oder andere Exemplar in der Öffentlichkeit auftauchen, doch weit gefehlt. Der *BAYERNKURIER* scheint dazu verdammt, ein Schattendasein zwischen Nachttisch und Diplomatenköfferchen zu führen.

Da die wenigen Seiten (um die zwanzig) vollgepackt

sind mit Information pur, ist der *BAYERNKURIER* auch kein Blatt für den »Informationsverweigerer«, den ein Till Rüger in einer Publikation der CSU-nahen Hanns-Seidel-Stiftung dingfest gemacht haben will – eher schon für den »Informationsjunkie«, der sich »die Stimme einer Politik der kraftvollen Mitte« reinzieht.

Fünfzig Jahre währt der *BAYERNKURIER*. Sein Jubiläum bietet Anlaß zu Einkehr und Besinnung. Man läßt Geschehenes Revue passieren und prüft Kommendes. Franz Josef Strauß' im Juni 1950 zum Start ausgegebenes Motto lautete: »Sein Inhalt wird getragen sein von der Liebe zu Bayern, der Treue zu Deutschland und dem Bekenntnis zu Europa.« Der Auftrag kann als ausgeführt angesehen werden. Was bleibt? Vor allem die offensive Darstellung erfolgreicher bayerischer Politik. Mit penetranter Regelmäßigkeit, ja litaneiartig singt die Redaktion das Hohelied auf ihr Treiben. Deshalb an dieser Stelle ein kleines O-Ton-Medley:

»Wo Bayern Spitze ist, ist Bayern modern und menschlich, mit einer strahlenden Bilanz und Erfolgen, die sich kleinlich-parteiischer Nörgelei entziehen, und mit Politikern, die sich das nun noch einmal gesteigerte Vertrauen der Wähler redlich verdient haben. Wieder einmal waren die Bayern die ersten, und wenn es um weitsichtige, kraftvolle politische Gestaltung geht, so läßt sich der Freistaat Bayern, lassen sich Staatsregierung und CSU und läßt sich allen voran Ministerpräsident Edmund Stoiber von niemandem übertreffen. Bayern setzt die Akzente, Bayern bestimmt Themen und legt Leitlinien vor, wobei die Erkenntnis des Notwendigen sich mit der Unbeirrbarkeit in der Durchführung verbindet und so strategische Schlagkraft entwickelt. Dieses programmatische Doppel der CSU, mit dem sie Herkommen und Fortschritt vereint, wird von niemandem in seiner Sinnhaftigkeit und seinem Erfolg übertroffen. Anders ist die Anerkennung, die die CSU im ablaufenden Jahr anläßlich zweier großer Wahlen gefunden hat, nicht zu erklären, und sie bestand diese Prüfungen in einer Weise, die weitum zu Jubel und

Bewunderung auf der einen und Enttäuschung und Resignation auf der anderen Seite führte. Es gilt also der Satz weiter, der die Sonderstellung der CSU auf einen kurzen und markanten Nenner bringt: Hinsichtlich des Ausmaßes und der Dauer der Wahlerfolge gibt es in keinem anderen Land und bei keiner anderen Partei Vergleichbares. Und so heißt es auch heute wieder: Von Bayern siegen lernen! Während es nun im Freistaat unter der kraftvollen Führung von Ministerpräsident Edmund Stoiber zum Wohle Bayerns und seiner Menschen nach bewährten Strategien weitergehen kann, wenn es auch nicht die Zeit ist, die Hände in den Schoß zu legen, denn die nächsten Herausforderungen stehen an, die Preise für die Braugerste sind im Keller, aber Geist und Kraft der CSU, unserer großartigen und unvergleichlichen Partei, sind darüber hinaus unverändert und werden es bleiben.«

Mit Gerhard Polt zu schließen: »Die CSU wird Bayern überleben«, und der *BAYERNKURIER* wird die CSU überleben.

Für »Schachspieler und Querdenker«
Die *Rochade Europa*

Paul Schabacker

»Die ›Schachwelt‹, die ›Welt des Schachs‹, seit eh und je
interessant, wird es immer mehr. Wenden Sie ihr Ihre
Aufmerksamkeit zu!« Schlagen wir sie also auf, die *Rochade Europa*, die mit diesem Aufmacher auf dem Titelblatt lockt. Seit 1967 wendet sie der Welt des Schachs
ihre Aufmerksamkeit zu, berichtet über die »Schach-
Olympiade« und das »Bad Salzuflen-Open«, weiß über
die »2. Deutsche Schnellschach-Einzelmeisterschaft der
Dresdner Bank AG« genauso zu informieren wie über
die niedersächsische Verbandsliga Nord und bringt die
neuesten Meldungen über Weltmeister Gari Kasparow
sowie den »Schachspieler und Querdenker Ernst-Werner
›Erny‹ Jubelt« vom Schachclub Kaufungen.

»Harte Zeiten für Favoriten – Spitze wird breiter«,
titelte »Großmeister Hans-Joachim Hecht« im November
1990 über die Schachbundesliga; und ob Spitzensport,
Breitensport oder gleich beides auf einmal, die *Rochade
Europa* ist zur Stelle, wenn auch manchmal mit leichter
Verzögerung – und druckt im September gemütlich vier
Seiten lange »Erinnerungen an die Frankfurter Buch-
messe« des Vorjahrs. Aber das moderne Schach ist eine
überraschend vielgestaltige und ausdifferenzierte Angelegenheit geworden, bei der man schon die Übersicht
verlieren kann; längst gibt es nicht mehr nur einfach
Schach, sondern auch Computerschach, Schach im Internet, Advanced Chess, Janus-Schach, Kniffelschach
und, unter der Überschrift: »Schach stirbt nie aus!«,
auch Seniorenschach: »1982 startete Herr Büchter das 1.
Senioren-Schach im Kreis Lippe, es fand viel Anklang.

236

Die ersten Spieler, 26 Personen aus Ost, West, Nord, Süd, trafen sich 1 x im Jahr. Inzwischen entwickelte sich mit Riesenschritten das Seniorenschach – aus den kleinen Anfängen sind es nun 120-360 Spieler. Inzwischen macht Herr Büchter (82 Jahre) Schulschach in Lage.« Als Verfasserin der Nachrichten über »Herrn Büchter« zeichnet: Else Büchter.

Schach also stirbt nie aus; sowieso ist außer der Liebe auch das Schachspiel stärker als der Tod: »Für immer die irdischen Felder verlassen hat Schachfreund Walter Klein aus Wettenberg. Im Februar spielte der 75jährige Walter Klein seine letzte Partie und reichte seinem himmlischen Schöpfer zur Aufgabe die Hand. Jeder, der Walter Klein kannte, weiß wohl, daß er längst um eine Revanche hinter den himmlischen Pforten gebeten hat.«

Groß und klein, nah und fern, Leben und Tod, Zeit und Ewigkeit verbinden sich auf den Seiten der »vielseitig-informativen Schachzeitung«, die im südhessischen Maintal einst als eine Art Vereinsrundschreiben im Schülerzeitungslayout startete, erst Hessen, dann die alte Bundesrepublik, später – das ganze Deutschland soll es sein – auch Neufünfland eroberte und wirklich das großräumige Versprechen ihres Titels einlösen wird. Schon jetzt finden in ihren Spalten der unermeßliche Kosmos und das vergleichsweise kleine Nordhessen zusammen. »Wenn der Mensch im Weltenall herumfliegen kann, darf es auf Erden nichts geben, was nicht geht. So geschehen, gaben sich 12 Schachvereine/Abteilungen im Bezirk Nordhessen einen Ruck, brachten 12.000 DM zusammen auf ein Konto, beantragten eine AB-Maßnahme, und schon gibt es einen hauptamtlichen ›Referenten für Schachlehre in Schule und Verein‹, der die Nachwuchsarbeit auf breiter Basis besorgen kann!«

Schach ist mehr als ein Spiel, es ist ein Mittel, die Komplexität der Welt auf 64 Felder und 32 Steine zu reduzieren. Politik, Alltag und Literatur, potentiell unübersichtlich und unbegreiflich, werden auf fast beherrschbare Dimensionen verkleinert. »Tristans Kampf mit Morolt: eine Schachpartie?« fragt die *Rochade Euro-*

pa, feiert eine heimelige »Weihnacht im Erzgebirge« (»Urigen Sauriern ähnlich zeigen sich drüben am Waldesrand verschneite Büsche«) und befaßt sich auf ihre Weise mit den drängenden Problemen der Gegenwart: »Der Balkan – Schach auf dem Pulverfaß«.

Manche Hobbyzeitschriften werden von ihren Käufern überhaupt nicht gelesen. Ganz anders die *Rochade Europa*. Hier lesen die Leser nicht nur, sie schreiben sogar selbst und machen sich Gedanken; nur welche, ist nicht zu ermitteln. »Das Schachduell ›Kasparow – Deep Blue‹ oder eher bedeutungsschwanger ›Mensch – Computer‹ rückt nicht zuletzt die gute alte Logik mit ihrer ewigen Faszination ins Rampenlicht«, meint Rolf Dewet Klar und stellt fest: »Die Logik ist eine Sphinx bzw. Hydra mit vielen Köpfen, der es immer wieder gelingt, Strukturen in die Irre zu führen und Todsicherheiten zu banalen Wasserträgern zu machen. Logik ist magisch, sie treibt das Spiel in den Perfektionismus und schließlich in die Paranoia – und das alles kurz bevor sie ihren Opfern die Tür zum Paradies zu öffnen vortäuscht, nur um höhnisch grinsend auf eine weitere kafkaeske Tür hinzuweisen, hinter der es wieder ein Danach gibt. Es ist dieselbe Logik, die süchtig macht wie eine Droge, aber keinen Sieg zuläßt, schon gar keinen Endsieg – schon gar nicht jenen, von dem Hitler geträumt hat.«

Das ist, obgleich unbeabsichtigt, schon fast Literatur. Tatsächlich haben auch deren freiwillige Varianten in der *Rochade Europa* ihren guten Platz. Vor allem ein »Dr.« Helmut Tribus reitet den schwarzweißen Pegasus und gestattet sich sogar freundliche Ironie, sobald (freilich fernab jeden Wortspiels) »Der Schachkopf« zu bereimen ist: »Ein Tennisarm ist zwar entbehrlich, / doch wenn er vorkommt, recht beschwerlich. / Ein Schachkopf wäre – dementsprechend – / beim Wettkampf eher leistungsschwächend. / Doch besser ist's, man läßt das sein / und führt das Wort erst gar nicht ein!«

Ist Dr. »Helmut Tribus« der Eugen Roth der Schachpoesie, so rangieren »Peter & Hardy« als Dick und Doof der Schachkomik. Anfangs firmierten sie unter ihren bürgerlichen Namen Peter Köhler und Hardy Siedler, wurden aber umbenannt, der offenbar peinlichen Verwechslungsgefahr mit den Herausgebern Heinz und Carsten Köhler zu wehren – kein Wunder, schmuggeln Peter & Hardy doch manchmal avantgardistische Nonsenstextchen ein, die wahrscheinlich nicht mal die Autoren verstehen und z. B. »Die Schokoladenseite des Schachs« verheißen: »Jeder Mensch hat eine Schokoladenseite, so auch das Schach. Nur schmeckt halt hölzern sie, und wehe Dir, der Du den Einbiß wagst. Verbeißen wirst Du Dich, Du Wild Du! Nimmer wirst raschpeln Süßholz Du – Du, Du! Bei sich das Schach behält die Schokolade, die schachlig-schachlige, die schokoschachladige. Was schockst das Schach Du, Schikolado, Du Seite jedes Menschen? Abbeiße Du, Du Sack, Du Schokoschacko! Was ist denn Deine Schokoladenseite?«

Ein Hoch also dem Zentralorgan der Schachsubkultur in Deutschland, ein Vivat der *Rochade Europa*, die in dreißig Jahren zur meistgelesenen Schachzeitung avancierte und sich doch immer treu blieb: eine Wildwestzeitung des königlichen Spiels, in der sich Weltläufigkeit und Dörflertum die Hand reichen, ein Käse- und Kuriositätenblatt, das – im Rahmen des Schachbretts – nach allen Seiten offen und also nicht ganz dicht ist; ein professionell dilettantisches Mega- und Gagaprodukt als »ein wirksames Prophylektikum« (Walter K. F. Haas), ja Narkolektikum und Neuroleptikum gegen die Unbilden der Nichtschachwelt, der Welt des Nichtschachs. »Als langjähriger Abonnent möchte ich Ihnen sagen: Von allen Schachzeitschriften ist die *EUROPA ROCHADE* (!) das ›Tägliche Brot‹ des Schachspielers! Ob aktiver Schachspieler, ob Schachliebhaber oder an Schachkultur interessiert, jeder findet das für ihn Passende. So ist es für mich z. B. immer ein besonderes Vergnügen, zum Thema ›Schach-Szene und Schach-Fotomodelle‹ die wirklich sehenswerten Fotos anzuschauen«, schreibt ein offensichtlich rundum und evtl. sogar unten rum zufriedengestellter Leser. Was will man mehr vom Schach, was will man mehr von einer Schachzeitschrift.

Initiative »Polizeistaat jetzt!«
Die Zeitschrift zur Beförderung des Zähneklapperns: *auf einen Blick*

Joachim Schulz

Die Welt, soviel steht fest, ist voller Unheil und Gefahren. Das Leben? Ständig bedroht von Halsabschneidern, Strauchdieben und Halunken. Sie lauern überall. Es klingelt an der Wohnungstür des Rentners Heinz Müller. Der alte Mann »geht nur noch selten aus dem Haus – die Beine wollen nicht mehr so recht. Um so mehr freut er sich über jeden Besuch, der ihm etwas Abwechslung in seinen einsamen Alltag bringt.« Und Abwechslung wird ihm weißgott zuteil werden, denn draußen stehen »zwei sehr gepflegt wirkende Männer«, die ihm einen »Polizeiausweis« vor die Nase halten und begehren, seine Barschaft auf Falschgeld zu prüfen. »Ei, nu«, könnte Rentner Müller sinnen, »das ist ja die normalste Sache der Welt.« Er bittet die Herren herein, holt die prall gefüllte Geldkassette aus dem Wäscheschrank, freut sich, daß sie jeden einzelnen Schein genauestens mustern, und staunt baß, als er nach der Verabschiedung der netten Beamten feststellen muß, wie sich seine finanzielle Lage unversehens ins schlechthin Miserable gewendet hat. Ist denn kein Verlaß mehr darauf, daß Spitzbuben mit ungewaschenen Haaren und blutbesudelten Hosen zur Arbeit erscheinen?!

Es ist – erschröcklicherweise – nicht. Selbst dem Talar darf man nicht trauen, weiß die sehbehinderte Pensionistin Elisabeth Weber, seitdem sie ihren Pfarrer darum bat, jemanden vorbeizuschicken, der ihr die Post vorlese. Der ruchlose Theologe nämlich hatte nichts Besseres zu tun, als »die geistig völlig gesunde Frau« (Aus reiner

Bosheit? Menschenverachtung? Blindem Altenhaß?) mit Hilfe eines offenbar nicht minder ruchlosen Amtsarztes »für geistig krank« erklären zu lassen und – in Deutschland ja bekanntlich ein reiner Willkürakt – ihre Entmündigung zu erwirken. So war es nur ein glücklicher Zufall, daß die Ruheständlerin eine starke Lupe zur Hand hatte, den heimtückisch kleingedruckten Rechtsbehelf im Gerichtsbeschluß durchstöberte und entdeckte, es gebe durchaus die Möglichkeit, gegen diesen Bescheid Beschwerde einzulegen. »Ach richtig, wir leben ja in einem Rechtsstaat!« mag sie ausgerufen haben, bestellte einen Anwalt und bekam ihre geistige Gesundheit vom Landgericht noch mal zurückerstattet. Das – puh! – ging gerade eben gut.

Jedoch nicht jeden rettet eine ordentliche Lupe. Wir blättern weiter und stolpern von »Schicksalsreporten« zu den Rubriken »Notruf – Menschen in Gefahr« und »Täter dringend gesucht«. Wir werden darüber in Kenntnis gesetzt, daß alte Menschen sonder Zahl Not und Elend erleiden, weil sich Pflegeversicherer lieber durch schamlose Betrüger übers »Ohr« hauen lassen. Auch lernen wir, daß bei der Vorbereitung auf ein Bewerbungsgespräch die Selbstverteidigung nicht zu kurz kommen sollte, da selbst die »hübsche Blondine« Angela P. nur mit ihrem Tränengasfläschchen der »skrupellosen Sex-Attacke« des Personalchefs zu begegnen vermochte; daß »dreiste Geschäftemacher« heuschreckenartig auf »fetzigen Techno-Partys« einfallen, um von ahnungslosen Jugendlichen »Kreditunterschriften zu ergaunern«; und daß Verbrechensopfer notorisch »vom Staat im Stich gelassen« werden: »Während sich um den Täter Psychologen und Fachleute kümmern«, werden nämlich »die Leidtragenden mit ihren Problemen allein gelassen.«

Was wir in den Händen halten, ist weder eine Broschüre der Initiative »Polizeistaat jetzt!« noch eine Mitschrift von Manfred Kanthers Ohrensesselmonologen, sondern die Fernsehzeitschrift *auf einen Blick*. Wie bei TV-Magazinen üblich, beschränkt sich *auf einen Blick*

241

durchaus nicht auf solide Programminformation. Statt dessen gefällt es den Gazettenmachern, der Leserschaft ein Bild der Realität mitzuliefern, das fast ausschließlich von Mord und Totschlag, Betrug und Ranküne gezeichnet ist. Gehe am besten gar nicht mehr aus dem Haus! lautet ihre Botschaft. Fürchte dich, Bauernfänger, Meuchelmörder und Pfarrer lauern an jeder Ecke! Verbarrikadiere die Wohnungstür! Sichere deinen Wäscheschrank (Handgranaten!)! Ziehe dich auf dein Kuschelsofa zurück, bringe dein Leben mit *Kein schöner Land* und *Glücksrad* hin, und hoffe darauf, daß die Kartoffelchips nicht vergiftet sind!

Indessen wollen sich auch die *auf-einen-Blick*-Skribenten nicht gänzlich perfiden Schurkenstücken und schaurigen Bluttaten widmen. Bisweilen werfen sie gerne einen Seitenblick auf das Anrührende und Ergreifende. Bedeppert von der unappetitlichen Klebrigkeit jenes Vokabelsirups, der ihnen zu Gebote steht, stellen sie das »Standesamt mit Herz« Mannheim-Neckarau vor, wo man »Bürokratisches ganz schnell erledigt«, damit »Romantik und Gefühl« in schönster übelkeitsfördernder Pracht erblühen und »jede Trauung zu einer unvergeßlichen Traumhochzeit« wird. Gar »glückliche Eltern«, die es »nach vielen vergeblichen Versuchen« endlich zum »Wunschkind« gebracht haben, sind ihnen stets honigsüße Geschichten wert. Jetzt endlich wird die Sehnsucht sichtbar, die sämtliche Geschichten dieser unvergleichlichen Postille verbindet: die Sehnsucht nach dem Kleinbürgerglück, für das es nichts weiter braucht als selige Familienharmonie und satt gefüllte Portemonnaies sowie, natürlich: ein Minenfeld im Treppenhaus, ein Tränengasfläschchen in der Manteltasche und ein Panzerabwehrgeschütz im Garten. Denn das Böse ist omnipräsent, und man sollte nicht staunen, erblickt man beim Spaziergang eine Kleinfamilie, die kreischend vor einem Pfarrer Reißaus nimmt, der sich bedrohlich nähert.

Sie haben wohl nur Ihre Fernsehzeitschrift zu sehr gelesen.

Last Exit Eschede
Wenn Literatur voll ins Leben knallt, schlägt die
ROMAN-STUNDE

Jürgen Roth

So geht es immer los: »»Habt ihr eure Zahnbürsten eingepackt?‹ erkundigte ich mich routinemäßig und warf einen Blick in Monis Reisetasche.« Da konnte die Sekretärin noch nicht wissen, daß sie »im Todeszug« sitzen und ihren Mann und zwei Kinder verlieren würde, wie die Zeitschrift *ROMAN-STUNDE* 12/1998 berichtete.

Das Blatt erscheint – konkurrierend mit *Mein Geheimnis – Dramatische Schicksale, ergreifende Erlebnisse!*, der *Romanwoche* und *Mein Bekenntnis – ROMAN REVUE* – monatlich im Martin Kelter Verlag, jenem ruhmreichen Hause, das die Weltliteratur u. a. um die Titel *mami* und *Dr. Norden* bereichert hat. Seniorchef Otto Melchert ist 86 Jahre alt und freut sich unverdrossen, »daß Tradition in Deutschland noch immer ein gutes Geschäft ist.« Tradition heißt: Herz, Schmerz, Schmalz und Schmonzetten, heruntergewirtschaftet aufs Format eines 2,90 Mark teuren und aus DDR-Papierkontingenten gefertigten Heftes, das einerseits »viele Rätsel«, nämlich Kreuzworträtsel, und Horoskope birgt, andererseits der Exklusivitätsaura neuzeitlicher Hochglanzmagazine entbehrt.

Die *ROMAN-STUNDE* kommt ohne Anzeigen aus. Ihre »Geschichten, die das Leben schreibt«, so der Untertitel, sind Promotion, weil packend und hinreißend genug. Zudem liegt die günstige Produktion fest in Familienhand. Oliver Melchert leitet die Herstellung, Gerhard Melchert mimt den »Herausgeber« und verantwortet das heutzutage übliche Desk-Top-Privatbastel-Layout – grauenhafte Schriften, verwaschene Farben, schlimmes Spaltendesign. Wer abonnieren möchte, schreibe an die *Romantruhe* in Frechen.

Die *ROMAN-STUNDE* erfrecht sich nicht, avanciert sein zu wollen. Hier ruht die Welt, zäglich senkt der Mensch die Lider vor dem Leid, um dennoch schwungvoll den Blick zu heben und guten Mutes der Lösung aller Job-, Ehe- und Partnerschaftsprobleme entgegenzuschreiten. Es zwackelt zwischen den Geschlechtern, und »im Kamin knisterte munter ein behagliches Feuer«, Vorschein sündiger Vermählung und eisenharter Erotik; »sein Blick sagte mehr als Worte«, »Christoph nickte stumm«, und wortreich kommt »es« zum »Unvermeidlichen« (H. Böll), da »sie sich gegenseitig entkleidet hatten und aufstöhnend aneinanderpreßten«.

Solch schwungvolle Stories, sinnenpralle Schilderungen und kurvenreiche Schicksale erregen das Interesse von Menschen, die Vitalpower zu tanken gedenken. Literatur ist ein Stück Lebenskraft, wenn sie nur das Leben schrieb. Acht Romane enthält ein einziges, 66 Seiten starkes Heft. Die Poetologie muß um die Gattungsbezeichnungen »Romantische Lovestory«, »Zauberhafte Liebesgeschichte«, »Erotische Geschichte«, »Bezaubernde Liebesgeschichte«, »Turbulente Lovestory« und »Amüsante Familienstory« erweitert werden.

Fortschritt ist Tradition, dekretierte Adorno. Daß die *ROMAN-STUNDE*, dies diabolische Mixtum aus Rammelplunder und Metaphernschrott, Genregepinsel und Trivialmythologie, verklemmter Frivolität und speckiger Trantütigkeit, unanfechtbar den fortschrittlichen Geist unsrer dunklen Zeit zum Ausdruck bringt, bezweifelt niemand. Sie erkennt das Konflikt- wie gleichermaßen das erhebliche Versöhnungspotential der heutigen Gesellschaft. Meistens würgt die Familie wieder alles ins Lot, oder ein zart-zehrender Flirt stärkt das angeknockte Selbstbewußtsein des Personals. Damit rangiert man lebenshilfenpraktisch weit überm bürgerlichen Roman und schlägt die Kamellen Flaubert, Keller, Stendhal und Fontane leichten Schwunges aus dem Feld.

Presserechtlich gesehen indes verhält sich die Sache so: »Die auf der Titelseite und im Inhalt abgebildeten Personen sind mit den Romanpersonen nicht identisch.«

Da haben sie ja noch mal unerhörtes Glück gehabt. Wie unsre Sekretärin: »Mein letzter Tag im Krankenhaus war so zu einem Neuanfang geworden« – mit neuem Mann, neuem Kind und wahrscheinlich neuer Einbauküche.

In aqua sanitas
Das *Wasser Magazin*, die »Kundeninformation der Hamburger Wasserwerke GmbH«

Horst Tomayer

Seit der Affe den Menschen erfand, spätestens aber seit den Stirnhöhlenmalereien von Saint Cliché gibt es Zeitschriften, in denen steht, daß man dies oder das sooo nicht stehenlassen könne. So beschäftigt sich die Nummer zwei der von Sören Røndbrie 1634 in Thule ins Leben gerufenen Zeitschrift *Indviklet* mit den ihrer Meinung nach reaktionären Einflüssen der orthodoxen Puppenspieler auf das königskritische Textkabarett im Bulgarien der Jahre 1907 und 1908. Die in Oelsnitz/Vogtland edierte Vierteljahresschrift *Berg und Tal* reflektiert in der jüngsten Ausgabe »Das Menschenbild von Paulus bis Polaroid«, *Kleiderbad Trier*, das Periodikum, das sich als »Puffer« wie als »Magnet« zwischen Heiligem Stuhl und der Congregatio Drewermania begreift, spielt in der Jubiläumsausgabe sein Votum für ein frei flottierendes Theater der religiösen Grausamkeit gegen das traditionelle Amtskirchenphlegma aus, während hinwiederum das in Kilkoa/Mahagonny lokalisierte Fanzine *Radschas Cathl* in Heft 26/1998 die »Systemimmanenz des ›Streiflichts‹ der *Süddeutschen Zeitung*« in einem im »al-dente-Stil der Zertrümmrer« gehaltnen achtzig Seiten umfassenden Essay herausarbeitet.

Nun sind Zeitschriften Menschenwerk und unterliegen wie der Mensch selber (trotzdem der Affe sich redlich mühte seinerzeit) Irrtumsabweichungen bis zu knapp 360 Grad. Und doch gibt es welche, die in Sinn und Form der Frappanz von $E = mc^2$, ja gar einem makellosen Onenightstand gleichen. Hier sei vorzüglich

aufgerufen das *Wasser Magazin*, die »Kundeninforma-
tion der Hamburger Wasserwerke GmbH« (im folgenden
kurz *WM* genannt). Halbjährlich erscheint das graphisch auch von einfacheren Lesern nachvollziehbare,
zwar nur 24 Seiten im DIN-A-4-Format umfängliche,
dafür aber um so inhaltsreichere Heft, das geschuldet ist
der Erkenntnis, daß der Mensch nicht von Brot allein
lebt, sondern zunächst einmal aus zwei Dritteln Wasser
besteht und entsprechend steten Nachschubes bedarf,
verliert er doch durch die Sprints von Erfolg zu Erfolg
tagsüber und die alptraumbedingte Transpiration
nachts jede Menge jenen Nasses, das der Dichter zu
Recht das »köstliche« nennt. Freilich – der moderne, aus
dem Naturkreislauf ausgeschiedne und in die Kunstwelt
kostenpflichtigen Konsums eingetretne Mensch begreift
das Wasser first line als Reinigungsmittel (wie z. B. der
Bergmann, als Dusche nach der Schicht im Schacht)
oder, wie Staatsanwalt oder Immobilienhai, als spru-
delnde Erektionshilfe im Whirlpool des Bordells. Dabei
ist es, wie das *WM* überzeugend ausführt, »als Trink-
wasser das sauberste und bestuntersuchte Lebensmittel
überhaupt«, mit babykompatibler Nitratminimalität.
Aber welche Mutter reicht ihrem Kind als Ergänzung
zur Brust Wasser aus der Leitung? Nein, lieber greift
sie, verführt von den von den Babynahrungskonzernen
gesponsorten Elternillustrierten, zu »Säften und Säug-
lingstees«, womit, so das *WM*, »im schlimmsten Fall
kränkliche Pummelchen herangezüchtet werden«.
Was Insolvenz ist oder Eifersucht oder was es mit
Dünnschiß auf sich hat (nämlich daß man dann nicht
mit dem Fesselballon nach Australien fliegen kann, es
sei denn, man hat vorher eine Kapsel Imodium akut
eingeworfen), das weiß jede(r). Was aber ist Durst? Der
Wille zum Trinken, würde sich so manche(r) feuilletoni-
sierend herauszureden versuchen. Das *WM* hingegen
liefert die naturwissenschaftlich korrekte Definition.
Dernach bricht Durst aus, »wenn die Gewebsflüssigkeit
den Körperzellen das Wasser absaugt, weil die Salzkon-
zentration oder der osmotische Druck höher geworden

ist als in den Zellen.« Das Gehirn registriere zunächst
ein körperliches Unbehagen. Ehe es sich entscheide, wie
der Wassermangel ausgeglichen werden solle, stoppe es
den weiteren Flüssigkeitsverlust: »Die Hirnanhangdrüse
wird angewiesen, das Hormon Vasopressin in Richtung
Niere zu schicken. Diese schaltet auf Sparbetrieb um.«
Ein »vernünftiges Gehirn« sage jetzt: »Alle stärkeren
Bewegungen einstellen, Wasser trinken.« »Warum Wasser«, fragt das *WM* mehr als bloß rhetorisch und gibt die
Antwort: »Weil Wasser ohne Zusätze am schnellsten den
gestörten Salzhaushalt normalisiert und den Zellstoff-
wechsel ins Lot bringt. Aber nun ist das Gehirn, insbesondere das zivilisierte, offenbar nicht für die Opti-
mierung der Überlebenschance gebaut.« Indeed ist dem
WM nur beizupflichten: »Schiffbrüchige, die im Halb-
wahn Meerwasser trinken (weil sie das Gebot, salzhalti-
ge Wässer zu meiden, übertreten), beschleunigen damit
ihr Ende.« Doch auch an Land, so das *WM*, spiele sich
der Mensch einen Stoffwechselstreich nach dem andern.
Von Gängigem aus den PR-Giftküchen (wie »Durch Bier
wird Durst erst schön«) in die schädliche Irre geführt,
werde durch solch »Lustprinzip« eine vernünftige Flüs-
sigkeitsaufnahme in mehrfacher Hinsicht (zu wenig an
reiner Flüssigkeit, zuviel an Alkohol, Zucker und Reiz-
stoffen) gestört. Apropos »zivilisiertes Gehirn«: Was für
ein Verhältnis zur Dialektik Durst und Löschen haben
fortschrittliche Intellektuelle, die, an der Seite der Frie-
dens- und Frauenbewegung stehend, die freie Marktwirtschaft mit links als faulen Ausbeutungszauber
durchschauen? Nicht unoft nebenbei als Drehbuchauto-
ren für die Privaten und/oder als Hausbesitzer money-
overkilled, sind sie fast durch die Bank markenkulti-
schem Sprudel wie Evian, Vichy, Spa, Chamonix, Chichi
undsoweiter hörig, Wässern zu einem Preis, wo du für
einen 12-Flaschen-Träger, den natürlich die rumänische
Putzfrau die acht Treppen raufschleppen muß, eine
philippinische Kinderprostituierte für fünf Wochen aus
dem Elend herauskaufen könntest. Wird der *WM*-Tip
»Sprudelwasser selber bereiten«, und zwar mit einem

keine hundertfünfzig Mark teuren Heimsodawasser-
apparat, der das CO_2 ins H_2O preßt, diese Leute veranlassen, im falschen Leben wenigstens das falsche
Sprudelwassertrinken zu korrigieren, wenn denn auch
das von Adorno an die Tafel gemalte richtige Leben
gewiß noch eine geraume Weile auf sich warten läßt? Zu
hoffen (im Blochschen Sinne) bleibt's.

Das *Wasser Magazin* kommt in einer Auflage von rund
800.000 in die Hamburger Haushalte. Jedes einzelne
Exemplar ist mehr wert als die Jahresauflage von *EM-
MA*, *Auto Bild* und *BAYERNKURIER* zusammen.

Von Barbaren, Spruchbeuteln, Leimsiedern
Sieben Typen der Literaturkritik

Eckhard Henscheid

Man will und unsereins sollte von den (Buch-) Kritikern ja nichts Unmögliches und Unmenschliches verlangen; und mit der spezifischen, angeblich subversiven Kraft des Komischen, dem z. B. mein eigenes literarisches Werk besonders zugeneigt ist, tun sie sich halt offenbar besonders schwer – und vielleicht ist das ja auch gut so: Höchst verdächtig wäre ja Subversives, wäre überhaupt Literatur, die schon bei ihrem Auftauchen adäquat in den Hirnen ankommt. Aber eine kleine Kollektion von Wünschen und Empfehlungen an die Literaturkritiker tät' ich mir schon trotzdem sagen traun wollen:

1) Von dem Unfug zu lassen, der von seinem Erfinder, Reich-Ranicki, über dessen Schüler und Abkupferer, die Kritikergeneration der jetzt Fünfzigjährigen, bis in die Buchclubs und in die scheinseriösen Suhrkampverlage hinein sich verlängert und verewigt, petrifizierter noch als zu R.-Ranickis Glanzzeiten: von wohlgemerkt seriösen Autoren »das Buch«, »den Roman«, gar »den Autor« des Jahres, der Saison, »unserer Zeit« zu erheischen. Was eine Barbarei. Allen halbwegs ernsthaften Autoren geht es, spätestens nach dem zweiten Buch, immer nur sinnvoll um das Weiterbasteln an einem eigengesetzlich sich weitenden Gesamtwerk. Und sonst um nichts.

2) Kritiker mögen auch nicht alle naslang, nämlich zirka alle zwei Jahre den »endlich geistreich unterhalt-samen« und »heiteren Zeitroman, der, ohne zu langweilen, doch nie unter sein Niveau geht« u. ä. Quatsch postulieren resp. proklamieren und begrüßen. Ich höre das nun schon im genannten zirka Zwei-Jahres-Rhythmus

seit genau einem Vierteljahrhundert, seit 1969 – einmal war ich sogar selber das umhudelte Notopfer. Vorgetragen wird der Hirnunflat in der Regel von exakt jenen trübsten Tassen, die ihn, kommt er, der komische Zeitroman (und er kam mehrfach), nicht erkennen und dankend auf die Knie fallen.

3) Nichts gegen harte, hart formulierte, freche, auch unbarmherzige Kritik. Aber alles gegen den herablassenden und/oder den schnöselhaften Ton; dessen Unerträglichkeit sich dabei so gut wie nie – und das gäbe ja noch einigen Segen – gegen die marktbeherrschenden Tycoons, sondern gegen die Kleinen, Wehrlosen, natürlich auch gegen die Unbedarften richtet. Als eine wahre Sittenverrottung. Manche solcher Schranzen, die um irgendwelcher Tübinger oder Wuppertaler akademischer Kreise willen dem Großen Manitou in Frankfurt nach dem Munde logen und denunzierten, gehören als üble Erinnerung hoffentlich bald der Vergangenheit an.

4) Der Literaturwissenschaftler/Kritiker ißt heute besonders hartes, entbehrungsreiches Brot. Ist er nicht gerade Literaturpapst wie unser schon zwiefach genannter immer noch Lautester vom Main und bezieht daraus sein Lebensgefühl, dann ist das, im fortwalkenden Mediengewurstel zumal, ein besonders selbstlos dienender, altruistischer Beruf. Er hat meine hohe Achtung – sofern er das genau so sieht und sich daran hält, der Kritiker.

5) Halbwegs dialektisch möchte ich ihn hier trotzdem zu größerer Aggressivität, Emphase, Intoleranz auffordern, zum Abschied von gar zu häufiger Verschlafenheit und Verblasenheit. Der Markt ist voll von fünft- bis achtrangigen Untalenten – zu den vornehmsten Ämtern des Kritikers gehört es, hier für mehr Hygiene, Übersichtlichkeit und resorbierte Redundanz zu sorgen. Unerbittlich, unerbitterlich. Und im Zweifelsfall ist mir da ein leidenschaftlich danebentappender Raddatz lieber als ein leimsiedender Leisetreter.

6) Gleichwohl hier ein spezifischer Appell an speziell die Kritiker unter 45: abzulassen von der strotzenden

Unart der Du-Anrede des Autors in Rezensionen der Art: »Schreib' doch wieder mal was umwerfend Lustiges, Eckhard!« Da natürlich – will ich erst recht nicht, ich werde den Teufel tun. Und wenn schon persönliche Anrede durch den Kritiker, dann bitteschön »Euer Gnaden«. Oder »Euer Ehren«. Oder, das wäre mir am liebsten, »Euer Hochwohlgeboren«.

7) Warum sich andererseits ausgerechnet die allerjüngsten Großkritiker ohne erkennbare Not ausgerechnet mit den allerprofessoral altbackensten Sprüchen dick machen müssen, von wegen also z. B. daß der heutige Erzähler »verirrt und verwirrt, von allen Ratgebern verlassen, niedergeworfen von der unerträglichen Last der Aporien und aller Hoffnung beraubt« sei –: Das freilich kommt mir zwar apriorisch äußerst bekannt und hoffnungsraubend vor, ist mir aber doch ein besonders ratgeberfernes Rätsel.

Oder auch nicht.

Autorinnen und Autoren

F. W. Bernstein, geboren 1938, lebt unter dem Namen Fritz Weigle in Berlin und ist Professor an der Hochschule der Künste. Letzte Buchveröffentlichung: *Achtung! Lesen gefährdet Ihre Dumheit* (Zürich 1996).

Wiglaf Droste, geboren 1961, freier Autor, lebt in Berlin. Letzte Buchveröffentlichung: *Zen-Buddhismus und Zellulitis – Polemiken, Glossen, Satiren und Reimgedichte* (München 1999).

Fritz Eckenga, geboren 1955, ist Autor, Darsteller komischer Hauptrollen und Musikersimulant. Lebt in Dortmund. Letzte Buchveröffentlichung: *Ich muß es ja wissen – Geschichten und Gedichte vom Fachmann* (Berlin 1998).

Gerd Fischer, geboren 1963, lebt als freier Autor in Frankfurt/Main. Letzte Buchveröffentlichung (zus. mit Jürgen Roth): *Leben voller Fallrückzieher – Fußballer erzählen: von Fritz Walter bis Lothar Matthäus* (Leipzig 1998).

Eckhard Henscheid, geboren 1941, lebt als Schriftsteller alternierend in Amberg und Frankfurt/Main. Letzte Buchveröffentlichung: *Aus der Heimat hinter den Blitzen rot – Ein Lesebuch mit Eichendorff-Gedichten* (München/Wien 1999).

Gerhard Henschel, geboren 1962, lebt als Schriftsteller in Hamburg. Letzte Buchveröffentlichung: *Der alte Friedensrichter und seine Urteile – Eine kriminelle Suite* (Zürich 1998).

Wolfgang Höbel, geboren 1962, lebt in Hamburg und ist Kulturredakteur des *Spiegel*.

Sönke Jahn, geboren 1959, lebt als Journalist in Hamburg.

Martin Kahl, geboren 1958, ist Politikwissenschaftler und lebt in Münster. Letzte Buchveröffentlichung (zus. mit Peter Schneider): *Böse Mädchen kommen überall – Eine schonungslose Bestandsaufnahme weiblicher Verhältnisse zwischen Realität und Wirklichkeit* (Berlin 1998).

Rüdiger Kind, geboren 1950, lebt als freier Autor in München.

Michael O. R. Kröher, geboren 1956, ist Ressortleiter bei *DIE WOCHE* und lebt in Hamburg.

Robert Kurz, geboren 1943, lebt als freier Publizist und Referent in Nürnberg und ist Mitherausgeber der Theoriezeitschrift *Krisis*. Letzte Buchveröffentlichung: *Die Welt als Wille und Design – Postmoderne, Lifestyle-Linke und die Ästhetisierung der Krise* (Berlin 1999).

Clemens Nachtmann, geboren 1965, lebt in Berlin-West, ist freier Autor und Redakteur der Zeitschrift *Bahamas*.

Thomas Palzer, geboren 1956, ist Hörfunk- und Fernsehautor und lebt in München. Letzte Buchveröffentlichung: *Ab hier FKK erlaubt* (München 1997).

Michael Ringel, geboren 1961, lebt als freier Journalist in Berlin. Letzte Buchveröffentlichung: *Das listenreiche Buch der Wahrheit – Wertloses Wissen hoch zehn* (Frankfurt/Main 1998).

Michael Rudolf, geboren 1961, lebt als freier Autor in Greiz. Letzte Buchveröffentlichung (zus. mit Frank Schäfer): *Lexikon der Rockgitarristen* (Berlin 1999).

Michael Sailer, geboren 1963, Autor, Redakteur, Musiker, Photograph, lebt mit seiner Frau und drei Katzen in München.

Paul Schabacker, geboren 1957, lebt als Literatur- und Schachkorrespondent in Eschwege.

Thomas Schaefer, geboren 1959, lebt in Göttingen. Letzte Buchveröffentlichung als Hg.: *Robert Gernhardt: Gernhardts Göttingen* (Göttingen 1997).

Franz Schandl, geboren 1960, lebt als Historiker und Publizist in Wien. Letzte Buchveröffentlichung (zus. mit Gerhard Schattauer): *Die Grünen in Österreich – Entwicklung und Konsolidierung einer politischen Kraft* (Wien 1996).

Gerhard Scheit, geboren 1959, lebt als freier Autor in Wien. Letzte Buchveröffentlichung: *Mülltrennung – Beiträge zu Politik, Literatur und Musik* (Hamburg 1998).

Christian Y. Schmidt ist das mysteriöse Pseudonym von Christian Schmidt, geboren 1956, lebend in Berlin. Letzte Buchveröffentlichung: *Wir sind die Wahnsinnigen – Joschka Fischer und seine Frankfurter Gang* (Düsseldorf/München 1998).

Peter Schneider ist Psychoanalytiker und lebt in Zürich. Letzte Buchveröffentlichung (zus. mit Martin Kahl): *Böse Mädchen kommen überall – Eine schonungslose Bestandsaufnahme weiblicher Verhältnisse zwischen Realität und Wirklichkeit* (Berlin 1998).

Joachim Schulz, geboren 1963, lebt und arbeitet als Buchhändler und Nebenerwerbsautor in Marburg.

Georg Seeßlen, geboren 1948, ist freier Journalist. Autor der zehnbändigen *Grundlagen des populären Films*. Letzte Buchveröffentlichung: *Derrick und die Dorfmusikanten – Miniaturen zur deutschen Unterhaltungskultur* (Hamburg 1997).

Karsten Singelmann, geboren 1954, lebt als Übersetzer in Hohne.

Kay Sokolowsky, geboren 1963, lebt als freier Autor in Hamburg. Letzte Buchveröffentlichung (zus. mit Jürgen Roth): *Der Dolch im Gewande – Komplotte und Wahnvorstellungen aus zweitausend Jahren* (Hamburg 1999).

Bela Stern, geboren 1962, lebt in München. Buchveröffentlichung als Hg. (zus. mit Julian Weiss): *Pop!* (München 1999).

Roberta Thomma ist die Tochter einer schwäbischen Modistin und eines sardischen Metzgers. Sie lebt mit einem Hauptgewinn der Süddeutschen Klassenlotterie als Privatgelehrte in Berlin.

Fritz Tietz dreht Kurzfilme. Lebt in der Nähe von Hamburg. Buchveröffentlichung: *Und drinnen spielt ein Mongoloidenkapellchen* (Greiz 1995).

Horst Tomayer, geboren 1938, *konkret*-Kolumnist, Dampfradiomann, TV-Serien-Darsteller. Entdecker des Vierzeilers: »Wir alle kommen gleich zur Welt / Nackt schreiend pissend scheißend / Doch dann kommt gleich das Taschengeld / Die weitern Wege weisend«.

Mathias Wedel, geboren 1953, ist freier Autor und lebt im Berliner Umland. Buchveröffentlichung u. a.: *Wie ich meine Kinder mißbrauchte – Das Ende der Erziehung* (Berlin 1997).

Rayk Wieland, geboren 1965, lebt in Hamburg und ist Redakteur bei der Zeitschrift *konkret*. Letzte Buchveröffentlichung (als Hg. zus. mit Jürgen Roth): *Öde Orte 2 – Neue ausgesuchte Stadtkritiken: von Aalen bis zur Zugspitze* (Leipzig 1999).

Roger Willemsen, geboren 1955, studierte Germanistik, Philosophie und Kunstgeschichte. Übersetzer, Herausgeber, freier Autor und ehedem Moderator von *Willemsens Woche* (ZDF). Schreibt seit Jahren eine Kolumne für *DIE WOCHE*. Lebt in Hamburg. Letzte Buchveröffentlichung: *Bild dir meine Meinung* (Berlin 1999).

Tom Wolf, geboren 1964, studierte Germanistik und Philosophie, 1996 Doktorarbeit über *Goethe und Pustkuchen*. Publikationen zu Arno Schmidt, Alfred Döblin und Eduard Mörike. Wohnhaft in Hechingen.

Hans Zippert, geboren 1957, lebt als freier Autor in Oberursel. Letzte Buchveröffentlichung: *Countdown Kohl* (Berlin 1997).

Internet: http://www.txt.de/tiamat